पुणे विद्यापीठ
हिंदी अध्ययन मंडल

गद्य धारा

अध्यक्ष

सुरेश बाबर

हिंदी अध्ययन मंडल, पुणे विश्वविद्यालय, पुणे

(न्यू आर्टस, कॉमर्स, सायन्स महाविद्यालय, अहमदनगर)

कार्यकारी सम्पादक

सुरेश कुमार जैन

सदस्य हिन्दी अध्ययन मंडल, पुणे विश्वविद्यालय, पुणे

(चां.ता. बोरा महाविद्यालय, शिरूर, जि. पुणे)

सहयोगी सम्पादक

प्रा. साहेबराव गाडे

सदस्य, हिंदी अध्ययन मंडल, पुणे विश्वविद्यालय, पुणे

डॉ. राजेन्द्र खैरनार

विद्या प्रतिष्ठान का कला, विज्ञान एवं वाणिज्य महाविद्यालय

बारामती, जि. पुणे

वाणी प्रकाशन

वाणी प्रकाशन

4695, 21-ए, दरियागंज, नयी दिल्ली 110 002

शाखा

अशोक राजपथ, पटना 800 004

फ़ोन : +91 11 23273167 फ़ैक्स : +91 11 23275710

www.vaniprakashan.in
vaniprakashan@gmail.com
sales@vaniprakashan.in

GADYA DHAARA
Editor : Dr. Suresh Kumar Jain

ISBN : 978-81-8143-818-8

संस्करण 2008, 2009, 2011
आवृत्ति 2017

मूल्य : ₹ 75

एशियन ऑफ़सेट प्रिंटर्स, दिल्ली-110 093 में मुद्रित

वाणी प्रकाशन का लोगो मक़बूल फ़िदा हुसेन की कूची से

प्राक्कथन

वर्तमान समाज की अत्यावश्यक जरूरतों और अपेक्षाओं की पूर्ति एवं शिक्षा के गुणात्मक एवं शैक्षिक स्तर को समुन्नत बनाने के लिए पाठ्यक्रम को निरंतर अद्यतन बनाये रखना प्रत्येक विश्वविद्यालय का प्रथम कर्तव्य होता है। पुणे विश्वविद्यालय के महामहिम कुलगुरु डॉ. नरेंद्रजी जाधव सामाजिक एवं शैक्षिक परिवर्तनों के सबल पक्षधर हैं। पुणे विश्वविद्यालय के सभी संकायों के पाठ्यक्रमों के पुनर्निर्माण की संकल्पना इसी भूमिका की एक सशक्त कड़ी है। समाज के स्वस्थ विकास एवं व्यक्ति के सुसंस्कार के लिए शिक्षा आवश्यक ही नहीं अनिवार्य भी है। इस शिक्षा की प्राप्ति का समुचित तथा समीचीन माध्यम वैज्ञानिक एवं विकासात्मक पाठ्यक्रम ही है।

साहित्य मनुष्यता और उसके जीवन संघर्ष की अभिव्यक्ति है। बाह्य दुनिया के साथ मनुष्य की अंतर्दुनिया को जानने के लिए साहित्य से बेहतर माध्यम कोई नहीं हो सकता। साहित्य में मनुष्य का शोधन, शिवम् की उपासना तथा सौंदर्य की साधना का दिव्य घोष रहता है। मनुष्य से बड़ा और शक्तिशाली इस दुनिया में कोई नहीं है। साहित्याध्ययन के अभाव में मनुष्य अस्तित्व प्रश्नांकित तथा मानवीय मूल्यों का भविष्य अंधकारमय होगा। इसीलिए भूमंडलीकरण एवं जनसंचार माध्यमों के बढ़ते प्रभाव में भी साहित्य का अध्ययन-अध्यापन कदापि अप्रासंगिक नहीं हो सकता। भूमंडलीकरण के परिप्रेक्ष्य में तथा विश्वविद्यालय अनुदान आयोग की अपेक्षानुकूल प्रस्तुत संग्रह की रचना की गई है।

खड़ीबोली गद्य का आरंभ आधुनिक युग में हुआ। विकास के प्रारंभिक चरण में निबंध, नाटक, कहानी, आदि गद्य विधाओं का विकास ही परिलक्षित होता है। काल की गति के साथ गद्यकाव्य, संस्मरण, रिपोर्ताज, रेखाचित्र आदि नव-नवीन विधाएँ अपने पूरे उत्कर्ष के साथ विकसित हुईं। दीर्घकालीन अध्ययन के दौरान समग्र गद्यविधाओं के परिपूर्ण संग्रह की कमी का निरंतर एहसास होता रहा। इसी कमी की पूर्ति-हेतु प्रस्तुत संकलन का उत्तरदायित्व डॉ. सुरेशकुमार जैन (कार्यकारी संपादक एवं अध्यक्ष, हिन्दी विभाग, चांदमल ताराचंद बोरा महाविद्यालय, शिरूर, जि॰ पुणे) पर

सौंपा गया। उन्होंने अपने सहयोगी संपादक प्रा. साहेबराव गाडे (पुणे) की सहायता से इस कार्य को सफलतापूर्वक निभाया है।

अंत में विख्यात 'वाणी प्रकाशन' ने इसे अत्यंत अल्पावधि में सुंदर रूपाकार प्रदान किया तदर्थ वे भी धन्यवाद के पात्र हैं।

डॉ. सुरेश बाबर
अध्यक्ष, हिन्दी अध्ययन मंडल,
पुणे विश्वविद्यालय, पुणे-7

अनुक्रम

चंद्रधर शर्मा 'गुलेरी'

(1883 ई॰ से 1922 ई॰)

आधुनिक हिन्दी कहानी, निबन्ध, समीक्षा एवं भाषाशास्त्र के विकास में चंद्रधर शर्मा 'गुलेरी' जी का योगदान महत्त्वपूर्ण है। आप संस्कृत विद्वान तथा अंग्रेजी के अच्छे ज्ञाता थे। अजमेर के मेयो महाविद्यालय में अध्यापक पद पर बहुत दिनों तक कार्य करने के उपरान्त आप काशी हिन्दू विश्वविद्यालय के संस्कृत महाविद्यालय में प्रधानाध्यापक के रूप में नियुक्त हुए। हिन्दी कहानी के विकास में आपका ऐतिहासिक योगदान है।

कहानीकार के रूप में 'गुलेरी' जी ने कुल तीन कहानियाँ लिखी हैं—'सुखमय जीवन', 'उसने कहा था' और 'बुद्धू का काँटा'। परन्तु ये कहानियाँ विषयवस्तु तथा शिल्प विधि के विकास की दृष्टि से 'मील का पत्थर' मानी जाती हैं।

उसने कहा था

हिन्दी की लोकप्रिय कहानी 'उसने कहा था' 1915 ई॰ में प्रकाशित हुई है। हिन्दी की यही पहली सर्वांगपूर्ण यथार्थवादी कहानी है, जो कला की प्रत्येक कसौटी पर पूर्ण रूप से खरी उतरती है। प्रस्तुत कहानी में नायक लहनासिंह के चरित्र के माध्यम से पवित्र प्रेम, प्रतिज्ञा पालन, त्याग भावना, देशप्रेम तथा वीरता जैसे भावों को एक साथ अभिव्यक्त किया गया है। सूक्ष्म चरित्र-चित्रण, कथा-प्रवाह, देश-काल और वातावरण की संगति, भावानुगामी पात्रानुकूल भाषा, व्यंग्य-विनोद का पुट तथा आदर्श और यथार्थ का समन्वय इस कहानी की प्रमुख विशेषताएँ हैं। अपनी इन्हीं विशेषताओं के कारण यह कहानी आज भी पाठक के मन पर राज करती है।

उसने कहा था

(1)

बड़े-बड़े शहरों के इक्के-गाड़ीवालों की जबान के कोड़ों से जिनकी पीठ छिल गई है और कान पक गये हैं, उनसे हमारी प्रार्थना है कि अमृतसर के बंबूकार्ट वालों की बोली का मरहम लगावें। जब बड़े-बड़े शहरों की चौड़ी सड़कों पर घोड़े की पीठ पर चाबुक से धुनते हुए इक्केवाले कभी घोड़ों की नानी से अपना सम्बन्ध स्थिर करते हैं, कभी राह चलते पैदलों की आँखों के न होने पर तरस खाते हैं, कभी उनके पैरों की अँगुलियों के पोरों को चीथ कर अपने ही को सताया हुआ बताते हैं और संसार-भर की ग्लानि, निराशा और क्षोभ के अवतार बने नाक के सीधे चले जाते हैं, तब अमृतसर में उनकी बिरादरी वाले तंग चक्करदार गलियों में हर एक लड्डी वाले के लिए ठहर कर सब्र का समुद्र उमड़ा कर 'बचो खालसाजी', 'हटो माई जी', 'ठहरना भाई जी', 'आने दो लालाजी', 'हटो बाछा' कहते हुए सफेद 'फेंटों', खच्चरों और बत्तखों, गन्ने और खोमचे और भारों वालों के जंगल में से राह खेते हैं। क्या मजाल है कि 'जी' और 'साहब' बिना सुने किसी को हटना पड़े। यह बात नहीं कि उनकी जीभ चलती ही नहीं, चलती है, पर मीठी छुरी की तरह महीन मार करती है। यदि कोई बुढ़िया बार-बार चितौनी देने पर भी लीक से नहीं हटती, तो उनकी वचनावली के ये नमूने हैं—हट जा जीणे जोगिये, हट जा करमा वालिए; हट जा पुत्तां प्यारिए; बच जा लम्बी वालिए। समष्टि में इसका अर्थ है कि तू जीने योग्य है, तू भाग्यों वाली है, पुत्रों को प्यारी है, लम्बी उमर तेरे सामने है, तू क्यों मेरे पहियों के नीचे आना चाहती है? बच जा।

ऐसे बंबूकार्ट वालों के बीच में होकर एक लड़का और लड़की चौक की एक दुकान पर आ मिले। उसके बालों और इसके ढीले सुथने से जान पड़ता था कि दोनों सिख हैं। वह अपने मामा के केश धोने के लिए दही लेने आया था और यह रसोई के लिए बड़ियाँ। दूकानदार एक परदेशी से गुँथ रहा था जो सेर भर गीले पापड़ों की गड्डी को गिने बिना हटता न था।

"तेरे घर कहाँ हैं?"

"मगरे में, और तेरे?"

"माझे में, यहाँ कहाँ रहती है?"

"अतरसिंह की बैठक में, मेरे मामा होते हैं।"

"मैं मामा के यहाँ आया हूँ, उनका घर गुरुबाजार में है।"

इतने में दुकानदार निपटा और उनको सौदा देने लगा। सौदा लेकर दोनों साथ चले। कुछ दूर जाकर लड़के ने मुस्कराकर पूछा, "तेरी कुड़माई[1] हो गयी?" इस पर लड़की कुछ आँखें चढ़ाकर 'धत्' कहकर दौड़ गयी और लड़का मुँह देखता रह गया।

दूसरे-तीसरे दिन सब्जीवाले के यहाँ, या दूधवाले के यहाँ अकस्मात् दोनों मिल जाते हैं। महीना भर यही हाल रहा। दो-तीन बार लड़के ने फिर पूछा—"तेरी कुड़माई हो गयी?" और उत्तर में वही 'धत्' मिला। एक दिन जब फिर लड़के ने वैसी ही हँसी में चिढ़ाने के लिए पूछा तो लड़के की सम्भावना के विरुद्ध बोली—'हाँ।'

"कब?"

"कल; देखते नहीं यह रेशम से कढ़ा हुआ सालू।"[2] लड़की भाग गयी। लड़के ने घर की राह ली। रास्ते में एक लड़की को मोरी में ढकेल दिया, एक छबड़ीवाले[3] की दिन-भर की कमाई खोई, एक कुत्ते पर पत्थर मारा और एक गोभीवाले के ठेले में दूध उँड़ेल दिया। सामने नहाकर आती हुई किसी वैष्णवी से टकराकर अन्धे की उपाधि पायी। तब कहीं घर पहुँचा।

(2)

"राम-राम, यह भी कोई लड़ाई है। दिन-रात खंदकों में बैठे हड्डियाँ अकड़ गयीं। लुधियाने से दस गुना जाड़ा और मेंह और बरफ ऊपर से, पिंडलियों तक कीच में धँसे हुए हैं। गनीम। कहीं दिखता नहीं.....घंटे-दो घंटे में कान के परदे फाड़ने वाले धमाके के साथ सारी खंदक हिल जाती है और सौ-सौ गज धरती उछल पड़ती है। इस गैबी गोले से बचे तो कोई लड़े। नगरकोट का जलजला सुना था। यहाँ दिन में पचीस जलजले होते हैं। जो कहीं खंदक से बाहर साफा या कुहनी निकल गई तो चटाक से गोली लगती है। न मालूम बेईमान मिट्टी में लेटे हुए हैं या घास की पत्तियों में छिपे रहते हैं।

"लहनासिंह और तीन दिन हैं। चार खंदक में बिता ही दिये। परसों 'रिलीफ' आ जाएगी और फिर सात दिन की छुट्टी। अपने हाथों झटका करेंगे और पेट-भर खाकर सो रहेंगे; उस फिरंगी मेम के बाग में.....मखमल की सी हरी घास है। फल और दूध

---

1. सगाई। 2. ओढ़नी। 3. खोमचे वाला।

की वर्षा कर देती है। लाख कहते हैं, दाम नहीं लेती। कहती है, तुम राजा हो, मेरे मुल्क को बचाने आये हो।''

''चार दिन तक पलक नहीं झँपी। बिना फेरे घोड़ा बिगड़ता है और बिना लड़े सिपाही। मुझे तो संगीन चढ़ाकर मार्च का हुक्म मिल जाए। फिर सात जरमनों को अकेला मार कर न लौटूँ, तो मुझे दरबार साहब की देहली पर मत्था टेकना नसीब न हो। पाजी कहीं के, कलों के घोड़े-संगीन देखते ही मुँह फाड़ देते हैं और पैर पकड़ने लगते हैं। यों अँधेरे में तीस-तीस मन के गोले फेंकते हैं। उस दिन धावा किया था—चार मील तक एक जर्मन नहीं छोड़ा था। पीछे जनरल साहब ने हट आने का कमान दिया नहीं तो—''

''नहीं तो सीधे बर्लिन पहुँच जाते। क्यों?'' सूबेदार हजारासिंह ने मुस्कराकर कहा—''लड़ाई के मामले जमादार या नायक के चलाये नहीं चलते। बड़े अफसर दूर की सोचते हैं। तीन सौ मील का सामना है। एक तरफ बढ़ गये तो क्या होगा?''

''सूबेदार जी, सच है।'' लहनासिंह बोला—''पर करें क्या? हड्डियों में तो जाड़ा धँस गया है। सूर्य निकलता नहीं, और खाई में दोनों तरफ से चम्बे की बावलियों के-से सोते झर रहे हैं। एक धावा हो जाय तो गरमी आ जाय।''

''उदमी उठ, सिंगड़ी में कोले डाल। वजीरा, तुम चार जने बालटियाँ लेकर खाई का पानी बाहर फेंको। महासिंह, शाम हो गई है; खाई के दरवाजे का पहरा बदला दे।'' यह कहते हुए सूबेदार सारी खंदक में चक्कर लगाने लगे।

वजीरासिंह पलटन का विदूषक था । बाल्टी में गँदला पानी भर कर खाई के बाहर फेंकता हुआ बोला, ''मैं पाधा बन गया हूँ। करो जर्मनी के बादशाह का तर्पण।'' इस पर सब खिलखिला पड़े और उदासी के बादल फट गये।

लहनासिंह ने दूसरी बाल्टी भर कर हाथ में देकर कहा, ''अपनी बाड़ी के खरबूजों में पानी दो। ऐसा खाद का पानी पंजाब-भर में नहीं मिलेगा।''

''हाँ देश क्या है, स्वर्ग है। मैं तो लड़ाई के बाद सरकार से दस गुना जमीन यहाँ माँग लूँगा और फलों के बूटे लगाऊँगा।''

''लाड़ी होरा[1] को भी यहाँ बुला लोगे? या वही दूध पिलाने वाली फिरंगी मेम—''

''चुप कर। यहाँ वालों को शरम नहीं।''

''देश-देश की चाल है। आज तक मैं उसे समझा न सका कि सिख तमाखू नहीं पीते। वह सिगरेट देने में हठ करती है, ओठों में लगाना चाहती है, और मैं पीछे हटता हूँ तो समझती है कि राजा बुरा मान गया, अब मेरे मुल्क के लिए लड़ेगा नहीं।''

''अच्छा अब बोधासिंह कैसा है?''

---

1. स्त्री के लिए आदरवाचक शब्द।

"अच्छा है।"

"जैसे मैं जानता ही न होऊँ। रात भर तुम अपने दोनों कम्बल उसे ओढ़ाते हो और आप सिगड़ी के सहारे गुजर करते हो। उसके पहरे पर आप पहरा दे आते हो। अपने खे लकड़ी के तख्तों पर सुलाते हो, आप कीचड़ में पड़े रहते हो। कहीं तुम न माँदे पड़ जाना। जाड़ा क्या है, मौत है और 'निमोनियाँ' से मरने वालों को मुरब्बे[1] नहीं मिला करते।"

"मेरी डर मत करो। मैं तो बुलेल खड्ड के किनारे मरूँगा। भाई कीरतसिंह की गोद पर मेरा सिर होगा और मेरे हाथ के लगाये आँगन के आम के पेड़ की छाया होगी।"

वजीरासिंह ने त्यौरी चढ़ाकर कहा, "क्या मरने-मारने की बात लगाई है? मरे जर्मनी और तुरक।"

"हाँ भाइयों, कुछ गाओ।"

× × ×

कौन जानता था कि दाढ़ियों वाले घरबारी सिख ऐसा लुच्चों का गीत गाएँगे, पर सारी खंदक गीत से गूँज उठी और सिपाही फिर ताजे हो गये, मानो चार दिन से सोते और मौज करते रहे हों।

(3)

दो पहर रात गई। अँधेरा है। सन्नाटा छाया हुआ है। बोधासिंह खाली बिस्कुटों के टीनों पर अपने दोनों कम्बल बिछाकर और लहनासिंह के दो कम्बल और एक बरानकोट ओढ़कर सो रहा है। लहनासिंह पहरे पर खड़ा हुआ है। एक आँख खाई के मुँह पर है और एक बोधासिंह के दुबले शरीर पर। बोधासिंह कराहा।

"क्या बोधा भाई, क्या है?"

"पानी पिला दो।"

लहनासिंह ने कटोरा उसके मुँह से लगा कर पूछा, "कहो, कैसे हो?" पानी पीकर बोधा बोला, "कँपनी छूट रही है। रोम-रोम में तार दौड़ रहे हैं। दाँत बज रहे हैं।"

"अच्छा मेरी जरसी पहन लो।"

"और तुम?"

"मेरे पास सिगड़ी है, मुझे गर्मी लगती है, पसीना आ रहा है।"

"न, मैं नहीं पहनता; चार दिन से तुम मेरे लिए......"

---

1. नई नहरों के पास वर्ग-भूमि।

"हाँ, याद आई। मेरे पास दूसरी गरम जरसी है। आज सबेरे ही आई है। विलायत से मेम बुन-बुन कर भेज रही हैं। गुरु उनका भला करें।" यों कहकर लहना अपना कोट उतारकर जरसी उतारने लगा।

"सच कहते हो?"

"और नहीं झूठ?" यों कहकर नाहीं करते बोधा को उसने जबरदस्ती जरसी पहना दी और आप खाकी कोट और जीन का कुरता भर पहनकर पहरे पर खड़ा हुआ। मेम की जरसी की कथा केवल कथा थी।

आधा घंटा बीता। इतने में खाई के मुँह से आवाज आई—"सूबेदार हजारासिंह।"

"कौन? लपटन साहब। हुकुम हुजूर।" यह कहकर सूबेदार तनकर फौजी सलाम करके सामने हुआ।

"देखो, इसी दम धावा करना होगा। मील भर दूरी पर पूरब के कोने में एक जर्मनी खाई है उसमें पचास से जियादह जर्मन नहीं हैं। इन पेड़ों के नीचे-नीचे दो खेत काटकर रास्ता है। तीन-चार घुमाव हैं। जहाँ मोड़ है वहाँ पंद्रह जवान खड़े कर आया हूँ। तुम यहाँ दस आदमी छोड़कर सबको साथ ले उनसे जा मिलो। खंदक छीनकर वहीं, जब तक दूसरा हुक्म न मिले, डटे रहो। हम यहाँ रहेगा।"

"जो हुक्म।"

चुपचाप सब तैयार हो गये। बोधा भी कम्बल उतारकर चलने लगा, तब लहनासिंह ने उसे रोका। लहनासिंह आगे हुआ तो बोधा के बापू सूबेदार ने उँगली से बोधा की ओर इशारा किया। लहनासिंह समझ कर चुप हो गया। पीछे दस आदमी कौन रहें, इस पर बड़ी हुज्जत हुई। कोई रहना न चाहता था। समझा-बुझाकर सूबेदार ने मार्च किया। लपटन साहब लहना की सिगड़ी के पास मुँह फेरकर खड़े हो गये और जेब से सिगरेट निकालकर सुलगाने लगे। दस मिंनट बाद उन्होंने लहना की ओर हाथ बढ़ाकर कहा—

"लो तुम भी पियो।"

आँख मारते-मारते लहनासिंह सब समझ गया। मुँह का भाव छिपाकर बोला, "लाओ, साहब।" हाथ आगे करते ही सिगड़ी के उजाले में साहब का मुँह देखा। बाल देखे। तब उसका माथा ठनका। लपटन साहब के पट्टियों वाले बाल एक दिन में कहाँ उड़ गये और उनकी जगह कैदियों के से कटे हुए बाल कहाँ से आ गये?

शायद साहब शराब पिये हुए हैं और उन्हें बाल कटवाने का मौका मिल गया है। लहनासिंह ने जाँचना चाहा। लपटन साहब पाँच वर्ष से उसके रेजिमेंट में थे।

"क्यों साहब, हम लोग हिन्दुस्तान कब जाएँगे?"

"लड़ाई खत्म होने पर। क्यों, यह देश पसन्द नहीं है?"

"नहीं साहब, शिकार के वे मजे यहाँ कहाँ? याद है, पारसाल नकली लड़ाई के पीछे हम आप जगाधरी जिले में शिकार करने गये थे–हाँ, हाँ–वहीं जब आप खोते[1] पर सवार थे और आपका ख़ानसामा अब्दुल्ला रास्ते के एक मन्दिर में जल चढ़ाने को रह गया था? बेशक पाजी कहीं का–सामने से वह नीलगाय निकली कि ऐसी बड़ी मैंने कभी न देखी थी और आपकी एक गोली कंधे में लगी और पुट्ठे से निकली। ऐसे अफसर के साथ शिकार खेलने में मजा है। क्यों साहब, शिमले से तैयार होकर उस नीलगाय का सिर आ गया था न? आपने कहा था कि रेजिमेंट की मेस में लगाएँगे हाँ, पर मैंने वह विलायत भेज दिया। ऐसे बड़े-बड़े सींग! दो-दो फुट के होंगे।"

"हाँ, लहनासिंह, दो फुट चार इंच के थे। तुमने सिगरेट नहीं पिया?"

"पीता हूँ, साहब, दियासलाई ले आता हूँ।" कहकर लहनासिंह खंदक में घुसा। अब उसे सन्देह नहीं रहा था और उसने झटपट निश्चय कर लिया कि क्या करना चाहिए।

अँधेरे में सोने वाले से वह टकराया।

"कौन? वजीरासिंह?"

"हाँ, क्यों लहना? क्या कयामत आ गयी? जरा तो आँख लगने दी होती।"

(4)

"होश में आओ। कयामत आई है और लपटन की वर्दी पहनकर आई है।"

"क्या?"

"लपटन साहब या तो मारे गये हैं या कैद हो गये हैं। उनकी वर्दी पहनकर वह कोई जर्मन आया है। सूबेदार ने इसका मुँह नहीं देखा। मैंने देखा है और बातें की हैं। सौहरा साफ उर्दू बोलता है, पर किताबी उर्दू। और मुझे पीने को सिगरेट दिया है।"

"अब मारे गये। धोखा है। सूबेदार कीचड़ में चक्कर काटते फिरेंगे और यहाँ खाई पर धावा होगा। उधर उनपर खुले में धावा होगा। उठो, एक काम करो। पलटन के पैरों के निशान देखते देखते दौड़ जाओ। अभी बहुत दूर न गये होंगे। सूबेदार से कहो कि एकदम लौट आयें। खंदक की बात झूठ है। चले जाओ, खंदक के पीछे से निकल जाओ। पत्ता तक न खड़के। देर मत करो।"

"हुकुम तो यह है कि यहीं...."

"ऐसी-तैसी हुकुम की। मेरा हुकुम-जमादार लहनासिंह, जो इस वक्त यहाँ सबसे बड़ा अफसर है, उसका हुकुम है। मैं लपटन साहब की खबर लेता हूँ।"

---

1. गधा

"पर यहाँ तो–तुम आठ ही हो।"

"आठ नहीं, दस लाख। एक-एक अकालिया सिख सवा लाख के बराबर होता है। चले जाओ।"

लौटकर खाई के मुहाने पर लहनासिंह दीवार से चिपक गया। उसने देखा कि लपटन साहब ने जेब से बेल बराबर तीन गोले निकाले। तीनों को जगह-जगह खंदक की दीवारों में घुसेड़ दिया और तीनों में एक तार-सा बाँध दिया। तार के आगे सूत की एक गुत्थी थी, जिसे सिगड़ी के पास रखा। बाहर की तरफ जाकर एक दियासलाई जलाकर गुत्थी पर रखने...

बिजली की तरह दोनों हाथों से उल्टी बन्दूक को उठाकर लहनासिंह ने साहब की कुहनी पर तान कर दे मारा। धमाके के साथ साहब के हाथ से दियासलाई गिर पड़ी। लहनासिंह ने एक कुन्दा साहब की गर्दन पर मारा और साहब 'ओह! माई गॉड?' कहते हुए चित हो गये। लहनासिंह ने तीनों गोले बीनकर खंदक के बाहर फेंके और साहब को घसीटकर सिगड़ी के पास लिटाया। जेबों की तलाशी ली। तीन-चार लिफाफे और एक डायरी निकाल कर उन्हें अपनी जेब के हवाले किया।

साहब की मूर्च्छा हटी। लहनासिंह हँसकर बोला–"क्यों लपटन साहब! मिजाज कैसा है? आज मैंने बहुत बातें सीखीं। यह सीखा कि सिख सिगरेट पीते हैं। यह सीखा कि जगाधरी के जिले में नीलगायें होती हैं और उनके दो फुट चार इंच के सींग होते हैं। यह सीखा कि मुसलमान खानसामा मूर्तियों पर जल चढ़ाते हैं और लपटन साहब खोते पर चढ़ते हैं। पर यह तो कहो, ऐसी साफ उर्दू कहाँ सीख आए? हमारे लपटन साहब तो बिना 'डैम' के पाँच लफ्ज भी नहीं बोला करते थे।"

लहना ने पतलून की जेबों की तलाशी नहीं ली थी। साहब ने मानो जाड़े से बचने के लिए, दोनों हाथ जेबों में डाले।

लहनासिंह कहता गया–चालाक तो बड़े हो, पर माँझे का लहना इतने बरस लपटन साहब के साथ रहा है। उसे चकमा देने के लिए चार आँखें चाहिए। तीन महीने हुए, एक तुरकी मौलवी मेरे गाँव में आया था। औरतों को बच्चे होने के ताबीज बाँटता था और बच्चों को दवाई देता था। चौधरी के बड़ के नीचे माचा बिछाकर हुक्का पीता रहता था और कहता कि जर्मनी वाले बड़े पंडित हैं। वेद पढ़-पढ़कर उसमें से विमान चलाने की विद्या जान गये हैं। गौ को नहीं मारते। हिन्दुस्तान में आ जाएँगे तो गौ हत्या बन्द कर देंगे। मंडी के बनियों को बहकाता था कि डाकखाने से रुपये निकाल लो, सरकार का राज्य जाने वाला है। डाक-बाबू पौल्हूराम भी डर गया था। मैंने मुल्ला जी की दाढ़ी मूँड दी थी और गाँव के बाहर निकाल कर कहा कि 'जो मेरे गाँव में अब पैर रखा तो..... ।'

साहब की जेब से पिस्तौल चली और लहना की जाँघ में गोली लगी। इधर लहना के हैनरीमार्टिनी के दो फायरों ने साहब की कपाल क्रिया कर दी। धड़ाका सुनकर सब दौड़ आये।

बोधा चिल्लाया—"क्या है?"

लहनासिंह ने उसे तो यह कहकर सुला दिया कि एक भड़का हुआ कुत्ता आया था, मार दिया, औरों से सब हाल कह दिया। बंदूकें लेकर सब तैयार हो गये। लहना ने साफा फाड़कर घावों के दोनों तरफ पट्टियाँ कसकर बाँधीं। घाव मांस में ही था। पट्टियों के कसने से लहू निकलना बन्द हो गया।

इतने में सत्तर जर्मन चिल्लाकर खाई में घुस पड़े। सिखों की बंदूकों की बाढ़ ने पहले धावे को रोका। दूसरे को रोका। पर यहाँ थे आठ। लहनासिंह तक-तक कर मार रहा था—वह खड़ा था, और लेटे हुए थे। और वे सत्तर। अपने मुर्दा भाइयों के शरीर पर चढ़कर जर्मन आगे घुस आते थे। थोड़े से मिनटों में वे...

अचानक आवाज आई, "वाह, गुरुजी दी फतह! वाह, गुरुजी दा खालसा!" और धड़ाधड़ बंदूकों के फायर जर्मनों की पीठ पर पड़ने लगे। ऐन मौके पर जर्मन दो चक्की के पाटों के बीच में आ गये। पीछे से सूबेदार हजारासिंह के जवान आग बरसाते थे और सामने लहनासिंह के साथियों के संगीन चल रहे थे। पास आने पर पीछे वालों ने भी संगीन पिरोना शुरू कर दिया।

एक किलकारी और—'अकाल सिक्खां दी फौज आयी। वाह गुरुजी दी फतह। वाह गुरुजी दा खालसा!! सत्त सिरी अकाल पुरुष !!!' और लड़ाई खतम हो गई। तिरसठ जर्मन या तो खेत रहे थे या कराह रहे थे सिखों में पंद्रह के प्राण गये। सूबेदार के दाहिने कंधे में से गोली आर-पार निकल गई। लहनासिंह की पसली में एक गोली लगी। उसने घाव खंदक की गीली मिट्टी से पूर लिया और बाकी साफा कस कर कमरबंद की तरह लपेट लिया। किसी को खबर न हुई कि दूसरा घाव-भारी घाव लगा है।

लड़ाई के समय चाँद निकल आया था। ऐसा चाँद, जिसके प्रकाश से संस्कृत-कवियों का दिया हुआ 'छयी' नाम सार्थक होता है। और हवा ऐसी चल रही थी जैसा कि बाणभट्ट की भाषा में दंतवीणोपदेशाचार्य कहलाती है। वजीरासिंह कह रहा था कि कैसे मन-मन भर फ्रांस की भूमि मेरे बूटों से चिपक रही थी, जब मैं दौड़ा-दौड़ा सूबेदार के पीछे गया था। सूबेदार, लहनासिंह से सारा हाल सुन और कागजात पाकर, उसकी तुरत-बुद्धि को सराह रहे थे कि तू न होता तो आज सब मारे जाते।

इस लड़ाई की आवाज तीन मील दाहिनी ओर की खाई वालों ने सुन ली थी।

उन्होंने पीछे टेलीफोन कर दिया था। वहाँ से झटपट दो डॉक्टर और दो बीमार ढोने की गाड़ियाँ चलीं, जो कोई डेढ़ घंटे के अंदर-अंदर आ पहुँचीं। फील्ड अस्पताल के नजदीक था। सुबह होते-होते वहाँ पहुँच जाएँगे, इसलिए मामूली पट्टी बाँध कर एक गाड़ी में घायल लिटाये गये और दूसरी में लाशें रखी गयीं। सूबेदार ने लहनासिंह की जाँघ में पट्टी बँधवानी चाही, पर उसने यह कहकर टाल दिया कि थोड़ा घाव है, सबेरे देखा जाएगा। बोधासिंह ज्वर में बर्रा रहा था। वह भी गाड़ी में लिटाया गया। लहना को छोड़कर सूबेदार जाते न थे। यह देख लहना ने कहा—

"तुम्हें बोधा की कसम है और सूबेदारनी जी की सौगंध है जो इस गाड़ी में न चले जाओ।"

"और तुम?"

"मेरे लिए वहाँ पहुँचकर गाड़ी भेज देना और जर्मन मुर्दों के लिए भी तो गाड़ियाँ आती होंगी। मेरा हाल बुरा नहीं है। देखते नहीं, मैं खड़ा हूँ। वजीरासिंह मेरे पास है ही।"

"अच्छा, पर..."

"बोधा गाड़ी पर लेट गया। भला, आप भी चढ़ जाओ। सुनिये तो, सूबेदारनी होराँ को चिट्ठी लिखो तो मेरा मत्था टेकना लिख देना और जब घर जाओ तो कह देना कि मुझसे जो उन्होंने कहा था वह मैंने कर दिया।"

गाड़ियाँ चल पड़ी थीं। सूबेदार ने चढ़ते-चढ़ते लहना का हाथ पकड़कर कहा—"तूने मेरे और बोधा के प्राण बचाये हैं। लिखना कैसा, साथ ही चलेंगे। अपनी सूबेदारनी से तू कह देना। उसने क्या कहा था?"

"अब आप गाड़ी पर चढ़ जाओ। मैंने जो कहा वह लिख देना और कह भी देना।"

गाड़ी के जाते ही, लहना लेट गया। "वजीरा, पानी पिला दे और मेरा कमरबंद खोल दे। तर हो रहा है।"

(5)

मृत्यु के कुछ समय पहले स्मृति बहुत साफ हो जाती है। जन्म भर की घटनाएँ एक-एक करके सामने आती हैं। सादे हृदयों के रंग होते हैं, समय की धुन्ध बिलकुल उन पर से हट जाती है।

× × ×

लहनासिंह बारह वर्ष का है। अमृतसर में मामा के यहाँ आया हुआ है। दही वाले के यहाँ, सब्जी वाले के यहाँ, हर कहीं, उसे एक आठ वर्ष की लड़की मिल जाती है। जब वह पूछता है कि तेरी कुड़माई हो गई, तब 'धत्' कर वह भाग जाती है। एक दिन उसने वैसे ही पूछा, तो उसने कहा—हाँ, कल हो गई, देखते नहीं यह रेशम के बूटों वाला सालू। सुनते ही लहनासिंह को दुःख हुआ? क्रोध हुआ।

"वजीरासिंह, पानी पिला दे।"

× × ×

पच्चीस वर्ष बीत गये। लहनासिंह नं॰ 77 राइफल्स में जमादार हो गया। उस आठ वर्ष की कन्या का ध्यान ही न रहा। न मालूम वह कभी मिली थी, या नहीं। सात दिन की छुट्टी लेकर जमीन के मुकदमे की पैरवी करने वह अपने घर गया। वहाँ रेजीमेंट के अफसर की चिट्ठी मिली कि फौज लाम पर जाती है। फौरन चले आओ। साथ ही सूबेदार हजारासिंह की चिट्ठी मिली कि मैं और बोधासिंह भी लाम पर जाते हैं, लौटते हुए हमारे घर होते आना। साथ चलेंगे। सूबेदार का गाँव रास्ते में पड़ता था और सूबेदार उसे चाहता था। लहनासिंह सूबेदार के यहाँ पहुँचा।

जब चलने लगे तब सूबेदार बेड़े[1] में से निकलकर आया। बोला—"लहना, सूबेदारनी तुझको जानती है। बुलाती है। जा मिल आ।" लहनासिंह भीतर पहुँचा। सूबेदारनी मुझे जानती है? कब से? रेजीमेंट के क्वार्टरों में तो कभी सूबेदार के घर के लोग रहे नहीं। दरवाजे पर जाकर 'मत्था टेकना' कहा। असीस सुनी। लहनासिंह चुप।

"मुझे पहचाना?"

"नहीं।"

"तेरी कुड़माई हो गयी? धत् कल हो गयी—देखते नहीं रेशमी बूटों वाला सालू—अमृतसर में... ।"

भावों की टकराहट से मूर्च्छा खुली। करवट बदली। पसली का घाव बह निकला।

"वजीरा, पानी पिला, उसने कहा था।"

× × ×

स्वप्न चल रहा है। सूबेदारनी कह रही है—मैंने तेरे को आते ही पहचान लिया। एक काम कहती हूँ। मेरे तो भाग फूट गये। सरकार ने बहादुर का खिताब दिया है; लायलपुर में जमीन दी है, आज नमकहलाली का मौका आया है। पर सरकार ने हम तीमियों की घघरिया पलटन क्यों न बना दी जो मैं भी सूबेदारजी के साथ चली जाती? एक बेटा है। फौज में भरती हुए उसे एक ही वर्ष हुआ। उसके पीछे चार और हुए, पर एक भी नहीं जिया। सूबेदारनी रोने लगी—

---

1. जनाने।

"अब दोनों जाते हैं। मेरे भाग। तुम्हें याद है, एक दिन टाँगेवाले का घोड़ा दही वाले की दूकान के पास बिगड़ गया था। तुमने उस दिन मेरे प्राण बचाये थे। आप घोड़े की लातों में चले गये थे और मुझे उठाकर दूकान के तख्ते पर खड़ा कर दिया था। ऐसे ही इन दोनों को बचाना; यह मेरी भिक्षा है। तुम्हारे आगे मैं आँचल पसारती हूँ।"

रोती-रोती सूबेदारनी ओबरी में चली गयी। लहना भी आँसू पोंछता हुआ बाहर आया।

वजीरासिंह, पानी पिला—"उसने कहा था।"

× × ×

लहना का सिर अपनी गोद पर रखे वजीरासिंह बैठा है। जब माँगता है, तब पानी पिला देता है। आधा घंटे तक लहना चुप रहा, फिर बोला—"कौन? कीरतसिंह?"

वजीरा ने कुछ समझकर कहा, "हाँ।"

"भइया, मुझे और ऊँचा कर ले, अपने पट्टे पर मेरा सिर रख ले।"

वजीरा ने वैसा ही किया।

"हाँ, अब ठीक है। पानी पिला दे। बस, अब के जाड़े में यह आम खूब फलेगा। चाचा-भतीजा दोनों यहीं बैठकर आम खाना। जितना बड़ा तेरा भतीजा है उतना ही यह आम है। जिस महीने उसका जन्म हुआ था उसी महीने में मैंने इसे लगाया था।"

वजीरासिंह के आँसू टप-टप टपक रहे थे।

× × ×

कुछ दिन पीछे लोगों ने अखबारों में पढ़ा—

फ्रांस और बेलजियम—68वीं सूची—मैदान में घावों से मरा नं॰ 77 सिख राइफल्स जमादार लहनासिंह।

प्रेमचंद

(1880 ई० से 1936 ई०)

हिन्दी कथा-साहित्य के सुप्रतिष्ठित हस्ताक्षर प्रेमचंद जी का जन्म वाराणसी के पास 'लमही' नामक गाँव में हुआ। आपको पढ़ाई तथा जीविका के लिए दीर्घ संघर्ष करना पड़ा है। आप मानवता के आदर्श को प्रतिष्ठित करनेवाले सच्चे कलाकार हैं। आपने हिन्दी कहानी को सर्वप्रथम सामाजिक भूमि प्रदान की। अपनी कहानियों-उपन्यासों के माध्यम से आपने पिसता हुआ मध्यम-वर्ग, शोषित किसान की घुटन, स्त्री और दलितों की पीड़ा प्रभावी रूप से शब्द-बद्ध की है। आदर्शवाद से शुरू हुई आपकी कहानी यात्रा यथार्थवाद पर आकर रुकती है। ग्रामीण जीवन का जीता-जागता सूक्ष्म चित्रण मनोवैज्ञानिकता के साथ प्रस्तुत करने में आपको अद्वितीय सफलता मिली है।

प्रेमचंद जी की 'कफन', 'पूस की रात', 'पंच परमेश्वर', 'सद्गति,' 'घरजमाई' आदि कहानियाँ प्रसिद्ध हैं जो 'मानसरोवर'—आठ खंडों में संपादित की गई हैं। 'सेवासदन,' 'निर्मला', 'रंगभूमि', 'प्रेमाश्रम,' 'गबन', 'गोदान' आदि आपके उपन्यास बहुचर्चित रहे हैं।

घरजमाई

प्रस्तुत कहानी मनुष्य के आत्मसम्मान की कहानी है। हरिधन जब दस वर्षों से ससुराल में रहता आया है तो उसे पहले जैसा आदर और सम्मान क्योंकर मिलेगा? अतः अब वह जमाई नहीं मात्र मजदूर की जिंदगी जीने के लिए बाध्य है। एक दिन एक घटना से हरिधन का आत्मसम्मान जागता है और वह ससुराल छोड़ अपने गाँव अपने लोगों में लौटता है। गाँव लौटने के साथ ही उसकी खुशियाँ भी लौट आती हैं।

घरजमाई

(1)

हरिधन जेठ की दुपहरी में ऊख में पानी देकर आया और बाहर बैठा रहा। घर में से धुआँ उठता नजर आता था। छन-छन की आवाज भी आ रही थी। उसके दोनों साले उसके बाद आये और घर में चले गये। दोनें सालों के लड़के भी आये और उसी तरह अंदर दाखिल हो गये; पर हरिधन अंदर न जा सका। इधर एक महीने से उसके साथ यहाँ जो बर्ताव हो रहा था और विशेष कर कल उसे जैसी फटकार सुननी पड़ी थी, वह उसके पाँव में बेड़ियाँ-सी डाले हुए था। कल उसकी सास ही ने तो कहा था, मेरा जी तुमसे भर गया, मैं तुम्हारी जिन्दगी-भर का ठीका लिये बैठी हूँ क्या—और सबसे बढ़कर अपनी स्त्री की निठुरता ने उसके हृदय के टुकड़े कर दिये थे। वह बैठी यह फटकार सुनती रही; पर एक बार भी तो उसके मुँह से न निकला, अम्माँ, तुम क्यों इनका अपमान कर रही हो! बैठी गट-गट सुनती रही। शायद मेरी दुर्गति पर खुश हो रही थी। इस घर में वह कैसे जाए? क्या फिर वही गालियाँ खाने, वही फटकार सुनने के लिए? और आज इस घर में जीवन के दस साल गुजर जाने पर यह हाल हो रहा है! मैं किसी से कम काम करता हूँ; दोनों साले मीठी नींद सोते रहते हैं और मैं बैलों को सानी-पानी देता हूँ; छाँटी काटता हूँ। वहाँ सब लोग पल-पल पर चिलम पीते हैं, मैं आँखें बन्द किये अपने काम में लगा रहता हूँ। संध्या समय घरवाले गाने-बजाने चले जाते हैं, मैं घड़ी रात तक गायें-भैंसें दुहता रहता हूँ। उसका यह पुरस्कार मिल रहा है कि कोई खाने को भी नहीं पूछता। उल्टे गालियाँ मिलती हैं।

उसकी स्त्री घर में से डोल लेकर निकली और बोली—जरा इसे कुएँ से खींच लो एक बूँद पानी नहीं है।

हरिधन ने डोल लिया और कुएँ से पानी भर लाया। उसे जोर की भूख लगी हुई थी, समझा अब खाने को बुलाने आवेगी; मगर स्त्री डोल लेकर अन्दर गयी तो वहीं की हो रही। हरिधन थका-माँदा क्षुधा से व्याकुल पड़ा-पड़ा सो गया।

सहसा उसकी स्त्री गुमानी ने आकर उसे जगाया।

हरिधन ने पड़े-पड़े कहा—क्या है? क्या पड़ा भी न रहने देगी या और पानी चाहिए?

गुमानी कटु स्वर में बोली—गुर्राते क्या हो, खाने को तो बुलाने आयी हूँ।

हरिधन ने देखा, उसके दोनों साले और बड़े साले के दोनों लड़के भोजन किये चले आ रहे थे। उसकी देह में आग लग गयी। मेरी अब यह नौबत पहुँच गयी कि इन लोगों के साथ बैठकर खा भी नहीं सकता! ये लोग मालिक हैं। मैं इनकी जूठी थाली चाटनेवाला हूँ। मैं इनका कुत्ता हूँ जिसे खाने के बाद एक टुकड़ा रोटी डाल दी जाती है। यही घर है जहाँ आज के दस साल पहले उसका कितना आदर-सत्कार होता था। साले गुलाम बने रहते थे। सास मुँह जोहती रहती थी। स्त्री पूजा करती थी। तब उसके पास रुपये थे, जायदाद थी। अब वह दरिद्र है, उसकी सारी जायदाद को इन्हीं लोगों ने कूड़ा कर दिया। अब उसे रोटियों के भी लाले हैं। उसके जी में एक ज्वाला-सी उठी कि इसी वक्त अन्दर जाकर सास को और सालों को भिगो-भिगोकर लगाए; पर जब्त करके रह गया। पड़े-पड़े बोला—मुझे भूख नहीं है। आज न खाऊँगा।

गुमानी ने कहा—न खाओगे मेरी बला से, हाँ नहीं तो! खाओगे, तुम्हारे ही पेट में जायगा, कुछ मेरे पेट में थोड़े ही चला जायगा।

हरिधन का क्रोध आँसू बन गया। यह मेरी स्त्री है, जिसके लिए मैंने अपना सर्वस्व मिट्टी में मिला दिया। मुझे उल्लू बनाकर यह सब अब निकाल देना चाहते हैं। वह अब कहाँ जाए! क्या करे!

उसकी सास आकर बोली—चलकर खा क्यों नहीं लेते जी, रूठते किस पर हो? यहाँ तुम्हारे नखरे सहने का किसी में बूता नहीं है। जो देते हो वह मत देना और क्या करोगे। तुमसे बेटी ब्याही है, कुछ तुम्हारी जिन्दगी का ठीका नहीं लिया है।

हरिधन ने मर्माहत होकर कहा--हाँ अम्मा, मेरी भूल थी कि मैं यही समझ रहा था। अब मेरे पास क्या है कि तुम मेरी जिन्दगी का ठीका लोगी। जब मेरे पास भी धन था तब सब कुछ आता था। अब दरिद्र हूँ, तुम क्यों बात पूछोगी।

(2)

बच्चों के लिए बाप एक फालतू-सी चीज—एक विलास की वस्तु है, जैसे घोड़े के लिए चने या बाबुओं के लिए मोहनभोग। माँ रोटी-दाल है। मोहनभोग उम्र-भर न मिले तो किसका नुकसान है; मगर एकदिन रोटी-दाल के दर्शन न हों, तो फिर देखिए, क्या हाल होता है। पिता के दर्शन कभी-कभी शाम-सबेरे हो जाते हैं, वह बच्चे को उछालता है, दुलारता है, कभी गोद में लेकर या उँगली पकड़ाकर सैर कराने ले जाता है और

बस, यही उसके कर्तव्य की इति है। वह परदेश चला जाए, बच्चे को परवा नहीं होती; लेकिन माँ तो बच्चे का सर्वस्व है। बालक एक मिनिट के लिए भी उसका वियोग नहीं सह सकता। पिता कोई हो, उसे परवा नहीं, केवल एक उछालने-कुदानेवाला आदमी होना चाहिए; लेकिन माता तो अपनी ही होनी चाहिए, सोलहों आने अपनी; वही रूप, वही रंग, वही प्यार, वही सब कुछ। वह अगर नहीं है तो बालक के जीवन का स्रोत मानो सूख जाता है, फिर वह शिव का नन्दी है, जिस पर फूल या जल चढ़ाना लाजिमी नहीं, अख्तियारी है। हरिधन की माता का आज दस साल हुए देहांत हो गया था। उस वक्त उसका विवाह हो चुका था। वह सोलह साल का कुमार था। पर माँ के मरते ही उसे मालूम हुआ, मैं कितना निस्सहाय हूँ। जैसे उस घर पर उसका कोई अधिकार ही न रहा हो। बहनों के विवाह हो चुके थे। भाई कोई दूसरा न था। बेचारा बकेले घर में जाते भी डरता था। माँ के लिए रोता था; पर माँ की परछाईं से डरता था। जिस कोठरी में उसने देह-त्याग किया था, उधर वह आँखें तक न उठाता। घर में एक बुआ थी, वह हरिधन का बहुत दुलार करती। हरिधन को अब दूध ज्यादा मिलता, काम भी कम करना पड़ता। बुआ बार-बार पूछती—बेटा! कुछ खाओगे? बाप भी अब उसे ज्यादा प्यार करता, उसके लिए अलग एक गाय मँगवा दी, कभी-कभी उसे कुछ पैसे दे देता कि जैसे चाहे खर्च करे। पर इन मरहमों से वह घाव न पूरा होता था, जिसने उसकी आत्मा को आहत कर दिया था। यह दुलार और प्यार उसे बार-बार माँ की याद दिलाता। माँ की घुड़कियों में जो मजा था, वह क्या इस दुलार में था? माँ से माँगकर, लड़कर, ठुनककर, रूठकर लेने में जो आनन्द था, वह क्या इस भिक्षादान में था? पहले वह स्वस्थ था, माँग-माँगकर खाता, लड़-लड़कर खाता, अब वह बीमार था, अच्छे-से-अच्छे पदार्थ उसे दिये जाते थे; पर भूख न थी।

साल-भर तक वह इस दशा में रहा। फिर दुनिया बदल गयी। एक नयी स्त्री जिसे लोग उसकी माता कहते थे, उसके घर में आयी और देखते-देखते एक काली घटा की तरह उसके संकुचित भूमंडल पर छा गयी—सारी हरियाली, सारे प्रकाश पर अन्धकार का परदा पड़ गया। हरिधन ने इस नकली माँ से बात तक न की, कभी उसके पास गया तक नहीं। एकदिन घर से निकला और ससुराल चला आया।

बाप ने बार-बार बुलाया; पर उनके जीते-जी वह फिर उस घर में न गया। जिस दिन उसके पिता के देहान्त की सूचना मिली, उसे एक प्रकार का ईर्ष्या-मय हर्ष हुआ। उसकी आँखों से आँसू की एक बूँद भी न आयी।

इस नये संसार में आकर हरिधन को एकबार फिर मातृ-स्नेह का आनन्द मिला। उसकी सास ने ऋषि-वरदान की भाँति उसके शून्य जीवन को विभूतियों से परिपूर्ण कर दिया। मरुभूमि में हरियाली उत्पन्न हो गयी। सालियों की चुहल में, सास के स्नेह में,

सालों के वाक्‌विलास में और स्त्री के प्रेम में उसके जीवन की सारी आकांक्षाएँ पूरी हो गयीं। सास कहती—बेटा, तुम इस घर को अपना ही समझो, तुम्हीं मेरी आँखों के तारे हो। वह उससे अपने लड़कों की, बहुओं की शिकायत करती। वह दिल में समझता था, सास जी मुझे अपने बेटों से भी ज्यादा चाहती हैं। बाप के मरते ही वह घर गया और अपने हिस्से की जायदाद को कूड़ा करके, रुपयों की थैली लिये हुए आ गया। अब उसका दूना आदर-सत्कार होने लगा। उसने अपनी सारी सम्पत्ति सास के चरणों पर अर्पण करके अपने जीवन को सार्थक कर दिया। अब तक उसे कभी-कभी घर की याद आ जाती थी; अब भूलकर भी उसकी याद न आती, मानो वह उसके जीवन का कोई भीषण कांड था, जिसे भूल जाना ही उसके लिए अच्छा था। वह सबसे पहले उठता, सबसे ज्यादा काम करता, उसका मनोयोग, उसका परिश्रम देखकर गाँव के लोग दाँतों उँगली दबाते थे। उसके ससुर का भाग बखानते, जिसे ऐसा दामाद मिल गया; लेकिन ज्यों-ज्यों दिन गुजरते गये, उसका मान-सम्मान घटता गया। पहले देवता था, फिर घर का आदमी, अन्त में घर का दास हो गया। रोटियों में भी बाधा पड़ गयी। अपमान होने लगा। अगर घर के लोग भूखों मरते और साथ ही उसे भी मरना पड़ता, तो उसे जरा भी शिकायत न होती। लेकिन जब देखता, और लोग मूँछों पर ताव दे रहे हैं, केवल मैं ही दूध की मक्खी बना दिया गया हूँ, तो उसके अन्तस्तल से एक लम्बी, ठंडी आह निकल आती। अभी उसकी उम्र पच्चीस ही साल की तो थी। इतनी उम्र इस घर में कैसे गुजरेगी? और तो और, उसकी स्त्री ने भी आँखें फेर लीं। यह उस विपत्ति का सबसे क्रूर दृश्य था।

(3)

हरिधन तो उधर भूखा-प्यासा चिन्ता-दाह में जल रहा था, इधर घर में सास जी और दोनों सालों में बातें हो रही थीं। गुमानी भी हाँ-में-हाँ मिलाती जाती थी।

बड़े साले ने कहा—हम लोगों की बराबरी करते हैं। यह नहीं समझते कि किसी ने उनकी जिन्दगी भर का बीड़ा थोड़े ही लिया है। दस साल हो गये। इतने दिनों में क्या दो-तीन हजार न हड़प गये होंगे?

छोटे साले बोले—मजूर हो तो आदमी घुड़के भी, डाँटे भी, अब इनसे कोई क्या कहे। न जाने इनसे कभी पिंड छूटेगा भी या नहीं। अपने दिल में समझते होंगे, मैंने दो हजार रुपये नहीं दिये हैं? यह नहीं समझते कि उनके दो हजार कब के उड़ चुके। सवा सेर तो एक जून को चाहिए।

सास ने गम्भीर भाव से कहा—बड़ी भारी खोराक है! गुमानी माता के सिर से जूं

निकाल रही थी। सुलगते हुए हृदय से बोली—निकम्मे आदमी को खाने के सिवा और काम ही क्या रहता है?

बड़े—खाने की कोई बात नहीं है। जिसकी जितनी भूख हो उतना खाए, लेकिन कुछ पैदा भी तो करना चाहिए। यह नहीं समझते कि पहुनई में किसी के दिन कटे हैं!

छोटे—मैं तो एक दिन कह दूँगा, अब अपनी राह लीजिए, आपका करजा नहीं खाया है।

गुमानी घरवालों की ऐसी-ऐसी बातें सुनकर अपने पति से द्वेष करने लगी थी। अगर वह बाहर से चार पैसे लाता, तो इस घर में उसका कितना मान-सम्मान होता, वह भी रानी बनकर रहती। न-जाने क्यों कहीं बाहर जाकर कमाते उसकी नानी मरती है। गुमानी की मनोवृत्तियाँ अभी तक बिलकुल बालपन की-सी थीं। उसका अपना कोई घर न था। उसी घर का हित-अहित उसके लिए भी प्रधान था। वह भी उन्हीं शब्दों में विचार करती इस समस्या को उन्हीं आँखों से देखती जैसे उसके घरवाले देखते थे। सच तो, दो हजार रुपये में क्या किसी को मोल ले लेंगे? दस साल में दो हजार होते ही क्या हैं। दो सौ ही तो साल भर के हुए। क्या दो आदमी साल भर में दो सौ भी न खाएँगे। फिर कपड़े-लत्ते, दूध-घी, सभी कुछ तो है। दस साल हो गये, एक पीतल का छल्ला नहीं बना। घर से निकलते तो जैसे इनके प्रान निकलते हैं। जानते हैं जैसे पहले पूजा होती थी वैसे ही जनम-भर होती रहेगी। यह नहीं सोचते कि पहले और बात थी, अब और बात है। बहू ही पहले ससुराल जाती है तो उसका कितना महातम होता है। उसके डोली से उतरते ही बाजे बजते हैं, गाँव-मुहल्ले की औरतें उसका मुँह देखने आती हैं और रुपये देती हैं। महीनों उसे घर भर से अच्छा खाने को मिलता है, अच्छा पहनने को, कोई काम नहीं लिया जाता; लेकिन छः महीनों के बाद कोई उसकी बात भी नहीं पूछता, वह घर-भर की लौंडी हो जाती है। उनके घर में मेरी भी तो वही गति होती। फिर काहे का रोना। जो यह कहो कि मैं तो काम करता हूँ, तो तुम्हारी भूल है, मजूर की और बात है। उसे आदमी डाँटता भी है, मारता भी है, जब चाहता है, रखता है, जब चाहता है, निकाल देता है। कसकर काम लेता है। यह नहीं कि जब जी में आया, कुछ काम किया, जब जी में आया पड़कर सो रहे।

(4)

हरिधन अभी पड़ा अन्दर-ही-अन्दर सुलग रहा था कि दोनों साले बाहर आये और बड़े

साहब बोले—भैया, उठो तीसरा पहर ढल गया, कब तक सोते रहोगे? सारा खेत पड़ा हुआ है।

हरिधन चट उठ बैठा और तीव्र स्वर में बोला—क्या तुम लोगों ने मुझे उल्लू समझ लिया है?

दोनों साले हक्का-बक्का हो गये। जिस आदमी ने कभी जबान नहीं खोली, हमेशा गुलामों की तरह हाथ बाँधे हाजिर रहा, वह आज एकाएक इतना आत्माभिमानी हो जाए, वह उनको चौंका देने के लिए काफी था। कुछ जवाब न सूझा।

हरिधन ने देखा, इन दोनों के कदम उखड़ गये हैं, तो एक धक्का और देने की प्रबल इच्छा को न रोक सका। उसी ढंग से बोला—मेरी भी आँखें हैं। अंधा नहीं हूँ, न बहरा हूँ। छाती फाड़कर काम करूँ और उस पर भी कुत्ता समझा जाऊँ; ऐसे गधे कहीं और होंगे!

अब बड़े साले भी गर्म पड़े—तुम्हें किसी ने यहाँ बाँध तो नहीं रक्खा है।

अबकी हरिधन लाजवाब हुआ। कोई बात न सूझी।

बड़े ने फिर उसी ढंग से कहा—अगर तुम यह चाहो कि जन्म-भर पाहुने बने रहो और तुम्हारा वैसा ही आदर-सत्कार होता रहे, तो यह हमारे वश की बात नहीं है।

हरिधन ने आँखें निकालकर कहा—क्या मैं तुम लोगों से कम काम करता हूँ?

बड़े—यह कौन कहता है?

हरिधन—तो तुम्हारे घर की वही नीति है कि जो सबसे ज्यादा काम करे वही भूखों मारा जाए?

बड़े—तुम खुद खाने नहीं गये। क्या कोई तुम्हारे मुँह में कौर डाल देता?

हरिधन ने ओंठ चबाकर कहा—मैं खुद खाने नहीं गया? कहते तुम्हें लाज नहीं आती?

"नहीं आयी थी बहन तुम्हें बुलाने?"

छोटे साले ने कहा—अम्मा भी तो आयी थीं। तुमने कह दिया, मुझे भूख नहीं है, तो क्या करतीं।

सास भीतर से लपकी चली आ रही थी। यह बात सुनकर बोली—कितना कहकर हार गई, कोई उठे न तो मैं क्या करूँ।

हरिधन ने विष, खून और आग से भरे हुए स्वर में कहा—मैं तुम्हारे लड़कों का जूठा खाने के लिए हूँ? मैं कुत्ता हूँ कि तुम लोग खाकर मेरे सामने रूखी रोटी का एक टुकड़ा फेंक दो?

बुढ़िया ने ऐंठकर कहा—तो क्या तुम लड़कों की बराबरी करोगे?

हरिधन परास्त हो गया! बुढ़िया ने एक ही वाक्-प्रहार में उसका काम तमाम कर दिया। उसकी तनी हुई भवें ढीली पड़ गयीं, आँखों की आग बुझ गयी, फड़कते हुए नथने शांत हो गये। किसी आहत मनुष्य की भाँति वह जमीन पर गिर पड़ा। 'क्या तुम मेरे लड़कों की बराबरी करोगे?' यह वाक्य एक लम्बे भाले की तरह उसके हृदय में चुभता चला जाता था—न हृदय का अन्त था, न उसे भाले का!

(5)

सारे घर ने खाया; पर हरिधन न उठा। सास ने मनाया, सालियों ने मनाया, ससुर ने मनाया, दोनों साले मनाकर थक गये। हरिधन न उठा; वहीं द्वार पर एक टाट पर पड़ा था। उसे उठाकर सबसे अलग कुएँ पर ले गया और जगत पर बिछाकर पड़ा रहा।

रात भीग चुकी थी। अनन्त प्रकाश में उज्ज्वल तारे बालकों की भाँति क्रीड़ा कर रहे थे। कोई नाचता था, कोई उछलता था, कोई हँसता था, कोई आँखें मींचकर फिर खोल देता था। रह-रहकर कोई साहसी बालक सपाटा भर कर एक पल में उस विस्तृत क्षेत्र को पार कर लेता था और न जाने कहाँ छिप जाता था। हरिधन को अपना बचपन याद आया, जब वह भी इसी तरह क्रीड़ा करता था। उसकी बाल-स्मृतियाँ उन्हीं चमकीले तारों की भाँति प्रज्वलित हो गयीं। वह अपना छोटा-सा घर, वह आम के बाग जहाँ वह केरियाँ चुना करता था, वह मैदान जहाँ वह कबड्डी खेला करता था, सब उसे याद आने लगे। फिर अपनी स्नहेमयी माता की सदय मूर्ति उसके सामने खड़ी हो गई। उन आँखों में कितनी करुणा थी, कितनी दया थी। उसे ऐसा जान पड़ा मानो माता आँखों में आँसू भरे, उसे छाती से लगा लेने के लिए हाथ फैलाये उसकी ओर चली आ रही है। वह उस मधुर भावना में अपने को भूल गया। ऐसा जान पड़ा मानो माता ने उसे छाती से लगा लिया है और उसके सिर पर हाथ फेर रही है। वह रोने लगा, फूट-फूटकर रोने लगा। उसी आत्म-सम्मोहित दशा में उसके मुँह से यह शब्द निकले—अम्मा, तुमने मुझे इतना भुला दिया। देखो, तुम्हारे प्यारे लाला की क्या दशा हो रही है? कोई उसे पानी को भी नहीं पूछता। क्या जहाँ तुम हो, वहाँ मेरे लिए जगह नहीं है?

सहसा गुमानी ने आकर पुकारा—क्या सो गए तुम, नौज किसी को ऐसी राक्षसी नींद आए! चलकर खा क्यों नहीं लेते? कब तक कोई तुम्हारे लिए बैठा रहे?

हरिधन उस कल्पना-जगत् से क्रूर प्रत्यक्ष में आ गया। वही कुएँ की जगत थी,

वही फटा हुआ टाट और गुमानी सामने खड़ी कह रही थी—कब तक कोई तुम्हारे लिए बैठा रहे!

हरिधन उठ बैठा और मानो तलवार म्यान से निकालकर बोला—भला तुम्हें मेरी सुध तो आयी। मैंने तो कह दिया था, मुझे भूख नहीं है।

गुमानी—तो कै दिन न खाओगे?

'अब इस घर का पानी भी न पीऊँगा, तुझे मेरे साथ चलना है या नहीं?'

दृढ संकल्प से भरे हुए इन शब्दों को सुनकर गुमानी सहम उठी। बोली—कहाँ जा रहे हो?

हरिधन ने मानो नशे में कहा—तुझे इससे क्या मतलब? मेरे साथ चलेगी या नहीं? फिर पीछे से न कहना, मुझसे कहा नहीं।

गुमानी आपत्ति के भाव से बोली—तुम बताते क्यों नहीं, कहाँ जा रहे हो?

'तू मेरे साथ चलेगी या नहीं?'

'जब तक तुम बता न दोगे, मैं नहीं जाऊँगी।'

'तो मालूम हो गया, तू नहीं जाना चाहती। मुझे इतना ही पूछना था, नहीं अब तक मैं आधी दूर निकल गया होता।'

यह कहकर वह उठा और अपने घर की ओर चला। गुमानी पुकारती रही—'सुन लो, सुन लो', पर उसने पीछे फिर कर भी न देखा।

(6)

तीस मील की मंजिल हरिधन ने पाँच घण्टों में तय की। जब वह अपने गाँव की अमराइयों के सामने पहुँचा, तो उसकी मातृ-भावना उषा की सुनहरी गोद में खेल रही थी। उन वृक्षों को देखकर उसका विह्वल हृदय नाचने लगा। मंदिर का वह सुनहरा कलश देखकर वह इस तरह दौड़ा मानो एक छलाँग में उसके ऊपर जा पहुँचेगा। वह वेग में दौड़ा जा रहा था मानो उसकी माता गोद फैलाये उसे बुला रही हो। जब वह आमों के बाग में पहुँचा, जहाँ डालियों पर बैठकर वह हाथी की सवारी का आनन्द पाता था, जहाँ की कच्ची बेरों और लिसोड़ों में एक स्वर्गीय स्वाद था, तो वह बैठ गया और भूमि पर सिर झुका कर रोने लगा, मानो अपनी माता को अपनी विपत्ति-कथा सुना रहा हो। वहाँ की वायु में, वहाँ के प्रकाश में, मानो उसकी विराट रूपिणी माता व्याप्त हो रही थी, वहाँ की अंगुल-अंगुल भूमि माता के पद-चिह्नों से पवित्र थी, माता के स्नेह में डूबे हुए शब्द अभी तक मानो आकाश में गूँज रहे थे। इस वायु और इस आकाश में न जाने कौन-सी संजीवनी थी जिसने उसके शोकार्त्त हृदय को बालोत्साह से भर दिया। वह एक पेड़ पर चढ़ गया और अधर से आम तोड़-तोड़कर खाने लगा।

सास के वह कठोर शब्द, स्त्री का वह निष्ठुर आघात, वह सारा अपमान वह भूल गया। उसके पाँव फूल गये थे, तलवों में जलन हो रही थी; पर इस आनन्द में उसे किसी बात का ध्यान न था।

सहसा रखवाले ने पुकारा—वह कौन ऊपर चढ़ा हुआ है रे? उतर अभी नहीं तो ऐसा पत्थर खींचकर मारूँगा कि वहीं ठण्डे हो जाओगे।

उसने कई गालियाँ भी दीं। इस फटकार और इन गालियों में इस समय हरिधन को अलौकिक आनन्द मिल रहा था। वह डालियों में छिप गया, कई आम काट-काटकर नीचे गिराये, और जोर से ठट्ठा मारकर हँसा। ऐसी उल्लास से भरी हुई हँसी बहुत दिन से न हँसी थी।

रखवाले को वह हँसी परिचित-सी मालूम हुई। मगर हरिधन यहाँ कहाँ। वह तो ससुराल की रोटियाँ तोड़ रहा है। कैसा हँसोड़ा था, कितना चिबिल्ला। न जाने बेचारे का क्या हाल हुआ? पेड़ की डाल से तालाब में कूद पड़ता था। अब गाँव में ऐसा कौन है?

डाँटकर बोला—वहाँ बैठे-बैठे हँसोगे, तो आकर सारी हँसी निकाल दूँगा, नहीं सीधे से उतर आओ।

वह गालियाँ देने जा रहा था कि एक गुठली आकर उसके सिर पर लगी। सिर सहलाता हुआ बोला—यह कौन शैतान है? नहीं मानता, ठहर तो, मैं आकर तेरी खबर लेता हूँ।

उसने अपनी लकड़ी नीचे रख दी और बन्दरों की तरह चटपट ऊपर चढ़ गया। देखा तो हरिधन बैठा मुस्करा रहा है। चकित होकर बोला—अरे हरिधन! तुम यहाँ कब आये! इस पेड़ पर कब से बैठे हो?

दोनों बचपन सखा वहीं गले मिले।

यहाँ कब आये? चलो, घर चलो भले आदमी, क्या वहाँ आम भी मयस्सर न होते थे?

हरिधन ने मुस्कराकर कहा—मँगरू, इन आमों में जो स्वाद है, वह और कहीं के आमों में नहीं है। गाँव का क्या रंग-ढंग है?

मँगरू—सब चैनचान है भैया! तुमने तो जैसे नाता ही तोड़ लिया। इस तरह कोई अपना गाँव-घर छोड़ देता है? जब से तुम्हारे दादा मरे, सारी गिरस्ती चौपट हो गयी। दो छोटे-छोटे लड़के हैं, उनके किये क्या होता है?

हरिधन—मुझे अब उस गिरस्ती से क्या वास्ता है भाई? मैं तो अपना ले-दे चुका। मजूरी तो मिलेगी न? तुम्हारी गैया मैं ही चरा दिया करूँगा; मुझे खाने को दे देना।

मँगरू ने अविश्वास के भाव से कहा—अरे भैया कैसी बात करते हो, तुम्हारे लिए जान तक हाजिर है। क्या ससुराल में अब न रहोगे? कोई चिंता नहीं। पहले तो तुम्हारा घर ही है। उसे सँभालो! छोटे-छोटे बच्चे हैं, उनको पालो। तुम नयी अम्मा से नाहक डरते थे। बड़ी सीधी है बेचारी। बस, अपनी माँ ही समझो, तुम्हें पाकर तो निहाल हो जाएगी। अच्छा, घरवाली को भी तो लाओगे?

हरिधन—उसका अब मुँह न देखूँगा। मेरे लिए वह मर गयी।

मँगरू—तो दूसरी सगाई हो जायगी। अबकी ऐसी मेहरिया ला दूँगा कि उसके पैर धो-धोकर पिओगे; लेकिन कहीं पहली भी आ गयी तो?

हरिधन—वह न आएगी।

(7)

हरिधन अपने घर पहुँचा तो दोनों भाई—'भैया आये! भैया आये!'—कहकर भीतर दौड़े और माँ को खबर दी।

उस घर में कदम रखते ही हरिधन को ऐसी शान्त महिमा का अनुभव हुआ मानो वह अपनी माँ की गोद में बैठा हुआ है। इतने दिनों ठोकरें खाने से उसका हृदय कोमल हो गया था। जहाँ पहले अभिमान था, आग्रह था, हेकड़ी थी, वहाँ अब निराशा थी, पराजय थी और याचना थी। बीमारी का जोर कम हो चला था; अब उस पर मामूली दवा भी असर कर सकती थी, किले की दीवारें छिद चुकी थीं, अब उसमें घुस जाना असाध्य न था। वही घर जिससे वह एक दिन विरक्त हो गया था, अब गोद फैलाये उसे आश्रय देने को तैयार था। हरिधन का निरवलम्ब मन यह आश्रय पाकर मानो तृप्त हो गया।

शाम को विमाता ने कहा—बेटा, तुम घर आ गये, हमारे धन भाग। अब इन बच्चों को पालो; माँ का नाता न सही, बाप का नाता तो है ही। मुझे एक रोटी दे देना, खाकर एक कोने में पड़ी रहूँगी। तुम्हारी अम्मा से मेरा बहन का नाता है। उस नाते से भी तो तुम मेरे लड़के होते हो?

हरिधन की मातृ-विह्वल आँखों को विमाता के रूप में अपनी माता के दर्शन हुए। घर के एक-एक कोने में मातृ-स्मृतियों की छटा चाँदनी की भाँति छिटकी हुई थी, विमाता का प्रौढ़ मुखमण्डल भी उसी छटा से रंजित था।

दूसरे दिन हरिधन फिर कन्धे पर हल रखकर खेत को चला। उसके मुख पर उल्लास था और आँखों में गर्व। वह अब किसी का आश्रित नहीं, आश्रय-दाता था, किसी के द्वार का भिक्षुक नहीं, घर का रक्षक था।

एक दिन उसने सुना, गुमानी ने दूसरा घर कर लिया। माँ से बोला—तुमने सुना काकी! गुमानी ने घर कर लिया।

काकी ने कहा—घर क्या कर लेगी, ठट्ठा है? बिरादरी में ऐसा अंधेर? पंचायत नहीं, अदालत तो है?

हरिधन ने कहा—नहीं काकी, बहुत अच्छा हुआ। ला, महाबीर जी को लड्डू चढ़ा आऊँ। मैं तो डर रहा था, कहीं मेरे गले न आ पड़े। भगवान ने मेरी सुन ली। मैं वहाँ से यही ठानकर चला था, अब उसका मुँह न देखूँगा।

जयशंकर प्रसाद

(1889 ई॰ से 1937 ई॰)

भारतीय संस्कृति एवं इतिहास प्रेमी जयशंकर प्रसाद जी का जन्म वाराणसी के एक सुप्रतिष्ठित परिवार में हुआ। अकादमिक उपलब्धि के नाम पर आप महज 8वीं पास थे। परन्तु स्वाध्याय के बल पर आप न केवल हिन्दी, अपितु उर्दू, संस्कृत और अंग्रेजी के भी ज्ञाता हुए। आपने छायावादी कवि के रूप में तथा कहानीकार, नाटककार के रूप में पद्य और गद्य में समान रूप से योगदान दिया है। आपकी कहानियाँ प्रेम, करुणा, त्याग, बलिदान और भावमूलक आदर्श को अभिव्यक्त करती हैं। पात्रों का मनोवैज्ञानिक विकास, मनोहर कल्पनाएँ, वातावरण की सुंदर सृष्टि तथा कवित्वपूर्ण भाषा आपकी कहानियों की विशेषताएँ हैं।

'आँधी', 'आकाशदीप', 'इन्द्रजाल', 'छाया', 'प्रतिध्वनि', कहानी संग्रह; 'ध्रुवस्वामिनी', 'चंद्रगुप्त', 'अजातशत्रु' आदि नाटक; 'कामायनी' महाकाव्य आपकी महत्त्वपूर्ण कृतियाँ हैं।

पुरस्कार

प्रसादजी की श्रेष्ठ कहानियों में से एक है—पुरस्कार। नायिका की भावनाओं का उतार-चढ़ाव, प्रेम, राष्ट्रप्रेम तथा बलिदान एवं समर्पण की भावना कहानी को उच्चतर भाव-भूमि प्रतिष्ठित करते हैं। प्रेम या राष्ट्रप्रेम के द्वन्द्व में फँसी मधूलिका का चुनाव उसे मानवता की उदात्त भावभूमि प्रदान करता है।

पुरस्कार

आर्द्रा नक्षत्र। आकाश में काले-काले बादलों की घुमड़, जिसमें देवदुन्दुभी का गम्भीर घोष। प्राची के निरभ्र कोने से स्वर्णपुरुष झाँकने लगा था—देखने लगा था—महाराज की सवारी। शैलमाला के अंचल से समतल उर्वरा भूमि से सोंधी-सोंधी बास उठ रही थी। नगरतोरण में जयघोष हुआ, भीड़ में गजराज का चामधारी शुण्ड उन्नत दिखाई पड़ा। यह हर्ष और उत्साह का समुद्र हिलोरें भरता आगे बढ़ने लगा।

प्रभात की हेम-किरणों से अनुरंजित नन्ही बूँदों का एक झोंका आया और स्वर्ण-मल्लिका के समान बरस पड़ा। मंगल-सूचना से जनता ने हर्ष ध्वनि की।

रथों, हाथियों और अश्वारोहियों की पंक्ति जम गई। दर्शकों की भीड़ कम न थी। गजराज बैठ गया, महाराज सीढ़ियों से उतरे। सौभाग्यवती और कुमारी सुन्दरियों के दो दल आम्रपल्लवों से सुशोभित मंगल-कलश और फूल-कुंकुम तथा खीलों से भरे थाल लिये, मधुर गान करते हुए आगे बढ़े।

महाराज के मुख पर मधुर मुस्कान थी। पुरोहित वर्ग ने स्वस्त्ययन किया। स्वर्ण रंजित हल की मूठ पकड़कर महाराज ने जुते हुए सुन्दर पुष्ट बैलों को चलने का संकेत किया। बाजा बजने लगा। किशोरी-कुमारियों ने खीलों और फूलों की वर्षा की।

कोशल का यह उत्सव प्रसिद्ध था। एक दिन के लिए महाराज को कृषक बनना पड़ता। उस दिन इन्द्र-पूजन की धूम-धाम होती; गोठ होती; नगर-निवासी उस पहाड़ी भूमि में आनन्द मनाते। प्रतिवर्ष कृषि का यह महोत्सव उत्साह से संपन्न होता। दूसरे राज्यों से भी युवक राजकुमार इस उत्सव में बड़े चाव से आकर योग देते।

मगध का एक राजकुमार अरुण अपने रथ पर बैठा बड़े कौतूहल से इस दृश्य को देख रहा था।

बीजों का थाल लिये कुमारी मधूलिका महाराज के साथ थी। बीज बोते हुए जब महाराज हाथ बढ़ाते, तब मधूलिका उनके सामने थाल कर देती। यह खेत मधूलिका का ही था जो इस साल महाराज की खेती के लिए चुना गया था। इसलिए बीज देने का सम्मान मधूलिका को ही मिला। वह कुमारी थी, सुन्दर थी। कौशेय वसन उसके शरीर पर इधर-उधर लहराता हुआ स्वयं शोभित हो रहा था। वह कभी उसे सँभालती और कभी अपने रूखे अलकों को। कृषक बालिका के शुभ्र भाल पर श्रमकणों की

कमी न थी। वे सब बरौनियों में गूँथे जा रहे थे। सम्मान और लज्जा उसके अधरों पर मन्द मुस्कराहट के साथ सिहर उठते, किन्तु महाराज को बीज देने में उसने शिथिलता न दिखाई। सब लोग महाराज का हल चलाना देख रहे थे....विस्मय से, कुतूहल से। और अरुण देख रहा था कृषक-कुमारी मधूलिका को! आह, कितना भोला सौंदर्य। कितनी सरल चितवन!

उत्सव का प्रधान कृत्य समाप्त हो गया। महाराज ने मधूलिका के खेत का पुरस्कार दिया, थाल में कुछ स्वर्ण-मुद्राएँ। वह राजकीय अनुग्रह था। मधूलिका ने थाली सिर से लगा ली, किन्तु साथ ही उन स्वर्ण-मुद्राओं को महाराज पर न्योछावर कर बिखेर दिया। मधूलिका की उस समय की ऊर्जस्वित् मूर्ति को लोग आश्चर्य से देखने लगे। महाराज की भृकुटि भी जरा चढ़ी ही थी कि मधूलिका ने सविनय कहा, "देव, यह मेरी पितृ-पितामह की भूमि है। इसे बेचना अपराध है। इसलिए मूल्य स्वीकार करना मेरी सामर्थ्य के बाहर है।" महाराज के बोलने से पहले ही वृद्ध मंत्री ने तीखे स्वर में कहा, "अबोध, क्या बक रही है। राजकीय अनुग्रह का तिरस्कार; तेरी भूमि से चौगुना मूल्य है; फिर कोशल का यह सुनिश्चित राष्ट्रीय नियम है। तू आज से राजकीय रक्षण पाने की अधिकारिणी हुई; इस धन से अपने को सुखी बना।"

महाराज के संकेत करने पर मंत्री ने कहा, "महाराज, वाराणसी युद्ध के अत्युत्तम वीर सिंहमित्र की एकमात्र कन्या है।" महाराज चौंक पड़े। "सिंहमित्र की कन्या! जिसने मगध के सामने कोशल की लाज रख ली थी, उसी वीर की कन्या मधूलिका है?"

"हाँ देव!" सविनय मंत्री ने कहा।

"इस उत्सव के परंपरागत नियम क्या हैं, मंत्रिवर?" महाराज ने पूछा।

"देव, नियम तो बहुत साधारण हैं। किसी भी अच्छी जमीन को इस उत्सव के लिए चुन कर नियमानुसार पुरस्कार-स्वरूप उसका मूल्य दे दिया जाता है। वह भी अत्यंत अनुग्रहपूर्वक अर्थात् भू-संपत्ति का चौगुना मूल्य उसे मिलता है। उस खेती को वही व्यक्ति वर्ष भर देखता है। वह महाराज का खेत कहा जाता है।"

महाराज को विचार-संघर्ष से विश्राम की अत्यंत आवश्यकता थी। महाराज चुप रहे। जयघोष के साथ सभा विसर्जित हुई। सब अपने-अपने शिविरों में चले गये। किन्तु मधूलिका को उत्सव में फिर किसी ने न देखा। वह खेत की सीमा पर विशाल मधूक वृक्ष के चिकने पत्तों की छाया में अनमनी चुपचाप बैठी रही।

× × ×

रात्रि का उत्सव जब विश्राम ले रहा था राजकुमार अरुण उसमें सम्मिलित न हुआ। वह अपने विश्राम भवन में जागरण कर रहा था, आँखों में नींद न थी। प्राची में जैसी

गुलाबी खिल रही थी, वही रंग उसकी आँखों में था। सामने देखा तो मुँडेर पर कपोती एक पैर से खड़ी पंख फैलाये अँगड़ाई ले रही थी। अरुण उठ खड़ा हुआ। द्वार पर सुसज्जित अश्व था, वह देखते-देखते नगरतोरण पर जा पहुँचा। रक्षक-गण ऊँघ रहे थे, अश्व के पैरों के शब्द से चौंक उठे।

युवक कुमार तीर-सा निकल गया। सिंधु देश का तुरंग प्रभात के पवन में पुलकित हो रहा था। घूमता-घूमता अरुण उसी वृक्ष के नीचे पहुँचा जहाँ मधूलिका अपने हाथ पर सिर धरे हुए खिन्न निद्रा का सुख ले रही थी।

अरुण ने देखा, एक छिन्न माधवी लता वृक्ष की शाखा से च्युत होकर पड़ी है। सुमन मुकुलित थे, भ्रमर निस्पंद। अरुण ने अपने अश्व को मौन रहने का संकेत किया, उस सुषमा को देखने के लिए। किन्तु कोयल बोल उठी। उसने अरुण से प्रश्न किया, "छिः कुमारी के सोये हुए सौंदर्य को देखने वाले धृष्ट, तुम कौन?" मधूलिका की आँखें खुल पड़ीं । उसने देखा, एक अपरिचित युवक। वह संकोच से उठ बैठी। "भद्रे, तुम्हीं न कल के उत्सव की परिचारिका रही हो?"

"उत्सव, हाँ उत्सव ही तो था।"

"कल उस सम्मान...."

"क्यों आपको कल का स्वप्न सता रहा है। भद्र, आप क्या मुझे इस अवस्था में संतुष्ट न रहने देंगे?"

"मेरा हृदय तुम्हारी उस छवि का भक्त बन गया है देवि!"

"मेरे उस अभिनय का, मेरी विडंबना का? आह, मनुष्य कितना निर्दय है। अपरिचित, क्षमा करो, जाओ अपने मार्ग।"

"सरलता की देवि! मैं मगध का राजकुमार तुम्हारे अनुग्रह का प्रार्थी हूँ। मेरे हृदय में भावना अवगुंठन में रहना नहीं जानती। उसे अपनी..."

"राजकुमार, मैं कृषक बालिका हूँ। आप नंदन-बिहारी और मैं पृथ्वी पर परिश्रम करके जीने वाली। आज मेरी स्नेह की भूमि पर से मेरा अधिकार छिन गया है। मैं दुःख से विकल हूँ, मेरा उपहास न करो।"

"मैं कोशल-नरेश से तुम्हारी भूमि तुम्हें दिलवा दूँगा।"

"नहीं वह कोशल का राष्ट्रीय नियम है मैं उसे बदलना नहीं चाहती, चाहे उससे मुझे कितना ही दुःख हो।"

"तब तुम्हारा रहस्य क्या है?"

"यह रहस्य मानव-हृदय का है, मेरा नहीं। राजकुमार नियमों से यदि मानव-हृदय बाध्य होता तो आज मगध के राजकुमार का हृदय किसी राजकुमारी की ओर न खिंचकर एक कृषक बालिका का अपमान करने न आता।"

मधूलिका उठ खड़ी हुई।

चोट खाकर राजकुमार लौट पड़ा। किशोर किरणों में उसका रतन किरीट चमक उठा। अश्व वेग से चला जा रहा था और मधूलिका निष्ठुर प्रहार करके क्या स्वयं आहत न हुई, उसके हृदय में टीस-सी होने लगी। वह सजल नेत्रों से उड़ती हुई धूल देखने लगी।

× × ×

मधूलिका ने राजा का प्रतिदान, अनुग्रह नहीं लिया। वह दूसरे खेतों में काम करती और चौथे प्रहर रूखी-सूखी खाकर पड़ रहती। मधूक वृक्ष के नीचे छोटी-सी पर्णकुटीर थी। सूखे डंठलों से उसकी दीवार बनी थी, मधूलिका का वही आश्रय था। कठोर परिश्रम से जो रूखा अन्न मिलता, वही उसकी साँसों को बढ़ाने के लिए पर्याप्त था। दुबली होने पर भी उसके अंगों में तपस्या की कांति थी। आस-पास के कृषक उसका आदर करते थे। वह एक आदर्श बालिका थी। दिन, सप्ताह, महीने, वर्ष बीतने लगे।

शीतकाल की रजनी, मेघों से भरा आकाश जिसमें बिजली की दौड़-धूप। मधूलिका का छाजन टपक रहा था। ओढ़ने की कमी थी। वह ठिठुरकर एक कोने में बैठी थी। मधूलिका अपने अभाव को आज बढ़ाकर सोच रही थी। जीवन में सामंजस्य बनाये रखने वाले उपकरण तो अपनी सीमा निर्धारित रखते हैं, परंतु उनकी आवश्यकता और कल्पना, भावना के साथ घटती-बढ़ती रहती है। आज बहुत दिनों बाद उसे बीती बात स्मरण हुई, "दो नहीं, तीन वर्ष हुए होंगे इसी मधूक के नीचे, प्रभात में तरुण राजकुमार ने क्या कहा था?"

वह अपने हृदय से पूछने लगी, इन चाटुकी के शब्दों को सुनने के लिए उत्सुक-सी वह पूछने लगी...."क्या कहा था?" दुःख दग्ध हृदय उन स्वप्न-सी बातों का स्मरण रख सकता और स्मरण ही होता, तो कष्टों की इस काली निशा में वह कहने का साहस न करता? हाय री विडम्बना।

आज मधूलिका उस बीते हुए क्षण को लौटा देने के लिये विकल थी। असहाय दारिद्र्य की ठोकरों ने उसे व्यथित और अधीर कर दिया था। मगध की प्रासादमाला के वैभव का काल्पनिक चित्र उन सूखे डंठलों के रंध्रों से नीचे, नभ में बिजली के आलोक में नाचता हुआ-सा दिखाई देने लगा। खिलाड़ी शिशु जैसे श्रावण की संध्या में जुगनू के पकड़ने के लिए हाथ लपकाता है वैसे ही मधूलिका, 'अमी वह निकल गया' मन ही मन कह रही थी। वर्षा ने भीषण रूप धारण किया। गड़गड़ाहट बढ़ने लगी; ओले पड़ने की सम्भावना थी। मधूलिका अपनी जर्जर झोंपड़ी के लिए काँप उठी।

सहसा बाहर शब्द हुआ, 'कौन है यहाँ? पथिक को आश्रय चाहिए।'

मधूलिका ने डंठलों का कपाट खोल दिया। बिजली चमक उठी। उसने देखा, एक

पुरुष घोड़े की बागडोर पकड़े हुए खड़ा है। सहसा वह चिल्ला उठी, "राजकुमार!" "मधूलिका?" आश्चर्य से युवक ने कहा। एक क्षण के लिए सन्नाटा छा गया। मधूलिका अपनी कल्पना को सहसा प्रत्यक्ष देखकर चकित हो गई "इतने दिनों बाद आज फिर?"

अरुण ने कहा, "कितना समझाया मैंने। किन्तु..."

मधूलिका अपनी दयनीय अवस्था का संकेत करने देना नहीं चाहती थी। उसने कहा, "और आज आपकी यह क्या दशा है?"

सिर झुकाकर अरुण ने कहा, "मैं मगध का विद्रोही निर्वासित कोशल में जीविका खोजने आया हूँ।" मधूलिका उस अंधकार में हँस पड़ी। मगध के विद्रोही राजकुमार का स्वागत करे एक अनाथिनी कृषक बालिका, यह भी एक विडंबना है। तो भी मैं स्वागत के लिए प्रस्तुत हूँ।

× × ×

शीतकाल की निस्तब्ध रजनी, कुहरे से धुली हुई चाँदनी, हाड़ कँपा देने वाला समीर, तो भी अरुण और मधूलिका दोनों पहाड़ी के गह्वर के द्वार पर वट-वृक्ष के नीचे बैठे हुए बातें कर रहे थे। मधूलिंका की वाणी में उत्साह था, किन्तु अरुण जैसे अत्यंत सावधान होकर बोलता।

मधूलिका ने पूछा, "जब तुम इतनी विपन्न अवस्था में हो, तो फिर इतने सैनिकों को साथ रखने की क्या आवश्यकता है?"

"मधूलिका बाहुबल ही तो वीरों की आजीविका है। ये तो मेरे जीवन-मरण के साथी हैं। भला मैं इन्हें कैसे छोड़ देता? और करता ही क्या?"

"क्यों, हम लोग परिश्रम से कमाते और खाते। अब तो तुम....।"

"भूल न करो। मैं अपने बाहुबल पर भरोसा करता हूँ। नये राज्य की स्थापना कर सकता हूँ। निराश क्यों हो जाऊँ?"...अरुण के शब्दों में कम्पन था, वह जैसे कुछ कहना चाहता था; पर कह नहीं सकता था।

"नवीन राज्य, ओहो, तुम्हारा उत्साह तो कम नहीं। भला कैसे? कोई नवीन ढंग बताओ तो मैं भी कल्पना का आनन्द ले लूँ।"

"कल्पना का आनन्द नहीं मधूलिका, मैं तुम्हें राजरानी के सम्मान से सिंहासन पर बिठाऊँगा; तुम अपने छिने हुए खेत की चिन्ता करके भयभीत न हो।"

एक क्षण में मधूलिका के मन में प्रमोद का अंधड़ बहने लगा—द्वंद्व मच गया। उसने सहसा कहा, "आह, मैं सचमुच तुम्हारी आज तक प्रतीक्षा करती थी राजकुमार!"

अरुण ढिठाई से उसके हाथों को दबाकर बोला, "तो मेरा भ्रम था। तुम सचमुच मुझे प्यार करती हो।"

युवती का वक्षस्थल फूल उठा, वह 'हाँ' भी नहीं कह सकी, 'ना' भी नहीं। अरुण ने उसकी अवस्था का अनुभव कर लिया। कुशल मनुष्य के समान उसने अवसर को हाथ से जाने नहीं दिया। तुरन्त बोल उठा, "तुम्हारी इच्छा हो तो प्राणों का पण लगा कर मैं तुम्हें इसी कोशल-सिंहासन पर बैठा दूँ। मधूलिका! अरुण के खड्ग का आतंक देखोगी?" मधूलिका एक बार काँप उठी। वह कहना चाहती थी—नहीं, किंतु उसके मुँह से निकला..."क्या!"

"सत्य मधूलिका, कोशलनरेश तभी से तुम्हारे लिए चिंतित हैं, यह मैं जानता हूँ। तुम्हारी साधारण-सी प्रार्थना वह अस्वीकार न करेंगे। और मुझे यह भी विदित है कि कोशल के सेनापति अधिकांश सैनिकों के साथ पहाड़ी दस्युओं का दमन करने के लिए बहुत दूर चले गये हैं।"

मधूलिका की आँखों के आगे बिजलियाँ हँसने लगीं। दारुण भावना से उसका मस्तक विकृत हो उठा। अरुण ने कहा..."तुम बोलती नहीं हो।"

"जो कहोगे, वही करूँगी।" मंत्र मुग्ध-सी मधूलिका ने कहा।

× × ×

स्वर्ण-मंच पर कोशलनरेश अधलेटी अवस्था में आँखें मुकुलित किये हैं। चामरधारिणी युवती पीछे खड़ी अपनी कलाई बड़ी कुशलता से घुमा रही थी। चामर के शुभ्र आंदोलन उस प्रकोष्ठ में धीरे-धीरे संचलित हो रहे हैं। तांबूलवाहिनी प्रतिमा के समान दूर खड़ी है।

प्रतिहारी ने आकर कहा, "जय हो देव, एक स्त्री कुछ प्रार्थना करने आई है।"

आँखें खोलते हुए महाराज ने कहा, "स्त्री प्रार्थना करने आई है? आने दो।"

प्रतिहारी के साथ मधूलिका आई। उसने प्रणाम किया। महाराज ने स्थिर दृष्टि से उसकी ओर देखा और कहा, "तुम्हें कहीं देखा है।"

"तीन वर्ष हुए देव! मेरी भूमि खेती के लिए ली गई थी।"

"ओह, तो तुमने इतने दिन कष्ट में बिताये। आज उसका मूल्ये माँगने आयी हो। क्यों? अच्छा-अच्छा, तुम्हें मिलेगा। प्रतिहारी।"

"नहीं महाराज! मुझे मूल्य नहीं चाहिए?"

"मूर्खे! फिर क्या चाहिए?"

"उतनी ही भूमि, दुर्ग के दक्षिणी नाले के समीप की जंगली भूमि। वहाँ मैं अपनी खेती करूँगी। मुझे एक सहायक मिल गया है। वह मनुष्यों से मेरी सहायता करेगा। भूमि को समतल भी तो बनाना होगा।"

महाराज ने कहा, "कृषक-बालिके! वह तो बड़ी ऊबड़-खाबड़ जमीन है। तिस पर दुर्ग के समीप एक सैनिक महत्त्व रखती है।"

"तो फिर निराश लौट जाऊँ?"

"सिंहमित्र की कन्या, मैं क्या करूँ, तुम्हारी यह प्रार्थना,...?"

"देव की जैसी आज्ञा हो।"

"जाओ तुम, श्रमजीवियों को उसमें लगाओ। मैं अमात्य को आज्ञापत्र देने का आदेश देता हूँ।"

"जय हो देव!" कहकर प्रणाम करती हुई मधूलिका राजमंदिर से बाहर आई।

× × ×

दुर्ग के दक्षिण भयावने नाले के तट पर घना जंगल है। आज वहाँ मनुष्यों के पद-संचार से शून्यता भंग हो रही थी। अरुण के छिपे हुए मनुष्य स्वतंत्रता से इधर-उधर घूमते थे। झाड़ियों को काटकर पथ बन रहा था। नगर दूर था, फिर उधर यों ही कोई नहीं आता था। फिर अब तो महाराज की आज्ञा से वहाँ मधूलिका का खेत बन रहा था। किसको इसकी चिंता थी?

एक घने कुंज में अरुण और मधूलिका एक दूसरे को हर्षित नेत्रों से देख रहे थे। संध्या हो चली थी। उस निविड़ वन में उन नवागत मनुष्यों को देखकर पक्षिगण अपने नीड़ को लौटते हुए अधिक कोलाहल कर रहे थे। प्रसन्नता के कारण अरुण की आँखें चमक उठीं। सूर्य की अंतिम किरणें झुरमुट से घुसकर मधूलिका के कपोलों से खेलने लगीं। अरुण ने कहा, "चार पहर और विश्वास करो। प्रभात में इस जीर्ण कलेवर कोशल राष्ट्र की राजधानी श्रावस्ती में तुम्हारा अभिषेक होगा और मगध से निर्वासित मैं एक स्वतंत्र राष्ट्र का अधिपति बनूँगा, मधूलिके!"

"भयानक अरुण! तुम्हारा साहस देखकर मैं चकित हो रही हूँ। केवल सौ सैनिकों से तुम...."

"रात के तीसरे प्रहर में मेरी विजय-यात्रा होगी, मधूलिके!"

"तो तुमको इस विजय पर विश्वास है?"

"अवश्य। तुम अपनी झोंपड़ी में यह रात बिताओ, प्रभात से तो राजमंदिर ही तुम्हारा लीला-निकेतन बनेगा।"

मधूलिका प्रसन्न थी, किन्तु अरुण के लिए उसकी कल्याण-कामना सशंक थी। वह कभी-कभी उद्विग्न-सी होकर बालकों के समान प्रश्न कर बैठती। अरुण उसका समाधान कर देता। सहसा कोई संकेत पाकर उसने कहा, "अच्छा अंधकार अधिक हो गया। अभी तुम्हें दूर जाना है और मुझे भी प्राणपण से इस अभियान के प्रारंभिक कार्यों को अर्धरात्रि तक पूरा कर लेना चाहिए। इसलिए रात्रि भर के लिए विदा।"

मधूलिका उठ खड़ी हुई, कँटीली झाड़ियों से उलझती हुई क्रम से बढ़ने वाले अंधकार में वह अपनी झोंपड़ी की ओर चली।

पथ अंधकारमय था और मधूलिका का हृदय भी निविड़ अंधकार से घिरा था। उसका मन सहसा विचलित हो उठा। मधुरता नष्ट हो गई। जितनी सुख कल्पना थी, जैसे अंधकार में विलीन होने लगी। वह भयभीत थी, पहला भय उसे अरुण के लिए उत्पन्न हुआ, यदि वह सफल न हुआ तो? फिर सहसा सोचने लगी, वह सफल क्यों हो? श्रावस्ती दुर्ग एक विदेशी के हाथ में क्यों चला जाय? मगध कोशल का चिर-शत्रु! ओह, उसकी विजय! कोशल नरेश ने क्या कहा था, सिंहमित्र की कन्या! सिंहमित्र कोशल का रक्षक वीर, उसी की कन्या आज क्या करने जा रही है? "नहीं नहीं, मधूलिका! मधूलिका!" जैसे उसके पिता उस अंधकार में पुकार रहे थे। वह पगली की तरह चिल्ला उठी। रास्ता भूल गई।

रात एक पहर बीत गई, पर मधूलिका अपनी झोंपड़ी तक नहीं पहुँची। वह उधेड़बुन में विक्षिप्त-सी चली जा रही थी। उसकी आँखों के सामने कभी सिंहमित्र और कभी अरुण की मूर्ति अंधकार में चित्रित हो जाती। उसे सामने आलोक दिखाई पड़ा। वह बीच पथ में खड़ी हो गई। प्रायः एक-सौ उल्का अश्वारोही चले आ रहे थे। और आगे-आगे एक वीर अधेड़ सैनिक था। उसके बायें हाथ में अश्व की वल्गा और दाहिने हाथ में नग्न खड्ग। अत्यंत वीरता से वह टुकड़ी अपने पथ पर चल रही थी। परन्तु मधूलिका बीच पथ से न हटी। सैनिक ने अश्व रोक कर कहा "कौन?" कोई उत्तर नहीं मिला। तब एक दूसरे अश्वारोही ने कड़ककर कहा, "तू कौन स्त्री? कोशल के सेनापति को शीघ्र उत्तर दे।"

रमणी विकार-ग्रस्त जैसे स्वर में चिल्ला उठी, "बाँध लो, बाँध लो मुझे, मेरी हत्या करो। मैंने अपराध ही ऐसा किया है।"

सेनापति हँस पड़े, बोले, "पगली है।"

"पगली नहीं, यदि वही होती तो इतनी विचार-वेदना ही क्यों होती? सेनापति मुझे बाँध लो, राजा के पास ले चलो।"

"क्या है? स्पष्ट कह।"

"श्रावस्ती का दुर्ग एक पहर में दस्युओं के हस्तगत हो जाएगा। दक्षिणी नाले के पार उनका आक्रमण होगा।"

सेनापति चौंक उठे। उन्होंने आश्चर्य से पूछा, "तू क्या कह रही थी?"

"मैं सत्य कह रही हूँ, शीघ्रता कीजिए।"

सेनापति ने अस्सी सैनिकों को नाले के उस पार धीरे-धीरे बढ़ने की आज्ञा दी

और स्वयं बीस अश्वारोहियों के साथ दुर्ग की ओर बढ़े। मधूलिका एक अश्वारोही के साथ बाँध दी गई।

× × ×

श्रावस्ती का दुर्ग, कोशल राष्ट्र का केन्द्र, इस रात में अपने विगत वैभव के स्वप्न देख रहा था। भिन्न राज्यवंशों ने उसके प्रांतों पर अधिकार जमा लिया था। अब वह केवल कई गाँवों का अधिपति है। फिर भी उसके साथ कोशल की अतीत स्वर्णगाथायें लिपटी हैं। यही लोगों की ईर्ष्या का कारण है। दुर्ग के प्रहरी चौंक उठे, जब थोड़े-से अश्वारोही बड़े वेग से आते हुए दुर्ग द्वार पर रुके। उल्का के आलोक में उन्होंने सेनापति को पहिचाना तब द्वार खुला। सेनापति घोड़े की पीठ से उतरे, उन्होंने कहा, "अग्निसेन, दुर्ग में कितने सैनिक होंगे?"

"सेनापति की जय हो, दो-सौ।"

"उन्हें शीघ्र ही एकत्र करो, किन्तु बिना किसी शब्द के। सौ को लेकर तुम शीघ्र ही चुपचाप दुर्ग के दक्षिण की ओर चलो। आलोक और शब्द न हो।"

सेनापति ने मधूलिका की ओर देखा। वह खोल दी गई। उसे अपने पीछे आने का संकेत कर सेनापति राजमंदिर की ओर बढ़े। प्रतिहारी ने सेनापति को देखते ही महाराज को सावधान किया। वह अपनी सुख-निद्रा के लिए प्रस्तुत हो रहे थे। किन्तु सेनापति और साथ में मधूलिका को देखते ही चंचल हो उठे। सेनापति ने कहा, "जय हो देव, इस स्त्री के कारण मुझे इस समय उपस्थित होना पड़ा है।"

महाराज ने स्थिर नेत्रों से देखकर कहा, "सिंहमित्र की कन्या! फिर यहाँ क्यों? क्या तुम्हारा क्षेत्र नहीं बन रहा? कोई बाधा? सेनापति! मैंने दुर्ग के दक्षिण में नाले के समीप की भूमि इसे दी है। क्या उसी के संबंध में तुम कहना चाहते हो?"

"देव! किसी गुप्त शत्रु ने उसी ओर से आज रात में दुर्ग में प्रवेश कर लेने का प्रबंध कर लिया है और इसी स्त्री ने मुझे पथ में संदेश दिया है।"

राजा ने मधूलिका की ओर देखा। वह काँप उठी। घृणा और लज्जा से वह गड़ी जा रही थी। राजा ने पूछा, "मधूलिका क्या यह सत्य है?"

"हाँ देव!"

राजा ने सेनापति से कहा, "सैनिकों को एकत्र करके तुम चलो, मैं अभी आता हूँ।" सेनापति के चले जाने पर राजा ने कहा, "सिंहमित्र की कन्या, तुमने एक बार फिर कोशल का उपकार किया। यह सूचना देकर तुमने पुरस्कार का काम किया है। अच्छा, तुम यहीं ठहरो, पहले उन आतताइयों का प्रबंध कर लूँ।"

× × ×

अपने साहसिक अभियान में अरुण बंदी हुआ। दुर्ग उल्का के आलोक में अतिरंजित हो उठा। भीड़ ने जयघोष किया। सबके मन में उल्लास था।

श्रावस्ती दुर्ग आज एक दस्यु के हाथ में जाने से बचा। आबाल-वृद्ध-नारी आनंद से उन्मत्त हो उठे।

उषा के आलोक में सभामंडप दर्शकों से भर गया। बंदी अरुण को देखते ही जनता ने रोष से हुंकार करते हुए कहा—"वध करो"। राजा ने सहमत होकर कहा, "प्राणदंद।" मधूलिका बुलाई गई। वह पगली-सी आकर खड़ी हो गई। कोशल-नरेश ने पूछा, "मधूलिका, तुझे जो पुरस्कार लेना हो, माँग।" वह चुप रही।

राजा ने कहा, "मेरे निज की जितनी खेती है मैं सब तुझे देता हूँ।" मधूलिका ने एक बार बंदी अरुण की ओर देखा। उसने कहा, "मुझे कुछ न चाहिए।" अरुण हँस पड़ा। राजा ने कहा, "नहीं, मैं तुझे अवश्य दूँगा, माँग ले।"

"तो मुझे भी प्राणदंड मिले" कहती हुई वह जाकर बंदी अरुण के पास खड़ी हो गई।

मोहन राकेश

(1925 ई॰ से 1972 ई॰)

नई पीढ़ी के कथाकार मोहन राकेश जी का जन्म अमृतसर में हुआ। पिता के कारण आपको बचपन में ही पर्याप्त साहित्यिक वातावरण मिला। कहानी और नाटक के क्षेत्र में आपका महत्त्वपूर्ण योगदान रहा है। आपको 'आषाढ़ का एक दिन' नाटक पर संगीत अकादमी का पुरस्कार प्राप्त हुआ है। आप हिन्दी की प्रसिद्ध साहित्यिक पत्रिका 'सारिका' के सम्पादक भी रहे हैं।

आपके रचना संसार में 'आधे-अधूरे', 'लहरों के राजहंस', 'आषाढ़ का एक दिन', 'अंधेरे बंद कमरे','न आनेवाला कल', 'पहचान', 'बारिस', 'एक घटना', 'आखरी चट्टान', 'परिवेश', तथा 'क्वार्टर' आदि प्रमुख रचनाएँ हैं।

मलबे का मालिक

हिन्दी की चर्चित कहानियों में से एक है—मलबे का मालिक। विभाजन की त्रासदी इस कहानी की पार्श्वभूमि है। मनुष्य के जीवन में प्रेम, भाईचारा और विश्वास का बड़ा महत्त्व है। गनी मियाँ बड़े विश्वास के साथ अपने बेटे और उसके परिवार को रक्खे पहलवान के हवाले कर गए थे। परन्तु वही रक्खे पहलवान थोड़े से स्वार्थ के लिए इंसानियत का गला घोंट देता है। कहानी का प्रमुख पात्र गनी मियाँ लेखक की और मानवता की आस्था का प्रतीक है।

मलबे का मालिक

पूरे साढ़े सात साल के बाद वे लोग लाहौर से आये थे। हाकी का मैच देखने का तो बहाना ही था, उन्हें ज्यादा चाव उन घरों और बाजारों को फिर से देखने का था, जो साढ़े सात साल पहले उनके लिए पराये हो गये थे। हर सड़क पर मुसलमानों की कोई न कोई टोली घूमती नजर आ जाती थी। उनकी आँखें इस आग्रह के साथ वहाँ की हर चीज को देख रही थीं, जैसे वह शहर साधारण शहर न होकर एक अच्छा-खासा आकर्षण-केन्द्र हो।

तंग बाजारों में से गुजरते हुए वे एक-दूसरे को पुरानी चीजों की याद दिला रहे थे...देख फतहदीना, मिसरी बाजार में अब मिसरी की दूकानें पहले से कितनी कम रह गयी हैं। .....उस नुक्कड़ पर सुक्खी भठियारिन की भट्ठी थी, जहाँ अब यह पान वाला बैठा है। ....वह नमक मंडी देख लो, खान साहब! यहाँ की एक-एक ललाइन वह नमकीन होती है कि बस....

बहुत दिनों के बाद बाजारों में तुर्रेदार और लाल तुरकी टोपियाँ नजर आ रही थीं। लाहौर से आये हुए मुसलमानों में काफी संख्या ऐसे लोगों की थी, जिन्हें विभाजन के समय मजबूर होकर अमृतसर छोड़कर जाना पड़ा था। साढ़े सात साल में आये अनिवार्य परिवर्तनों को देखकर कहीं उनकी आँखों में हैरानी भर जाती और कहीं अफसोस घिर आता—वल्लाह! कटरा जयमलसिंह इतना चौड़ा कैसे हो गया? क्या इस तरफ के सब के सब मकान जल गए?....यहाँ हकीम आसिफअली की दुकान थी न? अब यहाँ एक मोची ने कब्जा कर रखा है।

और कहीं-कहीं ऐसे भी वाक्य सुनाई दे जाते—वली, यह मस्जिद ज्यों की त्यों खड़ी है? इन लोगों ने इसका गुरुद्वारा नहीं बना दिया?

जिस रास्ते से भी पाकिस्तानियों की टोली गुजरती, शहर के लोग उत्सुकतापूर्वक उसकी ओर देखते रहते। कुछ लोग अब भी मुसलमानों को आते देखकर आशंकित-से रास्ते से हट जाते, जबकि दूसरे आगे बढ़कर उनसे बगलगीर होने लगते। ज्यादातर वे आगंतुकों से ऐसे सवाल पूछते कि आजकल लाहौर का क्या हाल है? अनारकली में अब पहले जितनी रौनक होती है या नहीं। सुना है, शाहालमीगेट का बाजार पूरा नया बना है? कृष्णनगर में तो खास तबदीली नहीं आयी? वहाँ का रिश्वतपुरा क्या वाकई

रिश्वत के पैसे से बना है? कहते हैं, पाकिस्तान में अब बुर्का बिल्कुल उड़ गया है, यह ठीक है?...इन सवालों में इतनी आत्मीयता झलकती थी कि लगता था, लाहौर एक शहर नहीं, हजारों लोगों का सगा-संबंधी है, जिसके हालात जानने के लिए वे उत्सुक हैं। लाहौर से आये हुए लोग उस दिन शहर-भर के मेहमान थे, जिनसे मिलकर और बातें करके लोगों को खामखाह खुशी का अनुभव होता था।

बाजार बांसा अमृतसर का एक उपेक्षित-सा बाजार है, जो विभाजन के पहले गरीब मुसलमानों की बस्ती थी। वहाँ ज्यादातर बाँस और शहतीरों की ही दुकानें थीं, सबकी सब एक ही आग में जल गयी थीं। बाजार बांसा की वह आग अमृतसर की सबसे भयानक आग थी, जिससे कुछ देर के लिए तो सारे शहर के जल जाने का अंदेशा पैदा हो गया था। बाजार बांसा के आसपास के कई मुहल्लों को तो उस आग ने अपनी लपेट में ले ही लिया था। खैर, किसी तरह वह आग काबू में आ गयी, पर उसमें मुसलमानों के एक-एक घर के साथ हिदुंओं के भी चार-चार छह-छह घर जलकर राख हो गये। अब साढ़े सात साल में उनमें से कई इमारतें तो फिर से खड़ी हो गयी थीं, मगर जगह-जगह मलबे के ढेर अब भी मौजूद थे। नई इमारतों के बीच-बीच में मलबे के ढेर अजीब ही वातावरण प्रस्तुत करते थे।

बाजार बांसा में उस दिन भी चहल-पहल नहीं थी, क्योंकि उस बाजार के ज्यादातर बाशिंदे तो अपने मकानों के साथ ही शहीद हो गये थे और जो बचकर चले गये थे, उनमें से शायद किसी में भी लौटकर आने की हिम्मत बाकी नहीं रही थी। सिर्फ एक दुबला-पतला बुड्ढा मुसलमान ही उस बीरान बाजार में आया और वहाँ की नयी और जली हुई इमारतों को देखकर जैसे भूलभुलैया में पड़ गया। बाएँ हाथ को जाने वाली गली के पास पहुँचकर उसके कदम अन्दर मुड़ने को हुए, मगर फिर वह हिचकिचाकर वहाँ बाहर ही खड़ा रह गया, जैसे उसे विश्वास नहीं हुआ कि वह गली है या नहीं, जिसमें वह जाना चाहता है। गली में एक तरफ कुछ बच्चे कीड़ी-कीड़ा खेल रहे थे और कुछ अंतर पर दो स्त्रियाँ ऊँची आवाज में चीखती हुई एक-दूसरी को गालियाँ दे रही थीं।

'सब कुछ बदल गया, मगर बोलियाँ नहीं बदलीं।' बुड्ढे मुसलमान ने धीमे स्वर में अपने से कहा और छड़ी का सहारा लिये खड़ा रहा। उसके घुटने पाजामे से बाहर निकल रहे थे और घुटनों के थोड़ा ऊपर ही उसकी शेरवानी में तीन-चार पैबंद लगे थे। गली से एक बच्चा रोता हुआ बाहर को आ रहा था। उसने उसे पुचकार कर पुकारा, "इधर आ, बेटे, आ इधर। देख, तुझे चिज्जी देंगे, आ!" और वह अपनी जेब में हाथ डालकर उसे देने के लिए कोई चीज ढूँढ़ने लगा। बच्चा क्षण-भर के लिए चुप कर गया, लेकिन फिर उसने ओंठ बिसोर लिये और रोने लगा। एक सोलह-सत्रह बरस

की लड़की गली के अंदर से दौड़ती हुई आयी और बच्चे की बाँह पकड़कर उसे घसीटती हुई गली में से चली। बच्चा रोने के साथ-साथ अपनी बाँह छुड़ाने के लिए मचलने लगा। लड़की ने उसे बाँहों में उठाकर अपने साथ चिपका लिया और उसका मुँह चूमती हुई बोली, "चुप कर, मेरा वीर! रोएगा तो तुझे वह मुसलमान पकड़कर ले जाएगा, मैं वारी जाऊँ, चुप कर!"

बुढ्ढे मुसलमान ने बच्चे को देने के लिए जो पैसा निकाला था, वह वापस जेब में रख लिया। सिर से टोपी उतारकर उसने वहाँ थोड़ा खुजलाया और टोपी बगल में दबा ली। उसका गला खुश्क हो रहा था और घुटने जरा-जरा काँप रहे थे। उसने गली के बाहर की बंद दुकान के तख्ते का सहारा ले लिया और टोपी फिर से सिर पर लगा ली। गली के सामने जहाँ पहले ऊँचे-ऊँचे शहतीर रखे रहते थे, वहाँ अब एक तिमंजिला मकान खड़ा था। सामने बिजली के तार पर दो मोटी-मोटी चीलें बिलकुल जड़ होकर बैठी थीं। बिजली के खंभे के पास थोड़ी धूप थी। वह कई पल धूप में उड़ते जर्रों को देखता रहा। फिर उसके मुँह से निकला, "या मालिक!"

एक नवयुवक चाबियों का गुच्छा घुमाता हुआ गली की ओर आया और बुड्ढे को खड़े देखकर उसने रुककर पूछा, "कहिए, मियाँ जी, यहाँ किस तरह खड़े हैं?"

बुड्ढे मुसलमान की छाती और बाँहों में हल्की-सी कँपकँपी हुई और उसने ओंठों पर जबान फेरकर नवयुवक को ध्यान से देखते हुए पूछा, "बेटे तेरा नाम मनोरी नहीं है?"

नवयुवक ने चाबियों का गुच्छा हिलाना बन्द करके मुट्ठी में ले लिया और आश्चर्य के साथ पूछा, "आपको मेरा नाम कैसे पता है?"

"साढ़े सात साल पहले तू बेटे, इतना-सा था।" कहकर बुड्ढे ने मुसकराने की कोशिश की।

"आप आज पाकिस्तान से आये हैं?" मनोरी ने पूछा।

"हाँ, मगर पहले हम इसी गली में रहते थे।" बुड्ढे ने कहा, "मेरा लड़का चिरागदीन तुम लोगों का दर्जी था। तकसीम से छह महीने पहले हम लोगों ने यहाँ अपना नया मकान बनाया था।"'

"ओ गनी मियाँ!" मनोरी ने पहचानकर कहा।

"हाँ, बेटे, मैं तुम लोगों का गनी मियाँ हूँ! चिराग और उसके बीवी-बच्चे तो नहीं मिल सकते, मगर मैंने कहा कि एक बार मकान की सूरत ही देख लूँ।" और उसने टोपी उतारकर सिर पर हाथ फेरते हुए आँसुओं को बहने से रोक लिया।

"आप तो शायद काफी पहले ही यहाँ से चले गये थे," मनोरी ने स्वर में संवेदना लाकर कहा।

"हाँ, बेटे, यह मेरी बदबख्ती थी कि पहले अकेला निकलकर चला गया। यहाँ रहता तो, उनके साथ मैं भी..." और कहते-कहते उसे अहसास हो आया कि उसे ऐसी बात नहीं करनी चाहिए। उसने बात मुँह में रोक ली, मगर आँखों में आये हुए आँसुओं को बह जाने दिया।

"छोड़ो गनी मियाँ, अब बीती बातों को सोचने में क्या रखा है?" मनोरी ने गनी की बाँह पकड़कर कहा, "चलो तुम्हारा घर दिखा दूँ?"

गली में खबर इस रूप में फैली थी कि गली के बाहर एक मुसलमान खड़ा है, जो रामदासी के लड़के को उठाने जा रहा था....उसकी बहन उसे पकड़कर घसीट लायी, नहीं तो मुसलमान उसे ले गया होता। यह खबर पाते ही जो स्त्रियाँ गली में पीछे पीढ़े बिछाकर बैठी थीं, वे अपने-अपने पीढ़े उठाकर घरों के अंदर चली गयीं। गली में खेलते हुए बच्चों को भी उन स्त्रियों ने पुकार-पुकारकर घरों में बुला लिया। मनोरी जब गनी को लेकर गली में लाया, तो गली में एक फेरीवाला रह गया था या कुएँ के साथ उगे पीपल के नीचे रक्खा पहलवान बिखरकर सोया था। घरों की खिड़कियों में से और किवाड़ों के पीछे से अलबत्ता कई चेहरे झाँक रहे थे। गनी को गली में आते देखकर उनमें हल्की-हल्की चेहमेगोइयाँ शुरू हो गईं। दाढ़ी के सब बाल सफेद हो जाने के बावजूद लोगों ने चिरागदीन के बाप अब्दुल गनी को पहचान लिया था।

"वह था तुम्हारा मकान," मनोरी ने दूर से एक मलबे की ओर संकेत किया। गनी पल-भर के लिए ठिठककर फटी-फटी आँखों से उसकी ओर देखता रहा। चिराग और उसके बीवी-बच्चों की मौत को वह काफी अर्सा पहले स्वीकार कर चुका था, मगर अपने नये मकान को इस रूप में देखकर उसे जो झुनझुनी हुई, उसके लिए वह तैयार नहीं था। उसकी जबान पहले से ज्यादा खुश्क हो गयी और घुटने भी ज्यादा काँपने लगे।

"वह मलबा?" उसने अविश्वास के स्वर में पूछा।

मनोरी ने उसके चेहरे का बदला हुआ रंग देखा। उसकी बाँह की ओर सहारा देकर ठहरे हुए स्वर में उत्तर दिया! "तुम्हारा मकान उन्हीं दिनों जल गया था।"

गनी छड़ी का सहारा लेता हुआ किसी तरह मलबे के पास पहुँच गया। मलबे में अब मिट्टी ही मिट्टी थी, जिसमें जहाँ-तहाँ टूटी और जली हुई ईंटें फैली थीं। लोहे और लकड़ी का सामान उसमें से न जाने कब का निकाल लिया गया था। केवल जले हुए दरवाजे का चौखट न जाने कैसे बचा रह गया था, जो मलबे में से बाहर को निकला हुआ था। पीछे की ओर दो जली अलमारियाँ थीं, जिनकी कालिख पर अब सफेदी की हल्की-हल्की तह उभर आयी थी। मलबे को पास से देखकर गनी ने कहा, "यह बाकी

रह गया है, यह?" और उसके घुटने जवाब दे गये और वह जले हुए चौखट को पकड़कर बैठ गया। क्षण भर बाद उसका सिर भी चौखट से जा लगा और उसके मुँह से बिलखने की-सी आवाज निकली, "हाय! ओए चिरागदीना!"

जले हुए किवाड़ का चौखट साढ़े-सात साल मलबे में से सिर निकाले खड़ा तो रहा था, मगर उसकी लकड़ी बुरी तरह भुरभुरा गई थी। गनी के सिर के छूने से उसके कई रेशे झड़कर बिखर गये। कुछ रेशे गनी की टोपी और बालों पर आ गिरे। लकड़ी के रेशों के साथ एक केंचुआ भी नीचे गिरा, जो गनी के पैर से छह-आठ इंच दूर नाली के साथ बनी ईंटों की पटरी पर सरसराने लगा। वह अपने लिए सूराख ढूँढ़ता हुआ जरा-सा सिर उठाता, मगर दो-एक बार सिर पटककर और निराश होकर दूसरी ओर को मुड़ जाता।

खिड़कियों में से झाँकने वाले चेहरों की संख्या अब पहले से कहीं बढ़ गई थी। उनमें चेहमेगोइयाँ चल रही थीं कि आज कुछ न कुछ जरूर होगा....चिरागदीन का बाप गनी आ गया है, इसलिए साढ़े सात साल पहले की सारी घटना आज खुल जाएगी। लोगों को लग रहा था, जैसे वह मलबा ही गनी को सारी कहानी सुना देगा कि शाम के वक्त चिराग ऊपर के कमरे में खाना खा रहा था, जब रक्खे पहलवान ने उसे नीचे बुलाया कि वह एक मिनट आकर एक जरूरी बात सुन जाए....पहलवान उन दिनों गली का बादशाह था। हिन्दुओं पर ही उसका काफी दबदबा था, चिराग तो खैर मुसलमान था। चिराग हाथ का कौर बीच में ही छोड़कर नीचे उतर आया। उसकी बीवी जुबैदा और दोनों लड़कियाँ, किश्वर और सुलताना खिड़कियों में से नीचे झाँकने लगीं। चिराग ने ड्योढ़ी से बाहर कदम रखा ही था कि पहलवान ने उसे कमीज के कालर से पकड़कर खींच लिया और गली में गिराकर उसकी छाती पर चढ़ बैठा। चिराग उसका छुरेवाला हाथ पकड़कर चिल्लाया, "न, रक्खे पहलवान, मुझे मत मार! हाय! कोई मुझे बचाओ। जुबैदा! मुझे बचा!" और ऊपर जुबैदा, किश्वर और सुलताना हताश स्वर में चिल्लायीं। जुबैदा चीखती हुई नीचे ड्योढ़ी की तरफ भागी। रक्खे के एक शागिर्द ने चिराग की जद्दो-जेहद करती हुई बाँहें पकड़ लीं और रक्खा उसकी जाँघों को घुटनों से दबाये हुए बोला, "चीखता क्यों है, भैण के....तुझे पाकिस्तान दे रहा हूँ, ले।" और जुबैदा के नीचे पहुँचने से पहले ही चिराग को पाकिस्तान दे दिया।

आस-पास के घरों की खिड़कियाँ बन्द हो गयीं। जो लोग दृश्य के साक्षी थे, उन्होंने दरवाजे बंद करके अपने को इस घटना के उत्तरदायित्व से मुक्त कर लिया। बंद किवाड़ों में भी उन्हें देर तक जुबैदा, किश्वर और सुलताना के चीखने की आवाज सुनाई देती रही। रक्खे पहलवान और उसके साथियों ने भी उन्हें उसी रात पाकिस्तान

देकर बिदा कर दिया, मगर दूसरे तबील रास्ते से। उनकी लाशें चिराग के घर में न मिलकर बाद में नहर के पानी में पायी गयीं।

दो दिन तक चिराग के घर की छानबीन होती रही थी। जब उसका सारा सामान लूटा जा चुका, तो न जाने किसने उस घर को आग लगा दी। रक्खे पहलवान ने कसम खाई थी कि वह आग लगाने वाले को जिन्दा जमीन में गाड़ देगा, क्योंकि उसने उस मकान पर नजर रखकर ही चिराग को मारने का निश्चय किया था। उसने उस मकान को शुद्ध करने के लिए हवन-सामग्री भी खरीद रखी थी। मगर आग लगाने वाले का पता ही नहीं चल सका, उसे जिन्दा गाड़ने की नौबत तो बाद में आती। अब साढ़े सात साल से रक्खा पहलवान उस मलबे को अपनी जागीर समझता आ रहा था, जहाँ न वह किसी को गाय भैंस बाँधने देता था और न खोंचा लगाने देता था। उस मलबे से बिना उसकी अनुमति के कोई ईंट भी नहीं उठा सकता था।

लोग आशा कर रहे थे कि सारी कहानी जरूर किसी न किसी तरह गनी के कानों तक पहुँच जाएगी....जैसे मलबे को देखकर उसे अपने-आप ही सारी घटना का पता चल जाएगा। और गनी मलबे की मिट्टी नाखूनों से खोद-खोदकर अपने ऊपर डाल रहा था और दरवाजे के चौखट को बाँह में लिये हुए रो रहा था....''बोल, चिरागदीना, बोल! तू कहाँ चला गया, ओए? ओ किश्वर! ओ सुलताना! हाय मेरे बच्चे। ओए! गनी को कहाँ छोड़ दिया, ओए!'' और भुरभुरे किवाड़ से लकड़ी के रेशे झड़ते जा रहे थे।

पीपल के नीचे सोये हुए रक्खे पहलवान को जाने किसी ने जगा दिया, या वह खुद ही जाग गया। यह जानकर कि पाकिस्तान से अब्दुल गनी आया है और अपने मकान के मलबे पर बैठा है, उसके गले में थोड़ा झाग उठ आया, जिससे उसे खाँसी हो आयी और उसने कुएँ के फर्श पर थूक दिया। मलबे की ओर देखकर उसकी छाती से धौकनी का-सा स्वर निकला और निचला ओंठ थोड़ा बाहर की ओर फैल गया।

''गनी अपने मलबे पर बैठा है,'' उसके शागिर्द लच्छे पहलवान ने उसके पास आकर बैठते हुए कहा।

''मलबा उसका कैसे है? मलबा हमारा है!'' पहलवान ने झाग के कारण घबराती हुई आवाज में कहा।

''मगर वह वहाँ बैठा है,'' लच्छे ने आँखों में रहस्यमय संकेत भरकर कहा।

''बैठा है, बैठा रहे, तू चिलम ला!'' उसकी आँखें थोड़ी फैल गयीं और उसने अपनी नंगी जाँघों पर हाथ फेरा।

''मनोरी ने अगर उसे कुछ बताया, तो...'' लच्छे ने चिलम भरने के लिए उठते हुए उसी रहस्यपूर्ण दृष्टि से देखकर कहा।

"मनोरी की शामत आयी है?"

लच्छा चला गया।

कुएँ पर पीपल की कई पुरानी पत्तियाँ बिखरी थीं। रक्खा उन पत्तियों को उठा-उठाकर हाथों में मसलता रहा। जब लच्छे ने चिलम के नीचे कपड़ा लगाकर उसके हाथ में दिया, तो उसने कश खींचते हुए पूछा, "और तो किसी से गनी की बात नहीं हुई?"

"नहीं।"

"ले," और उसने खाँसते हुए चिलम लच्छे के हाथ में दे दी। लच्छे ने देखा कि मनोरी मलबे की तरफ से गनी की बाँह पकड़े हुए आ रहा है। वह उकड़ूँ होकर चिलम के लम्बे-लम्बे कश खींचने लगा। उसकी आँखें आधा क्षण रक्खे के चेहरे पर टिकतीं और आधा क्षण गनी की ओर लगी रहतीं।

मनोरी गनी की बाँह पकड़े हुए उससे एक कदम आगे चल रहा था, जैसे उसकी कोशिश हो कि गनी कुएँ के पास से बिना रक्खे पहलवान को देखे ही निकल जाए। मगर रक्खा जिस तरह बिखरकर बैठा था, उससे गनी ने उसे दूर से ही देख लिया। कुएँ के पास पहुँचते-पहुँचते उसकी दोनों बाँहें फैल गयीं और उसने कहा, "रक्खे पहलवान!"

रक्खे ने गरदन उठाकर और आँखें जरा छोटी करके उसे देखा। उसके गले में अस्पष्ट-सी घबराहट हुई, पर वह बोला कुछ नहीं।

"रक्खे पहलवान, मुझे पहचाना नहीं?" गनी ने बाँहें नीची करके कहा, "मैं गनी हूँ, अब्दुल गनी, चिरागदीन का बाप!"

पहलवान ने संदेहपूर्ण दृष्टि से उसका ऊपर से नीचे तक जायजा लिया। अब्दुल गनी की आँखों में उसे देखकर चमक आ गयी थी। सफेद दाढ़ी के नीचे उसके चेहरे की झुर्रियाँ जरा फैल गयी थीं। रक्खे का निचला ओंठ फड़का, फिर उसकी छाती से भारी-सा स्वर निकला, "सुना गनिया!"

गनी की बाँहें फिर फैलने को हुईं, परन्तु पहलवान पर कोई प्रतिक्रिया न देखकर उसी तरह रह गयीं। वह पीपल के तने का सहारा लेकर कुएँ की सिल पर बैठ गया।

ऊपर खिड़कियों में चेहमेगोइयाँ तेज हो गयीं कि अब दोनों आमने-सामने आ गये हैं, तो बात जरूर खुलेगी....फिर हो सकता है, दोनों में गाली-गलौज भी हो...अब रक्खा गनी को कुछ नहीं कह सकता, अब वो दिन नहीं रहे, बड़ा मलबे का मालिक बनता था! असल में मलबा न इसका है, न गनी का। मलबा तो सरकार की मलकियत है....किसी को वहाँ गाय का खूँटा तक नहीं लगाने देता।....मनोरी भी डरपोक है। इसने गनी को बताया क्यों नहीं कि रक्खे ने ही चिराग और बीवी-बच्चों

को मारा है....रक्खा आदमी नहीं, साँड़ है। दिन भर साँड़ की तरह गली में घूमता है. ...गनी बेचारा कितना दुबला हो गया है? दाढ़ी के सारे बाल सफेद हो गये हैं।....

गनी ने कुएँ की सिल पर बैठकर कहा, "देख, रक्खे पहलवान, क्या से क्या हो गया है? भरा-पूरा घर छोड़कर गया था और आज यहाँ मिट्टी देखने आया हूँ। बसे हुए घर की यही निशानी रह गयी है। तू सच पूछे रक्खे, तो मेरा यह मिट्टी भी छोड़कर जाने को जी नहीं करता!" और उसकी आँखें छलछला आयीं।

पहलवान ने अपनी फैली हुई टाँगें समेट लीं और अँगोछा कुएँ की मुँडेर से उठाकर कंधे पर डाल लिया। लच्छे ने चिलम उसकी तरफ बढ़ा दी और वह कश खींचने लगा।

"तू बता, रक्खे, यह सब हुआ किस तरह?" गनी आँसू रोकता हुआ आग्रह के साथ बोला, "तुम लोग उसके पास थे, सबमें भाई-भाई की-सी मुहब्बत थी, अगर वह चाहता तो वह तुममें से किसी के घर में नहीं छिप सकता था? उसे इतनी भी समझ नहीं आयी?"

"ऐसा ही है," रक्खे को स्वयं लगा कि उसकी आवाज में कुछ अस्वाभाविक-सी गूँज है। उसके ओठ गाढ़े लार से चिपक गये थे। उसकी मूँछों के नीचे से पसीना उसके ओठों पर आ रहा था। उसके माथे पर किसी चीज का दबाव पड़ रहा था और उसकी रीढ़ की हड्डी सहारा चाह रही थी।

"पाकिस्तान का क्या हाल है?" उसने वैसे ही स्वर में पूछा। उसके गले की नसों में तनाव आ गया था। उसने अँगोछे से बगलों का पसीना पोंछा और गले का झाग मुँह में खींच-खींचकर गली में थूक दिया।

"मैं क्या हाल बताऊँ, रक्खे," गनी दोनों हाथों से छड़ी पर जोर देकर झुकता हुआ बोला, "मेरा हाल पूछे, तो वह मेरा खुदा ही जानता है। मेरा चिराग साथ होता, तो और बात थी....रक्खे, मैंने उसे कितना समझाया था कि मेरे साथ चला चल। मगर वह अड़ा रहा कि नया मकान छोड़कर कैसे जाऊँ, यहाँ अपनी गली है, कोई खतरा नहीं है। भोले कबूतर ने यह नहीं सोचा गली में खतरा न सही, बाहर से तो खतरा आ सकता है? मकान की रखवाली के लिए चारों जनों ने जान दे दी!....रक्खे, उसे तेरा बहुत भरोसा था। कहता था कि रक्खे के रहते कोई मेरा कुछ नहीं बिगाड़ सकता। मगर जब आनी आयी, तो रक्खे के रोके भी न रुक सकी।"

रक्खे ने सीधा होने की चेष्टा की, क्योंकि उसकी रीढ़ की हड्डी दर्द कर रही थी। उसे अपनी कमर और जाँघों के जोड़ पर सख्त दबाव महसूस हो रहा था। पेट की अंतड़ियों के पास जैसे कोई चीज उसकी साँस को जकड़ रही थी। उसका सारा जिस्म पसीने से भीग गया था और उसके पैरों के तलुवों में चुनचुनाहट हो रही थी।

बीच-बीच में नीली फुलझड़ियाँ-सी ऊपर से उतरतीं और उसकी आँखों के सामने तैरती हुई निकल जातीं। उसे अपनी जबान और ओठों के बीच का अंतर कुछ ज्यादा महसूस हो रहा था। उसने अँगोछे से ओठों के कोनों को साफ किया और उसके मुँह से निकला है—"प्रभु सच्चिआ, तू ही है, तू ही है; तू ही है!"

गनी ने लक्षित किया कि पहलवान के ओठ सूख रहे हैं और उसकी आँखों के इर्द-गिर्द दायरे गहरे हो आये हैं, तो वह उसके कंधे पर हाथ रखकर बोला, "जी हल्का न कर, रक्खिया! जो होनी थी सो हो गयी। उसे कोई लौटा थोड़े सकता है? खुदा नेक की नेकी रखे और बद की बदी माफ करे। मेरे लिए चिराग नहीं, तो तुम लोग तो हो। मुझे आकर इतनी ही तसल्ली हुई कि उस जमाने की कोई यादगार है। मैंने तुमको देख लिया, तो चिराग को देख लिया। अल्लाह तुम लोगों को सेहतमंद रखे! जीते रहो और खुशियाँ देखो!" और गनी छड़ी पर दबाव देकर उठ खड़ा हुआ। चलते हुए उसने फिर कहा, "रक्खे पहलवान याद रखना!"

रक्खे के गले से स्वीकृति की मद्धिम-सी आवाज निकली। अँगोछा बीच में लिये हुए उसके दोनों हाथ जुड़ गये। गनी गली के वातावरण को हसरत-भरी नजर से देखता हुआ धीरे-धीरे गली से बाहर चला गया।

ऊपर खिड़कियों में थोड़ी देर चेहमेगोइयाँ चलती रहीं कि मनोरी ने गली के बाहर निकलकर जरूर गनी को सब कुछ बता दिया होगा....गनी के सामने रक्खे का तालू किस तरह खुश्क हो गया था?....रक्खा अब किस मुँह से लोगों को मलबे पर गाय बाँधने से रोकेगा?....बेचारी जुबैदा! बेचारी कितनी अच्छी थी। कभी किसी से मंदा बोल नहीं बोली....रक्खे मरदूद का घर न घाट, इसे किस माँ-बहन का लिहाज था?

और थोड़ी देर में स्त्रियाँ घरों से गली में उतर आयीं। बच्चे गली में गुल्ली-डंडा खेलने लगे और दो बारह-तेरह बरस की लड़कियों में किसी बात पर एक दूसरी से गुत्थम-गुत्था हो गयी।

रक्खा गहरी शाम तक कुएँ पर बैठा खँखारता और चिलम फूँकता रहा। कई लोगों ने वहाँ से गुजरते हुए उससे पूछा, "रक्खे शाह, सुना है, आज गनी पाकिस्तान से आया था।?"

"हाँ, आया था," रक्खे ने हर बार एक ही उत्तर दिया।

"फिर?"

"फिर कुछ नहीं, चला गया।"

रात होने पर रक्खा रोज की तरह गली के बाहर बाईं ओर की दुकान के तख्ते पर आ बैठा। रोज अक्सर वह रास्ते से गुजरने वाले परिचित लोगों को आवाज देकर बुला लेता था और उन्हें सट्टे गुर और सेहत के नुस्खे बताया करता था। मगर उस

दिन वह लच्छे को अपनी वैश्नो देवी की उस यात्रा का विवरण सुनाता रहा, जो उसने पन्द्रह साल पहले की थी। लच्छे को विदा करके वह गली में आया, तो मलबे के पास लोकू पंडित की भैंस को खड़ा देखकर वह रोज की आदत के मुताबिक उसे धक्के दे-देकर हटाने लगा—तत्-तत्-तत्....तत्-तत्....तत्।

और भैंस को हटाकर वह सुस्ताने के लिए मलबे के चौखट पर बैठ गया। गली उस समय बिल्कुल सुनसान थी। कमेटी की कोई बत्ती न होने से वहाँ शाम से ही अँधेरा हो जाता था। मलबे के नीचे नाली का पानी हल्की आवाज करता हुआ बह रहा था। रात की खामोशी के साथ मिली हुई कई तरह की हल्की-हल्की आवाजें मलबे की मिट्टी में से निकल रही थीं....च्यु च्यु च्यु....चिक्-चिक्-चिक्....चिर्र्र्र्र्र्-इर्र्र्र्र्-री री री री री-चिर्र्र्र्र्...एक भटका हुआ कौवा न जाने कहाँ से उड़कर लकड़ी के चौखट पर आ बैठा। उससे लकड़ी के रेशे इधर-उधर छितरा गये। कौवे के वहाँ बैठते-बैठते मलबे के एक कोने में लेटा हुआ कुत्ता गुर्राकर उठा और जोर-जोर से भौंकने लगा। वऊ-अऊ-अऊ-वऊ! कौआ कुछ देर सहमा सा चौखट पर बैठा रहा, फिर वह पंख फड़फड़ाता हुआ उड़कर कुएँ के पीपल पर चला गया। कौए के उड़ जाने पर कुत्ता और नीचे उतर आया और पहलवान की ओर मुँह करके भौंकने लगा। पहलवान उसे हटाने के लिए भारी आवाज में बोला—दुर्-दुर्-दुर्....मगर कुत्ता पास आकर भौंकने लगा—वउ-अउ-बउ-बउ-बउ...।

हट-हट, दुर्र्र्र्र्र्-दुर्र्र्र्र्!....

वउ-अउ-अउ-अउ-अऊ!....।

पहलवान ने एक ढेला उठाकर कुत्ते की ओर फेंका। कुत्ता थोड़ा पीछे हट गया, पर फिर उसका भौंकना बंद नहीं हुआ। पहलवान मुँह की मुँह कुत्ते को माँ की गाली देकर वहाँ से उठ खड़ा हुआ और धीरे-धीरे जाकर कुएँ की सिल पर लेट गया। पहलवान के वहाँ से हटने पर कुत्ता गली में उतर आया और कुएँ की ओर मुँह करके भौंकने लगा। काफी देर भौंक कर जब गली में उसे कोई प्राणी चलता-फिरता दिखाई नहीं दिया, तो वह एक बार कान झटककर मलबे पर लौट आया और वहाँ कोने में बैठकर गुर्राने लगा।

फणीश्वरनाथ रेणु

(1921 ई॰ से 1977 ई॰)

आंचलिक कथाकार के रूप में ख्याति प्राप्त फणीश्वरनाथ 'रेणु' जी का जन्म बिहार के पूर्णिया जिले के एक गाँव औराही-हिंगना में हुआ। 'मैला आँचल'(1954 ई॰) उपन्यास के प्रकाशन के साथ ही आप हिन्दी साहित्य जगत् में प्रसिद्ध हो गए। हिन्दी में 'आंचलिक' शब्द की देन आपकी ही है। साहित्य के साथ-साथ आप राजनीतिक गतिविधियों से भी ताल्लुक रखते थे। 1942 ई॰ के स्वाधीनता संग्राम में भाग लेने के कारण आपको जेल-यातनाओं को भी झेलना पड़ा है।

'मैला आँचल' के साथ-साथ 'परती-परिकथा', 'दीर्घतपा', 'कितने चौराहे' (उपन्यास); 'ठुमरी', 'अग्निखोर', 'रसप्रिया' (कहानी-संग्रह) आदि आपकी प्रसिद्ध रचनाएँ हैं।

ठेंस

'रेणु' जी की आंचलिक कहानियों की विशेषता है—अपढ़, असंस्कृत, दरिद्र समझे जाने वाले गँवई-गाँव के लोगों के भीतर छिपी हुई मानवीयता का उद्घाटन करना। ठेंस कहानी का नायक सिरचन स्वाभिमानी कलाकार है। उसे लोग जीव चटोर भले ही कहें, स्वाभिमान के लिए वह सब कुछ त्याग सकता है। पर इस कलाकार में एक 'मनुष्य' भी छिपा है जो गाँव की बेटी 'मानू' को ससुराल जाते समय निराश नहीं लौटने देता। सिरचन के अंदर का कलाकार भले ही व्यष्टि से जुड़ा हो, उसके अंदर का मनुष्य समष्टि के साथ जुड़ता है।

ठेंस

खेती-बारी के समय, गाँव के किसान सिरचन की गिनती नहीं करते। लोग उसको बेकार ही नहीं, 'बेगार' समझते हैं। इसलिए, खेत-खलिहान की मजदूरी के लिए कोई नहीं बुलाने जाता है सिरचन को। क्या होगा उसको बुलाकर? दूसरे मजदूर खेत पहुँचकर एक-तिहाई काम कर चुकते, तब कहीं सिरचन राम हाथ में खुरपी डुलाता हुआ दिखाई पड़ेगा–पगडण्डी पर तौल-तौलकर पाँव रखता हुआ, धीरे-धीरे मुफ्त में मजदूरी देनी हो तो और बात है।

....आज सिरचन को मुफ्तखोर, कामचोर या चटोर कह ले कोई। एक समय था, जबकि उसकी मड़ैया के पास बड़े-बड़े बाबू लोगों की सवारियाँ बँधी रहती थीं। उसे लोग पूछते ही नहीं थे, उसकी खुशामद भी करते थे।....अरे, सिरचन भाई! अब तो तुम्हारे ही हाथ में यह कारीगरी रह गई है सारे इलाके में। एक दिन समय निकालकर चलो। कल बड़े भैया की चिट्ठी आई है शहर से,. सिरचन से एक जोड़ा चिक बनवाकर भेज दो।

मुझे याद है मेरी माँ जब कभी सिरचन को बुलाने के लिए कहती, मैं पहले ही पूछ लेता–भोग क्या-क्या लगेगा?

माँ हँसकर कहती–जा-जा बेचारा मेरे काम में पूजा-भोग की बात नहीं उठाता कभी।

ब्राह्मण टोली के पंचानन्द चौधरी के छोटे लड़के को एक बार मेरे सामने ही बेपानी कर दिया था सिरचन ने–तुम्हारी भाभी नाखून से खाँटकर तरकारी परोसती है। और इमली का रस डालकर कढ़ी तो हम कहार-कुम्हारों की घरवाली बनाती हैं। तुम्हारी भाभी ने कहाँ से बनाई!

इसीलिए सिरचन को बुलाने के पहले मैं माँ से पूछ लेता....।

सिरचन को देखते ही माँ हुलसकर कहती–आओ सिरचन! आज नेनू मथ रही थी तो तुम्हारी याद आई। घी की डाड़ी (खखोरन) के साथ चूड़ा तुमको बहुत पसन्द है न...! और बड़ी बेटी ने ससुराल से संवाद भेजा है, उसकी ननद रूठी है, मोथी की शीतलपाटी के लिए।

सिरचन अपनी पनियाई जीभ को सम्हालकर हँसता–घी की सोंधी सुगन्ध

सूँघकर ही आ रहा हूँ, काकी! नहीं तो इस शादी-ब्याह के मौसम में दम मारने की छुट्टी कहाँ मिलती है।

सिरचन जाति का कारीगर है। मैंने घण्टों बैठकर उसके काम करने के ढंग को देखा है। एक-एक मोथी और पटेर को हाथ में लेकर—बड़े जतन से उसकी कुच्ची बनाता। फिर, कुच्चियों को रँगने से लेकर सुतली सुलझाने में पूरा दिन समाप्त। ...काम करते समय उसकी तन्मयता में जरा भी बाधा पड़ी कि गेहुँअन साँप की तरह फुफकार उठता—फिर किसी दूसरे से करवा लीजिए काम। सिरचन मुँहजोर है, कामचोर नहीं।

बिना मजदूरी के पेट-भर भात पर काम करने वाला कारीगर! दूध में कोई मिठाई न मिले, कोई बात नहीं किन्तु बात में जरा भी झाल वह नहीं बरदाश्त कर सकता।

सिरचन को लोग चटोर भी समझते हैं....तली-बघारी हुई तरकारी, दही की कढ़ी, मलाईवाला दूध, इन सबका प्रबन्ध पहले कर लो, तब सिरचन को बुलाओ, दुम हिलाता हुआ हाजिर हो जायगा। खाने-पीने में चिकनाई की कमी हुई कि काम की सारी चिकनाई खत्म! काम अधूरा रखकर उठ खड़ा होगा—आज तो अब अधकपाली दर्द से माथा टनटना रहा है! थोड़ा-सा रह गया है, किसी दिन आकर पूरा कर दूँगा। ...किसी दिन—माने कभी नहीं!

मोथी घास और पटेरी की रंगीन शीतलपाटी, बाँस की तीलियों की झिलमिलाती चिक, सतरंगे डोर के मोढ़े, भूसी-चुन्नी रखने के लिए मूँज की रस्सी के बड़े-बड़े जाले, हलवाहों के लिए ताल के सूखे पत्तों की छतरी-टोपी तथा इसी तरह के बहुत से काम हैं, जिन्हें सिरचन के सिवा गाँव में और कोई नहीं जानता। यह दूसरी बात है कि अब गाँव में ऐसे कामों को बेकाम का काम समझते हैं लोग—बेकाम का काम, जिसकी मजदूरी में अनाज या पैसे देने की कोई जरूरत नहीं। पेट-भर खिला दो, काम पूरा होने पर एकाध पुराना-धुराना कपड़ा देकर बिदा करो। वह कुछ भी नहीं बोलेगा।....

कुछ भी नहीं बोलेगा, ऐसी बात नहीं, सिरचन को बुलाने वाले जानते हैं, सिरचन बात करने में भी कारीगर है।...महाजन टोले के भज्जू महाजन की बेटी सिरचन की बात सुनकर तिलमिला उठी थी—ठहरो! मैं माँ से जाकर कहती हूँ। इतनी बड़ी बात!

—बड़ी बात ही है, बिटिया! बड़े लोगों की बात ही बड़ी होती है। नहीं तो दो-दो पटेर की पाटियों का काम सिर्फ खँसारी का सत्तू खिलाकर कोई करवाए भला? यह तुम्हारी माँ ही कर सकती है बबुली। सिरचन ने मुस्कुराकर जवाब दिया था।

उस बार मेरी सबसे छोटी बहिन की बिदाई होने वाली थी। पहली बार ससुराल जा रही थी मानू। मानू के दूल्हे ने पहले ही बड़ी भाभी को खत लिखकर चेतावनी दे

दी है—मानू के साथ मिठाई की पतीली न आये, कोई बात नहीं तीन जोड़ी फैशनेबल चिक और पटेर की शीतलपाटियों के बिना आएगी मानू तो...। भाभी ने हँसकर कहा—बैरंग वापस! इसलिए, एक सप्ताह पहले से ही सिरचन को बुलाकर काम पर तैनात करवा दिया था माँ ने—देख सिरचन! इस बार नई धोती दूँगी; असली मोहर छापवाली धोती। मन लगाकर काम करो कि देखने वाले देखकर देखते ही रह जाएँ।

पान जैसी पतली छुरी ले बाँस की तीलियों और कमानियों को चिकनाता हुआ सिरचन आपने काम में लग गया। रंगीन सुतलियों में झब्बे डालकर वह चिक बुनने बैठा। डेढ़ हाथ की बिनाई देखकर ही लोग समझ गये कि इस बार एकदम नये फैशन की चीज बन रही है, जो पहले कभी नहीं बनी।

मँझली भाभी से नहीं रहा गया; परदे की आड़ से बोली—पहले ऐसा जानती कि मोहर छापवाली धोती देने से ही अच्छी चीज बनती है तो भैया को खबर भेज देती।

काम में व्यस्त सिरचन के कानों में बात पड़ गई। बोला—मोहर छाप वाली धोती के साथ रेशमी कुर्त्ता देने पर भी ऐसी चीज नहीं बनती बहुरिया। मानू दीदी काकी की सबसे छोटी बेटी है....मानू दीदी का दूल्हा अफसर आदमी है।

मँझली भाभी का मुँह लटक गया। मेरी चाची ने फुसफुसाकर कहा—किससे बात करती है बहू! मोहर छापवाली धोती नहीं, मुँगिया लड्डू! बेटी की बिदाई के समय रोज मिठाई जो खाने को मिलेगी। देखती है न।

दूसरे दिन चिक की पहली पाँति में सात तारे जगमगा उठे, सात रंग के। सतभैया तारा। सिरचन जब काम में मगन रहता तो उसकी जीभ जरा बाहर निकल आती है, ओठ पर। अपने काम में मगन सिरचन को खाने-पीने की सुधि नहीं रहती। चिक में सुतली के फन्दे डालकर उसने पास पड़े सूप पर निगाह डाली—चिउरा और गुड़ का एक सूखा ढेला। मैंने लक्ष्य किया, सिरचन की नाक के पास दो रेखाएँ उभर आईं। मैं दौड़कर माँ के पास गया—माँ, आज सिरचन को कलेवा किसने दिया है, सिर्फ चिउरा और गुड़?

माँ रसोईघर के अन्दर पकवान आदि बनाने में व्यस्त थी। बोली मैं अकेली कहाँ-कहाँ क्या-क्या देखूँ।....अरी मँझली, सिरचन को बुँदिया क्यों नहीं देती?

—बुँदिया मैं नहीं खाता, काकी। सिरचन के मुँह में चिउरा भरा हुआ था। गुड़ का ढेला सूप में एक किनारे पर पड़ा रहा, अछूता।

माँ की बोली सुनते ही मँझली भाभी की भौंहें तन गईं। मुट्ठी-भर बुँदिया सूप में फेंककर चली गई।

सिरचन ने पानी पीकर कहा—मँझली बहूरानी अपने मैके से आई हुई मिठाई भी इसी तरह हाथ खोलकर बाँटती हैं क्या?

बस, मँझली भाभी अपने कमरे में बैठकर रोने लगी। चाची ने माँ के पास जाकर लगाया—छोटी जाति के आदमी का मुँह भी छोटा होता है। मुँह लगाने से सिर पर चढ़ेगा ही।....किसी को नैहर-ससुराल की बात क्यों करेगा वह?

मँझली भाभी माँ की दुलारी बहू है। माँ तमककर बाहर आईं—सिरचन, तुम काम करने आये हो, अपना काम करो। बहुओं से बतकुट्टी करने की क्या जरूरत? जिस चीज की जरूरत हो, मुझसे कहो।

सिरचन का मुँह लाल हो गया। उसने कोई जवाब नहीं दिया। बाँस में टँगे अधूरे चिक में फन्दे डालने लगा।

मानू पान सजाकर बाहर बैठकखाने में भेज रही थी। चुपके से पान का एक बीड़ा सिरचन को देती हुई बोली, इधर-उधर देखकर—सिरचन दादा, काम-काज का घर। पाँच तरह के लोग पाँच किस्म की बात करेंगे। तुम किसी की बात पर कान मत दो।

सिरचन ने मुस्कराकर पान का बीड़ा मुँह में ले लिया। चाची अपने कमरे से निकल रही थीं। सिरचन को पान खाते देखकर अवाक् हो गईं। सिरचन ने चाची को अपनी ओर अचरज से घूरते देखकर कहा—छोटी चाची, जरा अपनी डिबिया का गमकौआ जर्दा तो खिलाना। बहुत दिन हुए...।

चाची कई कारणों से जली-भुनी रहती थीं, सिरचन से। गुस्सा उतारने का ऐसा मौका फिर नहीं मिल सकता। झनकती हुई बोलीं—मसखरी करता है? तुम्हारी बढ़ी हुई जीभ में आग लगे। घर में भी पान और गमकौआ जर्दा खाते हो?....चटोर कहीं के। मेरा कलेजा धड़क उठा....यत्परो नास्ति।

बस, सिरचन की उँगलियों में सुतली के फन्दे पड़ गए मानो, कुछ देर तक वह चुपचाप बैठा पान को मुँह में घुलाता रहा। फिर अचानक उठकर पिछवाड़े पीक थूक आया। अपनी छुरी हँसिया वगैरह समेट सम्हाल कर झोले में रखे। टँगी हुई अधूरी चिक पर निगाह डाली और हनहनाता हुआ आँगन से बाहर निकल गया।

चाची बड़बड़ाईं—अरे, बाप रे बाप! इतनी तेजी। कोई मुफ्त में तो काम नहीं करता। आठ रुपये में मोहर छापवाली धोती आती है।....इस मुँहझौंसे के न मुँह में लगाम है, न आँख में शील। पैसा खर्च करने पर सैकड़ों चिकें मिलेंगी। बाँतर टोली की औरतें सिर पर गट्ठर लेकर गली-गली मारी फिरती हैं।

मानू कुछ नहीं बोली। चुपचाप अधूरी चिक को देखती रही।...सातों तारे मन्द पड़ गए।

माँ बोली—जाने दो बेटी! जी छोटा मत कर, मानू! मेले से खरीद कर भेज दूँगी।

मानू को याद आई, विवाह में सिरचन के हाथ की शीतलपाटी दी थी माँ ने। ससुरालवालों ने न जाने कितनी बार खोलकर दिखलाया था पटना और कलकत्ता के मेहमानों को। वह उठकर बड़ी भाभी के कमरे में चली गई।

मैं सिरचन को मनाने गया। देखा, एक फटी हुई शीतलपाटी पर लेटकर वह कुछ सोच रहा है। मुझे देखते ही बोला—बबुआजी। अब नहीं। कान पकड़ता हूँ, अब नहीं।....मोहर छापवाली धोती लेकर क्या करूँगा? कौन पहनेगा?....ससुरी खुद मरी बेटे-बेटियों को ले गई अपने साथ। बबुआजी, मेरे घरवाली जिन्दा रहती तो मैं ऐसी दुर्दशा भोगता? यह शीतलपाटी उसी की बुनी हुई है। इस शीतलपाटी को छूकर कहता हूँ, अब यह काम नहीं करूँगा...गाँव-भर में तुम्हारी हवेली में मेरी कदर होती थी।.. ...अब क्या मैं चुपचाप वापस लौट आया। समझ गया, कलाकार के दिल में ठेस लगी है। वह नहीं आ सकता।

बड़ी भाभी अधूरी चिक में रंगीन छींट का झालर लगाने लगीं—यह भी बेजा नहीं दिखलाई पड़ता। क्यों मानू?

मानू कुछ नहीं बोली।...बेचारी। किन्तु मैं चुप नहीं रह सका—चाची और मँझली भाभी की नजर न लग जाए इसमें भी।

मानू को ससुराल पहुँचाने मैं ही जा रहा था।

स्टेशन पर सामान मिलाते समय देखा, मानू बड़े जतन से अधूरी चिक को मोड़कर लिये जा रही है अपने साथ। मन-ही-मन सिरचन पर गुस्सा हो आया। चाची के सुर-में-सुर मिलाकर कोसने को जी हुआ—कामचोर, चटोर।

गाड़ी आई। सामान चढ़ाकर मैं दरवाजा बन्द कर रहा था कि प्लेटफार्म पर दौड़ते हुए सिरचन पर नजर पड़ी—बबुआजी! उसने दरवाजे के पास आ कर पुकारा।

क्या है! मैंने खिड़की से गरदन निकालकर झिड़की के स्वर में कहा। सिरचन ने पीठ पर लदे हुए बोझ को उतारकर मेरी ओर देखा—दौड़ता आया हूँ! दरवाजा खोलिए! मानू दीदी कहाँ हैं! एक बार देखूँ! मैंने दरवाजा खोल दिया।

—सिरचन दादा! मानू इतना ही बोल सकी।

खिड़की के पास खड़े होकर सिरचन ने हकलाते हुए कहा—यह मेरी ओर से है।

सब चीज है दीदी। शीतलपाटी, चिक और एक जोड़ी आसनी, कुश की। गाड़ी चल पड़ी।

मानू मोहर छापवाली धोती का दाम निकालकर देने लगी। सिरचन ने जीभ को दाँत से काटकर दोनों हाथ जोड़ दिए।

मानू फूट-फूटकर रो रही थी। मैं बंडल को खोलकर देखने लगा—ऐसी कारीगरी, ऐसी बारीकी, रंगीन सुतलियों के फन्दों का ऐसा काम, पहली बार देख रहा था।

शिवप्रसाद सिंह

(1928 ई॰ से 1998 ई॰)

हिन्दी के सुप्रतिष्ठित कथाकार डॉ॰ शिवप्रसाद सिंह का जन्म 19 अगस्त 1928 ई॰ को वाराणसी के पास जलालपुर गाँव में हुआ है। 1953 ई॰ में बनारस हिन्दू विश्वविद्यालय से आपने एम॰ ए॰ किया, 1957 ई॰ में पी-एच॰ डी॰ की तथा वहीं प्राध्यापक के पद पर कार्यरत रहे। कहानीकार के अतिरिक्त आप प्रख्यात उपन्यासकार, निबन्धकार, जीवनी लेखक तथा सुलझे हुए समालोचक भी हैं। 'नीला चाँद' नामक उपन्यास पर आपको 'व्यास सम्मान' और 'साहित्य अकादमी' का पुरस्कार भी प्राप्त हुआ है।

शिवप्रसाद जी की उल्लेखनीय कृतियों में 'अंधकूप', 'एक यात्रा सतह के नीचे', 'अमृता' (कहानी-संग्रह); 'अलग-अलग वैतरणी', 'गली आगे मुड़ती है', 'शैलूष', 'दिल्ली दूर है', 'वैश्वानर' (उपन्यास); 'घाटियाँ गूँजती हैं' (नाटक); 'विद्यापति', 'आधुनिक परिवेश' और 'नवलेखन' (समीक्षा); 'उत्तरयोगी' (जीवनी) आदि हैं।

मुरदा सराय

आत्मकथात्मक शैली में लिखी गई कहानी 'मुरदा सराय' अनुभूति के स्तर पर एक श्रेष्ठ कहानी है। 'मुरदा सराय' उस सराय को कहते हैं जहाँ पर मुर्दों को दूर गंगा घाट पहुँचाने गए लोग आते-जाते वक्त रुकते हैं। कहानी का नायक हरिचरण को पत्नी की लाश पहुँचाकर आए नहीं कि बेटे की लाश पहुँचाने जाना पड़ता है। जिंदगी के इस मोड़ पर हरिचरण मृत्यु का सामना न कर सका। वह घर त्यागकर उसी मुरदा सराय में रहने लगता है जहाँ पर वह पत्नी एवं बेटे की लाश ले जाते समय रुका था। वहाँ हरिचरण को जिंदगी के नए दर्शन हुए। अतः मृत्यु से डरकर मुरदा सराय में पहुँचा हरिचरण जिंदगी से डरकर घर की ओर चल देता है। प्रस्तुत कहानी अस्तित्ववादी दर्शन से प्रभावित है।

मुरदा सराय

मैंने आपसे वादा किया था कि एक-न-एक दिन अपना परिचय दूँगा। हालाँकि वह वादा मैंने इसलिए नहीं किया था कि मुझे आपसे लगाव था, या कि मैं आपकी खुफ़ियागिरी वाले कामों से बड़ा खुश था। यह भी नहीं कि मैं आपको कोई बहुत नेक इनसान समझता हूँ। मुझे आपसे तकलीफ ही मिली है। आपने मेरे ऊपर पड़े परदे को फाड़ने की हरचन्द कोशिश की। छिप-छिपकर मेरा पीछा किया। इन सभी हरकतों से मुझे परेशानी ही हुई पर जाने क्यों इन परेशानियों के भीतर धीरे-धीरे यह अहसास होने लगा कि आप अपनी इन कोशिशों में नाकाम होकर यदि मेरा पीछा करना छोड़ देंगे तो कितना सुनसान हो जाएगा यह सब-कुछ। यानी मेरी यह जिन्दगी आज इस किनारे खड़ी है जहाँ परेशान करने वाले से भी एक ऐसा गाढ़ा अपनापन अनुभव करने लगता हूँ कि मानो डूबते को तिनके का सहारा मिल गया हो।

आप भी मेरी तरफ़ इस अजीब शक्ल और पहनावे के कारण खिंचे। है न? सच, मेरी यह शक्ल ऊपर से ऐसी अजीब पहले न थी, न ही मैंने कभी इसे जानकर अजीब बनाने की कोशिश की। मैं भी एक पढ़ा-लिखा, खासा देखने-सुनने लायक इनसान था। भरी-पूरी जिन्दगी थी। एक नेक और खूबसूरत औरत मेरी पत्नी थी। मैं गाँव के पास के ही एक मिडिल स्कूल में अँगरेजी का अध्यापक था। मुझे अपनी गृहस्थी से उतना ही मोह था जितना हर किसी का होता है या होना चाहिए। मेरी शादी हुई तो गाँव के लोगों ने बहुत-बहुत खुशी व्यक्त की। लोग-बाग राह चलते, दरवाजे पर हुक्का गुड़गुड़ाते अथवा खेतों में काम करते किसी-न-किसी मौके पर यह जरूर कहते : 'भई, ज्यादा दौड़-धूप, भाव-ताव आदि सब बेकार है। अब देखो न, हरिचरण मास्टर के लिए यह सब देखने-सुनने वाला कौन था। पर पढ़ा-लिखा आदमी है, मेहनती और ईमानदार। भाग्य से घरवाली भी उतनी ही सुशीला और सुन्दर मिल गयी। घर का सब काम भी करती है, और कितनी सफ़ाई-सुघराई के साथ। फिर कितनी हँसमुख खुशदिल है। दिन-भर गुनगुनाती रहती है। रामायण की कोई चौपाई या कीर्तन....! ऐसे घर में लक्ष्मी का वास न होगा तो फिर क़हाँ होगा!' सुनने वाला यदि अपनी घरेलू दिक्कतों से परेशान हुआ तो लम्बी साँस लेकर हामी भरता और यदि भाग्यशाली हुआ

तो मेरे परिवार की खुशी पर दो-चार और वाक्य सुनाकर अपनी प्रसन्नता का इजहार करता।

...और तब जैसे मेरे परिवार की खुशी लोगों की सहानुभूति और तारीफ़ से धीरे-धीरे ऊबने लगी। काश मुझे कुछ पहले ही मालूम हो जाता कि खुशी नारुन के फल की तरह ज्यों-ज्यों छिलके में सुनहरी आभा धारण करती जा रही है त्यों-त्यों इसके भीतर जहर का पानी पक-पककर एक मादक खुशबू में बदलता जा रहा है। एक दिन जब मैं शाम को स्कूल से घर लौटा, रोज की तरह पत्नी को दरवाजे पर पलकें बिछाए प्रतीक्षा में खड़ा नहीं देखा। तभी जाने क्यों एक लम्बी साँस हृदय की किसी अज्ञात सन्धि में उतरकर तड़प उठी। मुझे लगा कि किसी ने पीछे से आकर अँधेरे में फुसफुसा दिया हो। मेरे रोंगटे खड़े हो गये। घर में आया तो पत्नी चारपाई पर औंधे मुँह लेटी थीं। उनकी वेणी अस्त-व्यस्त होकर जमीन पर लोट रही थी।

"क्यों,....तबीयत ठीक नहीं है क्या?" मैंने उनकी पीठ थपथपाते हुए पूछा।

"आप आ गये। चलिए आधा दुःख तो ऐसे ही दूर हो गया," वे झेंपते हुए बोलीं।

उनके चेहरे पर लज्जा, भय और पीड़ा के ऐसे-ऐसे रंग उभरकर एक में मिलते जा रहे थे कि सहसा यह भाँप पाना मुश्किल था कि आखिर बात क्या है जो वे इतना परेशान हैं। मैंने दो-एक बार और कोशिश की, पूछा भी, पर हर बार पहले से अधिक संकोच की गेंडुर में सिकुड़ती रहीं। अब उन्होंने मेरी तरफ़ पीठ फेर ली थी और दोनों हथेलियों में मुँह छिपाकर हँसने लगी थीं।

"आप बिलकुल अनाड़ी हैं।"

मैं इस विशेषण से कुछ खीझ-सा गया; पर मैं सचमुच अनाड़ी था कि मुझे सब-कुछ समझने में इतनी देर हुई। समझ की रोशनी के भी भाई साहब, कैसे धक्के होते हैं कि एक क्षण के लिए सारा अस्तित्व एक अजीब तरह की खुशी और पीड़ा की मिली-जुली थरथराहट से काँपने लगता है। मुझे तो जैसे बिजली की लहर छू गयी थी। मैं चारपाई से यों उछल पड़ा जैसे स्प्रिगंदार बबुआ हूँ। इतने जोर से हँसा कि शहतीरों में छिपे गौरइए फड़फड़ाकर उड़ पड़े।

"तो इसमें घबड़ाने की क्या बात है रानी," मैंने बादशाही लहजे में कहा, "अभी बुलाये देता हूँ मनका चाची को। बस, घड़ी-दो घड़ी में दुःख के बादल छँट जाएँगे। मासूम चाँद की किलकारियों से घर में आरती की घण्टियाँ बजने लगेंगी।"

मैंने पैरों में चप्पलें डालीं या यों कहिए करीब-करीब घसीटते हुए-सा दरवाजे की ओर भाग चला। मनका चाची को खबर की, लम्बी दास्तान सुनायी, पत्नी की

घबराहट का रंगीन वर्णन किया, तो वे मुस्कराती हुई बटुली पर कलछी पीटती सुनती रहीं। गोया कलछी पीटने को उन्हें फिर समय ही न मिलेगा।

"चाची," मैंने करीब-करीब घिघियाहट की आवाज में कहा, "देर न करना चाची, तुम्हारे पैर पड़ता हूँ।"

"अरे जा जा कहीं घूम-फिर आ। खबरदार उसके पास मत बैठना। अभी तो दर्द शुरू हुआ है। घण्टों लगेंगे। पहलौंठी का लड़का जनना कोई खेल है क्या?" इस बार चाची ने सिर्फ़ बटुली ही नहीं पीटी, बल्कि कलछी हिला-हिलाकर वह उसकी पेंदी को फोड़ डालने की कोशिश करने लगीं। मैं हारा-थका लौट पड़ा। चाहकर भी पाँव घर की ओर न मुड़ सके। इधर-उधर लोगों के दरवाजों पर बैठता रहा। अखबार की खबरें पूछी गयीं, राजनीति के प्रश्न हुए, नहर या सड़क के बारे में तरह-तरह की गप्पें सुनी-सुनायीं; पर यह सब करते मन कहीं और टँगा रहता। बीच-बीच में हवा सुरसुराती तो लगता कि पत्नी सिसक रही हैं। मैं सोचता अब चचिया आ गयी होंगी। उन्होंने सारी बड़बड़ाहट दर्द और छटपटाहट को अपने प्यार और ममता की गोद में ले लिया होगा। ऐसे समय औरत ही औरत की ठीक तौर से देखभाल कर सकती है।

काफ़ी समय इधर-उधर बिताकर मैं घर की ओर चल पड़ा। आँगन में आकर मैंने थाह लेनी चाही कि कहाँ क्या हो रहा है। डर भी था कि शायद चचिया मेरे आने से नाराज़ हो जाएँ। पर वहाँ तो एकदम सन्नाटा था। बीच-बीच में जैसे इस सुनसान को चीरती हुई एक कराह का स्वर उठता था और फिर हिचकियों में बिलीन हो जाता था। मैं एक क्षण तक ठिठका-सा खड़ा रहा। तभी जैसे अनजानी लहर व्यथा का तूफ़ान लिये मचल उठी। पत्नी इस तरह से चिल्ला उठीं जैसे गाड़ी का थका-थकाया भारी डब्बा पटरियों पर रिरियाता है। मैं सारा संकोच छोड़कर घर में हेल गया। वे जमीन पर औंधी-सी चिपकी थीं, मानो धरती के गह्वर में छिप जाना चाहती हों। कमरे में दीये की टेम धुँधला रही थी। मैंने बाती उकसा दी।

"आह, तुम आ गये....जरा मेरी वेणी खोल देना," वे बोलीं। जैसे वेणी की एक-एक गाँठ खोलने में उन्हें अथक पीड़ा का सामना करना पड़ा हो।

मैं घुटने के बल बैठ गया। चोटी अपने हाथ में लेते समय जैसे एक अजीब तरह की धड़कन ने मेरे अस्तित्व को झिंझोड़ दिया हो। यह चोटी जाने कितनी बार मेरे हाथों में आ चुकी है। मैंने जाने कितनी बार उसे सहलाया है, सूँघा है, खींचा है, मरोड़ा है, उँगलियों में लपेटा है और इसके निचले गुच्छे का पत्नी के गालों से स्पर्श कराया है; पर आज यह चोटी मेरे हाथ की पकड़ से छूट-छूट जाती थी। थरथराहट से खुलती-खुलती गाँठें अनखुली रह जाती थीं। किसी कदर चोटी खुली तो वे फिर हाँफती हुई बोलीं, "मेरे गले का लॉकेट भी उतार लो।"

मैं अजीब व्यथा से उनकी ओर ताकने लगा। यह सब-कुछ क्यों करा रही हैं! लॉकेट उतारने से क्या होगा भला! बहुत डरी-डरी हैं शायद।

"उतार लो न–" मुझे हक्का-बक्का देख वे तेज़ स्वरों में बोली, "कुछ और न सोचो। ऐसे में शरीर पर एक भी ऐसी चीज़ नहीं होनी चाहिए जिसमें गाँठ हो।...चचिया से सुना था कभी, गाँठवाली चीज के बदन पर होने से देर लगती है।"

मैंने गले से लॉकेट निकाल लिया।

"तुम यहाँ क्या कर रहे हो," चौखट पर खड़ी-खड़ी घूरती हुई चचिया बोलीं, "हटो यहाँ से। तुमसे मैंने कहा था न कि वहाँ मत जाना।"

चचिया जाने जौर क्या-क्या सुनातीं। मैं गरदन झुकाये, उनकी ओर कनखी देखता कमरे से बाहर चला आया। गली में बहुत अँधेरा था। हवा में सरसराहट बड़ी तेज़ थी। मैं इधर-उधर घूमता रहा। मेरे घर का दरवाजा भय और सन्देह का जैसे नियति द्वार था, जिसके अगियारे मुख से मेरी जिन्दगी का फ़ैसला सुना जाएगा। मैं एक क्षण के लिए कमरे में तड़पती पत्नी के थरथराते बदन को हाथों से छूता अनुभव करता तो दूसरे ही क्षण हाथ को झटककर अपने माथे और गालों को सहलाने लगता, जिस पर अचानक ही जैसे किसी अनजान देश से उड़कर आयी लाखों-लाख चिनगारियाँ चिपक गयी हैं और मैं उन्हें नोच-नोचकर फेंकने की असफल कोशिश कर रहा हूँ। हवा में लहरों के थपेड़ों की आवाजें भरती जा रही थीं। बिना पतवार की एक डोंगी भँवर में उलझ रही थी। धक्के-पर-धक्के, चक्र-भँवर, हाथ से डाँड छूट-छूट जाती। आह कहीं लहरों में छिपी किसी चट्टान से यह डोंगी टकरा न पड़े? नहीं, नहीं भगवान् सब कुछ ठीक करेगा। तभी एक नवजात बच्चे की रुलाई से आँगन थिरक उठा। निश्चित लीक पर चलते, चलने को उठे पैर एक झटके के साथ आँगन की ओर मुड़ गये। मैं बिना संकोच उस कमरे के दरवाज़े के पास पहुँच गया जहाँ अभी-अभी लहरों के थपेड़े से बचकर एक डोंगी किनारे लगी है।

"क्या हुआ चचिया? क्या हुआ, बोल न?" मैं उस गन्ध-भरे कमरे में हेल गया।

एक ललछौंहे लोथड़े को मेरे खुले हाथों में सौंपते हुए चचिया चीख उठीं, "बहू चली गयी भैया, बहू चली गयी बेचारी!" चचिया पसीने और खून से लथपथ आँचल से उसका मुँह ढँकते बिखर-बिखरकर फूट पड़ी।

"हे भगवान् यह क्या हो गया? ऐसे, इस तरह..." मैं उस चीखते-चिल्लाते हुए मांस के लोथड़े को न तो फेंक ही सकता था न कलेजे से लगाकर सन्तोष ही पा सकता था। बच्चे को चचिया की गोद में फेंककर पत्नी की लाश के पास बैठ गया और उसके धूल-कीचड़-भरे खुले-खुले बालों को मुँह से हटाकर पागल की तरह चूमता रहा।

"सोना!...." मेरी आँखों से झर-झर आँसू गिर रहे थे, गरम-गरम तीखे कड़वे, पिघले शीशे के पानी की तरह—जिसका एक-एक दाना जैसे बिच्छू के डंक की तरह चुभ रहा था।

और भाई साहब, तभी मुझे लगा कि मेरी ज़िन्दगी ने अनजाने ही, जाने कब एक ऐसी करवट ले ली है कि मेरा सारा अस्तित्व जलते-उफनते दलदल के ऊपर एक कच्चा सूत में बँधकर लटक गया है। चचिया एक तरफ कोने में दुबककर मुँह गाड़े बैठी थीं। उनकी गोद में वह अभागा छौना था जो हुटक-हुटककर चीख उठता था।

मैं बड़ी देर तक उसी स्थान पर बुत की तरह बैठा रहा। मुझे सवेरे की प्रतीक्षा थी। पर मैं क्या जानता था कि मेरी जिन्दगी में आज एक ऐसी सुबह आनेवाली है जो मुझे समूचे जीवन से काटकर अलग कर देगी। अँधेरी चादर से ज्यों-ज्यों उजास फूटने लगा, मुझे मेरा ही घर—वही चिर-परिचित आँगन, बुहारी, गिलास-लोटे, बाल्टी, इधर-उधर गिरा हुआ पानी—सभी—सब-कुछ जैसे अपरिचित, मायूस, डरे-डरे-से प्रतीत होने लगे। जाने कैसे गाँव में मेरी पत्नी की मृत्यु की खबर घूमती रही और धीरे-धीरे बड़ी-बूढ़ियों, डरी-डरी बहुओं और अधेड़-प्रौढ़ मर्दों की भीड़ लगने लगी।

"हरी बेटा," मुझे किसी ने झिंझोड़ कर सचेत किया, "अब इस तरह दुःख में बैठे रहने से काम न चलेगा।"

मैंने यह सुना। झटके से हथेली पर झुका सिर उठा भी, पर तभी मेरे गाल पर जलन-सी कौंध उठी। मुझे लगा कि इन पर मेरी हथेली की पाँचों अँगुलियों के निशान ही नहीं उभरे होंगे बल्कि जिन्दा-कटी किसी नस से उछले नीले-नीले खून के क़तरों की कालिमा भी होगी।

हमारे गाँव से गंगा बहुत दूर पड़ती हैं। लाश के साथ हम कुल पाँच जन थे : हम चार ढोनेवाले और पाँचवाँ गाँव का नाई जो क्रिया-कर्म का सामान लिये था, बस। यहाँ पहुँचते-पहुँचते शाम हो आयी। और रात में लाश के साथ न चलना पड़े, इसलिए हम सभी लोग कस्बे के उत्तरवाली मुरदा सराय में रुक गये। इस सराय के सम्बन्ध में तो आप जानते ही होंगे, कि इसे हमारे देहात के ही एक धनी-मानी व्यापारी ने समय-असमय मुरदा लाने वालों के रुकने के लिए ही बनवाया था। बग़ल का कुआँ भी उनका ही बनवाया हुआ है।

सराय के उत्तर-पूर्वी कोने पर जो विशाल पीपल है उसी के नीचे लाश को उतार कर हम लोग बैठ गये। लाश ढोने वालों में तीन-चार जन इस काम में बड़े अभ्यस्त थे। उन्हें मुरदा और जिन्दा में विशेष फ़र्क भी नहीं लगता होगा। उन लोगों ने उपले जलाकर खाना पकाया था। अहरे के पास बैठकर वे अपने सुख-दुःख की हजारों-हजार बातें करते रहे, जिनसे मेरी पत्नी की मृत्यु का कोई सम्बन्ध भी न था। मैं सराय की

मेहराब में एक खम्भे से पीठ टिकाये और दूसरे में पैर अड़ाये करीब-करीब अधलेटा-सा पड़ा रहा। खाने के लिए उन लोगों ने मुझसे भी पूछा, पर मैं न गया। एक ने हठ की तो मेरी आखों में आँसू छलछला आये। वे लोग फिर कुछ न बोले। खा-पीकर सब लोगों ने बीड़ी सुलगायी तो दालान के कोने से एक आकृति लपककर उधर को मुड़ी। मैं तो उसके पैरों की आवाज सुनते ही धक् से हो गया।

"कौन है?"

"अरे सूरदास है साइत," बीड़ी खींचते हुए एक जन बोले; "आओ, आओ सूरदास। कहो मज़े में हो न?"

मैंने आग की हलकी-हलकी रोशनी में देखा कि सूरदास काले चमड़े में लिपटी एक ठठरी का नाम है, जिसके बदन पर गूदड़ और चिथड़ों का तामझाम लटक रहा है। दाढ़ी-मूँछ के बाल बड़े भयावने लगते थे, एक से एक अलग और कड़े-कड़े। सूरदास डण्डे को एक तरफ़ पसारकर बैठ गया।

"कहो मालिक, सूरदास के लिए भी कुछ बचा-वचा है कि..."

"अरे हाँ हाँ सूरदास, ऐसा भी हो सकता है कभी!" बीड़ी को ज़ोर-से सुड़क कर उन्होंने नाई को हाँक दी, "सोवता हाण्डी इधर कर दो सूरदास की ओर। भात बचा है सूरदास, और बैंगन का भुर्ता। ले जाओ...."

सूरदास इस तरह हँसे कि उनके आमने-सामने बैठे लोग गमछे से अपना मुँह पोंछने लगे। मैं उधर से मुँह फेरकर अँधेरे की पोशाक में लिपटे, गुमसुम मौन पीपल के पत्तों को देखता रहा। धीरे-धीरे नजर फुनगी को छूती, डालियों से टकराती, जड़ की ओर उतरती तो नीचे लाल रेशमी चूनर में लिपटे शव को देखकर सहम जाती। उसकी लम्बी डोर मानो मन के परेते पर एक साथ ही घूमकर लिपट जाती और मेरे भीतर पानी के औटने-जैसी पीड़ा घुमड़ने लगती। लगता कि सर चक्कर खा रहा है और यदि मैंने अपने को सँभाला नहीं तो तुरन्त कै हो जाएगी। गले में थूक घोटते वक्त लगता कि गलफर में गोखुरू उभर आये हैं।

गंगा में जल प्रवाह करके हम लौटे तो साथ के लोग फिर सराय के सामने कुएँ की जगत के पास पानी पीने के लिए बैठ गये। सूरदास पीपल की छाँव में धरम की चादर फैलाये बैठा था। राह चलते लोगों, यात्रियों ने चावल के कुछ दाने, एकाध नया पैसा फेंक दिया था। इन सारी पूँजी पर वह कमर से ऊपर के पूरे धड़ को हिला-हिलाकर पहरा दे रहा था। होंठों के कोने में गाज भर आया था और वह लगातार 'बाबू सुरवा के एक पैसा' के मन्त्र के साथ रामनाम का सम्पुट दिये जा रहा था।

उस दिन की दोपहर और रात का अधिकांश हमने उसी सराय में बिताया। उन

लोगों ने फिर खाना बनाया और खाया-पिया। सूरदास को बुलाकर बचा-खुचा खाना दिया गया। सभी लोग उस मुरदा सराय में गमछा-दरी वगैरह बिछाकर सोये। पर मुझे नींद न आ सकी। मेरा सब कुछ जैसा पराया हो गया था। सन्नाटे में पीपल की पत्तियाँ लड़खड़ाती थीं, ऐसे ही : उस समय सोना मेरी बाँह में डरकर किस तरह दुबक जाती थी। आज मेरी वे ही बाँहें, वही शरीर, सब कुछ जैसे एक तिरस्कृत मिट्टी का ढेर है। तभी मेरी परायी-सी लगने वाली बाँहें एक अजीब तरह की छुवन की स्मृति और फिर उसके अभाव की व्यथा से लहरने-सी लगीं। जब चचिया की गोद में नवजात बच्चे को फेंक दिया था तो मन में उसके प्रति सचमुच का खिंचाव था। मुझे लगता था कि इस छौने ने मुझसे मेरी सोना छीन ली। कैसा गुजगुजा बदन था, मैं उसे चचिया की गोद में फेंककर जैसे मुक्ति पा गया होऊँ। और अब जब सोना नहीं रही तो मैं उस गुजगुजे मांस के लोथड़े को अपनी छाती से चिपका लेने के लिए तरस रहा था। मेरे सामने भविष्य था, प्रश्नवाचक चिह्न-सा, पीपल के तने में जड़ा हुआ, जिसकी जड़ में कल सोना का शव था जिसे मैं पत्थर और भरे हुए घड़ों के सहारे बाँधकर गंगा की अतल धार में डाल आया हूँ।

दूसरे दिन शाम होते-होते हम घर पहुँचे। मैं रास्ते-भर इसी उधेड़-बुन में खोया-खोया रहा कि बच्चे की देखभाल के लिए क्या करना होगा। दुधमुँहे को जिलाना कोई हँसी-खेल तो नहीं है। माना कि चचिया मेरे कहने से उसे अपने साथ रख लेंगी, मैं दूध-पानी का इन्तजाम भी कर लूँगा, पर क्या इत्ता-सा बच्चा बिना माँ के पल सकेगा? यह सब सोचते-सोचते, एक निश्चित परिधि में घूमने वाले लट्टू की तरह मेरी बुद्धि भँवर की अन्तिम तेजी से निश्चल जड़-सी होती जा रही थी। जैसे किसी ने मेरे शरीर से सारी ताकत ही छीन ली हो।

घर आने पर आँगन में शान्तिपूर्वक एक क्षण बैठकर गत आत्मा की सद्गति के लिए प्रार्थना करने का ही अवसर न मिला। चचिया देहरी पर पैर रखते ही फुक्का फाड़कर रो पड़ीं। मैं इस बार इस रुलाई से चौंका नहीं, घबराया नहीं, जैसे सब-कुछ सहने और झेलने की घड़ी आज इकट्ठी ही आ गयी है! मैं धीरे से 'सौरी घर' के सामने खड़ा हो गया। मेरी आँखों में जरूर एक थकानभरी विरक्ति रही होगी। एक आत्मस्थ करने वाली तटस्थता जिसे देखकर चचिया सहम गयीं और मेरे बिना पूछे ही वे दहाड़ मारकर चिल्लाती हुई बोलीं, "हरी बेटा, यह छौना भी रूठ गया तुझसे—कल शाम से ही अनमना हुआ, पानी तक नहीं पचता था, सुबह जोर से एक हिचकी ली और ठण्डा हो गया...."

मैं चुपचाप खड़ा रहा। साथ के लोग भी हक्का-बक्का-से मुझे ताकते रहे।

"हरी मास्टर," एक ने बाँह पकड़ कर खींचा, "ऐसे क्या देखते हो भइया—विपत्ति आती है तो ऐसे ही आती है।"

उन लोगों ने एक कपड़े में बच्चे को लपेट दिया था। मरे हुए दुधमुँहे बच्चे को हाड़ी में रखकर कहीं गाड़ देते हैं, उसे गंगा ले जाने का रिवाज नहीं है। पर मैं हट पकड़ गया। विपत्ति आयी है तो उसे पूरी तरह झेलना ही होगा। बच्चे के लिए कुछ न कर सका तो क्या हुआ, उसे गंगा में बहाने का कर्तव्य भी न निभाऊँ? मैंने सब को विदा कर दिया। चचिया को भी।.... बक्से में इस आने वाले बच्चे के लिए जो भी झबले थे, सबको एक जगह इकट्ठा किया, एक गठरी-सी बना ली और पत्नी का लॉकेट भी उसी गठरी में रखकर बच्चे को कन्धे पर लिटाया। बाहरी फाटक पर ताला डालकर मैं उसी रास्ते लौट पड़ा। पैर थके थे, पर मुझे कोई परेशानी नहीं मालूम होती थी।

मृत्यु दुनिया का सबसे बड़ा सत्य है—मैं बार-बार अपने मन से पूछता। मैं जनमा-पनपा। बड़ा हुआ। पढ़ा-लिखा। पर इस पूरे छब्बीस साल की जिन्दगी में कोई ऐसी घटना न घटी जो मुझे भीतर-बाहर से पूरी तरह बदल दे। कल तक हरी मास्टर के परिवार से सबको ईर्ष्या थी। हमारी खुशी लोगों के मनों को गुदगुदा जाती थी। हमारा रहन-सहन सबकी आत्मा में ठण्डी छाँव की तरह बस जाता था—और आज? आज हरी मास्टर दुधमुँहे बच्चे की लाश को कन्धे से चिपकाये एक राह पर चल रहे हैं, जो राह के सभी अर्थों से अलग है, जिसका न आदि है न अन्त है। आज हरी मास्टर का कोई नहीं है : न आगे न पीछे....।

दूसरे दिन दोपहर को मैं फिर उसी मुरदा सराय में पहुँचा। सोचा कि न रुकूँ। सीधे नदी के किनारे पहुँचकर ही ये थके पैर साँसें छोड़ें, पर मन न माना। जाने क्यों मैंने बच्चे का वह शव पीपल के नीचे उसी जगह पर रख दिया, जहाँ तीन रोज पहले सोना का रखा गया था। मैंने कुएँ से पानी खींचकर पिया। एक क्षण फिर मेहराब के उसी खम्भे से पीठ टिकाये बैठा रहा।

खाली पेट पानी पीने से या जाने क्यों, लगा कि मेरे सारे शरीर में कँपकँपी छा रही है। मुरदा सराय की सफेद दीवारें, उसकी इधर-उधर उभरी लाल-बदरंग ईंटें—जैसे मौत अट्टहास करके हँस रही हो। सच भाई साहब, मुझे उस दिन बड़ा डर लगा। मैंने भूत-प्रेत की कहानियाँ सुनी थीं, चोरों के कठोर और घृणित कामों का बयान सुना था। पर ऐसा डरा मैं कभी नहीं। आज न तो सामने भूत-प्रेत थे न कहीं चोर थे, कुछ भी तो न था, जिससे मैं डरूँ, पर जाने क्या था चारों ओर, धूप में चिपचिपी चमक की तरह, दीवारों में मूक हादसे की तरह, पत्तियों में अदृश्य कम्प की तरह, सराय की मेहराबों में छिपे बंकिम घुमाव की तरह जो मेरी आत्मा में लाखों-लाख अबाबील

पंछियों की तरह चीत्कार कर रहा था। मेरा सारा शरीर उभर-उभरकर धसक जाता था। पसीने से कुरता और पायजामा भीगकर गीला हुआ जा रहा था। हे भगवान्, यह मौत सब कुछ लीलकर अब मुझे भी लीलने आ रही है क्या? क्या मेरी जिन्दगी के इस नाटक का आखिरी परदा उठने-उठने को है? मैं बिल्कुल सुस्त था, दोनों खम्भों के बीच पसरा हुआ-सा।

धीमी-धीमी हवा चलने लगी थी। पसीने से लथपथ बदन पर मौत-जैसे अपने हाथ फेर रही हो। तभी मुझे लगा कि मैं डूबते समुद्र से जैसे बाहर आ गया होऊँ। धीरे से उठा। गठरी एक तरफ़ कन्धे में डाली और बच्चे के शव को दूसरे कन्धे पर चिपकाकर नदी की ओर चल पड़ा।

सोना गयी, बच्चा गया, बच गया मैं, सिर्फ़ मैं। मैं भी क्या बचा! मेरा प्रेत है यह जो आपके दिलों में भय का संचार करता है। आपने भी भाई साहब, मुझे क्या-क्या नहीं समझा। मेरी बढ़ी हुई दाढ़ी, एक में एक गुँथे लट की तरह बाल, फटा-फुटा पायजामा, चीथड़ों से भरा कुरता और लाश फेंकने वालों के साथ आयी यह मैली-कुचैली दरी जो अब घिस-घिसकर छलनी बन गयी है : ये सभी, मुझे इतना बदल चुके हैं कि पहचानना भी मुश्किल हो गया है। जब आँख वाले नहीं पहचान पाते मुझे तो भला सूरदास क्या पहचान पाएगा! मैं जब कुछ महीने पहले इस सराय में आकर भीतर वाले कोने पर दरी बिछाकर बैठा तो सूरदास खाँसता-खँखारता मेरे पास आया, और एक क्षण रुककर कुछ आहट लेता रहा फिर धीरे से बाहर चला गया। तभी मैंने देखा कि इस सराय में एक और शरणार्थी भी आ गया है। गूदड़ों के ढेर में लिपटी दो आँखें मुझे घूर-घूरकर देख रही हैं। सूरदास लाठी से रास्ता टटोलता गूदड़ों के पास पहुँच गया।

"अरे अन्हरा, ई का सिर पर ठुकठुकराय रहा है, कमीना। रात में घड़ी-भर के नींद भी आवत है तो ई दाढ़ी जार के मारे सोना मोहाल होय जात है। चारों ओर घूम-घूम के अपने बाप के कमाई के पहरा दे रहा हव।"

"काहे रे कोढ़िन सतभत," सूरदास होंठों को अपने पूरे पैमाने पर फैलाकर बोला, "हमै तोहरे बाप कै कमाई का आसरा है का? ऐं; अरे सुलक्खा हम तौ तोहे बतावै आवत रहे कि ऊ कोने में कौतौ तोहार नवा खसम आवा है साइत?"

"अरे दाढ़ीजार जरा सरम कर। ई सराय तोहरे बाप-दादा का रजिट्टरी है का। कौनो मनई होई, कहूँ, जात-जात रुक गवा होई।"

"आज तक ये मुरदा सराय में कबहूँ औरों कोऊ मनसेधू आवा रहे कि यहै आवा है! अरे हम बताय देत हई सुलक्खी सुन लेव, अब धीरे-धीरे ई चरचा फइल रहा है

कि ये सराय में मुफुत के खाय का मिलत है, जाने केतनै मरभुखा पिल पड़िहैं, हाँ,'' सूरदास ने सोंटा ठुकठुकाया और बड़े दुःखी मन से धीरे-धीरे फिर एक कोने में हाथ से दीवार टटोलकर अपने बिछावन में सो रहे।

सूरदास की बात से भाई साहब, मुझे बड़ी ग्लानि हुई, गुस्सा भी आया। पर इस मुरदा सराय ने मुझे जाने किन सूतों में बाँध लिया था कि उन्हें मैं तोड़ न सका। बच्चे के शव को गंगा की गोद में डालकर कई महीने इधर-उधर भटकता रहा। कई बार मन में आया कि घर लौट चलूँ। लोग कहते हैं कि भूल जाने की शक्ति आदमी को वरदान की तरह ईश्वर ने प्रदान की है, पर मैं तो लाख भूलने की कोशिश करके भी भूल न पाया। मौत मेरे मन में अपनी पूरी शक्ति के साथ धँस गयी थी, और अब तो इतने दिनों के बाद काँटे का दर्द भी एक सहज दिनचर्या बन गया, कि इसे चुपचाप झेलते रहने में ही शांति मिलती है। इस पर सोचने-विचारने में तो जैसे भीतर धँसा काँटा हिल जाता है और जाने कब का सोया दर्द एक नयी व्यथा के साथ करक उठता है। मैं सोचता कि घर लौटकर भी क्या होगा! क्या मौत का भय वहाँ भी मेरी आत्मा पर ऐसे ही छाया नहीं रहेगा? बहुत सोचकर मैं इस मुरदा सराय में आकर रहने लगा। मन के किसी कोने में शायद यह भाव भी रहा हो, कि कहीं मेरी सारी जिज्ञासा का उत्तर यह सराय ही दे सके!

शुरू-शुरू में मुझे देखकर सूरदास बहुत बिगड़ा। मेरे आने के बाद कुछ दिनों तक सूरदास और सुलक्खी में रोज झगड़ा होता। दोनों एक-दूसरे को गन्दी-गन्दी गालियों से धोते-नहलाते, पर धीरे-धीरे अब सुलक्खी को लगा कि मैं सचमुच यहाँ रहने को आ गया हूँ तो उसने सूरदास की बात को सही मानकर उसकी बुद्धि का लोहा मान लिया। वे दोनों एकजुट होकर मेरा गालियों से सत्कार करने लगे। पर यह क्रम कुछ ही दिन चला। धीरे-धीरे उन्होंने मेरे अस्तित्व को जैसे स्वीकार-सा कर लिया। या यों कहें कि उन्हें मेरी दिनचर्या से घोर निराशा हुई और उन्होंने मान लिया कि मैं उनके हक में हिस्सा बँटाने वाला कोई जीवित प्राणी नहीं हूँ। मैं रात को वहाँ किसी कोने में पड़ा रहने वाला ईंट या पत्थर हूँ। सुलक्खी को यदि बाहर खड़े पीपल, कुएँ के ढेंकुल या मेहराब के खम्भों के होने पर कुछ एतराज न था तो मेरे होने पर भला क्या होता?

मुरदे वैसे ही आते रहे। सब-कुछ वैसे ही होता। लोग थके-थकाये आते। लम्बी साँस लेकर मुरदे को पीपल के नीचे धीरे से उतारते। उनके साथ कोई-न-कोई एक ऐसा भी होता जो मेहराब के खम्भे में पीठ टिकाकर बिना सोये आँसुओं में रात बिता देता, मगर बाकी सब वैसे ही होते जिनके मुरदे और ज़िन्दे में कोई फ़र्क न होता। फ़र्क सिर्फ यह होता कि पहले उनके बचे-खुचे खाने का खाने वाला एक सूरदास था, अब

सुलक्खी भी होती! सुलक्खी की आवाज में कहीं अधिक करुणा थी, उसके हाथ-पैर की कई उँगलियाँ गल गयी थीं, पर चेहरे पर चिकनाई थी। कई जन तो यह भूलकर कि वे मुरदा लेकर आये हैं, उससे मज़ाक भी करते।

एक दिन जब मैं इधर-उधर घूमकर वहाँ लौटा तो रात दो-एक घड़ी ढल गयी थी। कोई धनी मुरदा था, लाश के साथ कई लोग थे। खांना भी अच्छी तरह बना, और सूरदास और सुलक्खी को भी काफ़ी मिला। बाहरी ओसारे में मुरदे के साथ वाले लोग लेटे-बैठे थे। मैं भी इसी कारण भीतरी दालान में चला गया था। सुलक्खी खाना उठाकर भीतर ही ले आयी। जाने उन्होंने किस भाषा में बातें कीं।

मैंने काफ़ी गौर से देखा : सूरदास अपने हाथ से कौर उठा-उठाकर सुलक्खी को खिला रहा है। और वह इस तरह आँख चमकाती इधर-उधर गरदन हिला-हिलाकर खा रही है जैसे दूध-पीती बच्ची हो, जिसे हमेशा अपने खिलौनों की सुरक्षा का खयाल रहा करता है कि उन्हें खाते समय कोई गायब न कर दे। सुलक्खी जब खा चुकी तो सूरदास ने अपने दोनों हाथों से मिट्टी के पुरवे को उठाकर उसके मुँह में लगाया और अपने हाथ से उसका मुँह पोंछा। यह सब करते उसके होंठ एक अजीब तरह की खुशी से काँप-काँप जाते। मुँह धोते वक्त शायद उसने सुलक्खी का गाल भी धो दिया था, जिससे वह हँसते-हँसते दोहरी होती रही। गनीमत थी कि हँसते वक्त उसने मुँह में कपड़ा ठूँस लिया था।

"धीरे हँस, धीरे सुलक्खी," सूरदास फुसफुसाकर बोला, "कहीं मुरदफेक्का लोग देख लेइहैं तो ई सदाबरत बन्द हो जाई समुझो, हाँ।" उसने भात-दाल का बहुत बड़ा-सा कवल मुँह में डाला और गटक गया।

"तुम ही तो हँसा रहा हौ," सुलक्खी किसी अदेखे तार के झटके से पुनः घण्टी की आवाज में खिलखिलाने-खिलखिलाने को हुई कि उसने शुतुरमुर्ग की तरह सिर को गूदड़ में घुसेड़ लिया और गुमसुम पड़ गयी।

सूरदास हाँड़ी कुरेद-कुरेद कर जब पूरी तरह खा चुका तो उसने दूसरी हाँड़ी में बचे पानी को गट-गट करके गले से नीचे उतारा। गमछे से हाथ-मुँह पोंछकर उसने बीड़ी सुलगायी और चुपचाप पीता रहा। बीड़ी खत्म हुई तो उसे जमीन में घस-धसकर बुझाया और टुकड़े को एक तरफ़ फेंककर सुलक्खी के पास ही गमछा बिछाकर लम्बा हो रहा।

सुलक्खी अपना एक पैर उसकी पीठ में अड़ाये फुसफुसा रही थी, "हम कहे देत हई भलेमानस की नाई परे हट जाव, नाहीं तो ठीक न होई। हम चिल्लाय के सबैके जगा देबै, अउर तोहार खूब मरम्मत होई; हाँ।"

मैं भीतर कोने में गिरा यह सब देख रहा था। कई बार दिल में आया कि भागकर

बाहर चल दूँ। पर ओसारे में सारी भीड़ सोयी थी। क्या कहेंगे लोग बाग! कोई जान-पहचान का न निकल आये! मैं चुपचाप उधर से गरदन मोड़कर दीवार में सट गया।

फुसफुसाहट बन्द हो गयी थी। एक दमघोंट मुरदा सन्नाटा चारों तरफ़ छाया हुआ था। बाहर दीवार के नीचे आग जल रही थी और दो-एक आदमी अधजले हुए उकड़ूँ बैठे लाश को अगोर रहे थे। बड़े तड़के, मुँह अँधेरे ही उन लोगों ने लाश उठायी और नदी की ओर चल पड़े। उनके बोलने-बतियाने की मिली-जुली आवाजें मुझे भी सुनायी पड़ी थीं, पर मैं नींद के झोंके में था इसलिए ठीक सोच नहीं पाया कि क्या समय रहा होगा। मुझे रात में देर तक नींद नहीं आयी थी इसलिए उस दिन सवेरे देर तक सोया रहा। उठा तो दिन चढ़ आया था और खिड़की से छड़ों को बीच से बचाती धूप का एक भरा-पूरा झरना मेरे ठीक आगे उफन रहा था। धूल और गर्द के टुकड़े उसके भँवर में बखूबी थिरक रहे थे। मैं एक क्षण इस चमकदार खम्भे को टकटकी बाँधे देखता रहा। तभी मुझे लगा कि मैं आज अब तक यहीं बैठा हूँ, लोग देखेंगे तो क्या सोचेंगे! और सबसे अधिक डर तो भाई साहब, आपसे ही था। आपने मुझे औघड़, पागल, जासूस जाने क्या-क्या नहीं सोचा! उस दिन स्टेशन के प्लेटफार्म पर आपने अपने एक दोस्त के कुछ पूछने पर मेरी ओर उँगली उठाकर इशारा किया था। किया था न?

"पता नहीं क्या है उस गठरी में जिसे वह हमेशा सीने से चिपकाये रहता है," आप अपने दोस्त से कह रहे थे, "कुछ समझ में नहीं आता। कुछ लोग कहते हैं किताबें हैं, कुछ कहते हैं डायरी है।"

"तुम तो कई दिन से पीछा कर रहे हो। कुछ पता नहीं चला?" आपके दोस्त ने पूछा।

"क्या पता चलेगा! इसके सभी काम आश्चर्यजनक हैं। कभी मस्जिद में पानी पीता है, कभी कब्रिस्तान में अपनी गठरी खोलकर जाने क्या-क्या बुदबुदाता है। औरों की तरह भीख भी नहीं माँगता। दूकानों पर धीरे से खड़ा हो जाएगा। जो मिल गया लेकर चल देगा। किसी ने झिड़क दिया तो हँस देगा। अजीब आदमी है। पर यार मैं पता लगाकर रहूँगा। एक दिन देखा मुरदा सराय में सोया है। इसकी वह गठरी मिल जाए तो सारा भेद मालूम हो जाए।"

आपकी बात सुनकर मुझे हँसी आ गयी। आपने मुझे हँसते देख भी लिया शायद। इसी से थोड़ा नाराज़ होकर अपने दोस्त को लेकर उधर को चले गये।

मैंने गठरी उठायी, दरी को लपेटकर कन्धे पर डाला और दालान से निकलकर ओसारे में आ रहा। सामने धूप में सुलक्खी बैठी थी। आज उसने बालों को कंघी की थी। उसके साँवले ललाट पर एक लाल बिन्दी भी थी। वह मुझे देखकर जाने क्यों शरमा गयी! मैं एक ओर निकल गया।

मैं चुपचाप मुरदा सराय से लोगों की आँख बचाता खेतों की ओर निकल जाना चाहता था। तभी एक मोटे पर सधे हुए कण्ठ की आवाज़ ने उठते पैरों को बाँध लिया :

दुलहिन गावहु मंगल चार

मैं उधर को मुड़ गया। सामने बस-स्टैण्ड के पास ही ऐन रास्ते पर अपनी धरम की चादर फैलाये सूरदास बैठा था। वह एक हाथ के अँगूठे से दूसरे की हथेली में सुरती मल रहा था। उसके चेहरे पर कितनी मासूमियत थी। बादलों की घुमड़न और उमस को जैसे बारिश ने बहा दिया हो। उसके चेहरे पर न खिंचाव था न दीनता न चिन्ता। मैं उसके चक्षुहीन चेहरे को देर तक देखता रहा।

मेरा मन जाने क्यों बहुत भारी हो आया। मैं चुपचाप कब्रिस्तान की ओर चल पड़ा। पास ही उससे सटा तालाब है। मैं यहाँ घण्टों बैठा रहता। जाने क्यों मुझे इन क़ब्रों से गहरी आत्मीयता का बोध होने लगा था। मुझे लगता था कि इनकी सन्धि से कभी शायद कोई प्रेतात्मा खड़ी हो जाएगी जो मुझे बता सकेगी कि मनुष्य मौत से क्यों डरता है। क्या होता है इस मौत के अनछोर दामन की थिरकन में, जिसे छूकर ही पत्ते मौन हो जाते हैं? वस्तुएँ पिघल कर रंगहीन द्रव की तरह एक में गडमड हो जाती हैं। क्यों इसके पैरों की धसक में इतना कम्प हैं, क्यों इसकी गन्ध में इतनी बेहोशी?

कई महीने बीत गये। धरती कभी ऋतुमती बनी थी। बीज पड़ा था। अँखुवे उगे थे। फ़सल में हवा के साँप लहराये थे। और आज तो खेत के खेत दूधिया बालों का मोर बाँधे खिलखिला रहे हैं। भौंरे और मधु-मक्खियाँ एक फूल से दूसरे फूल पर उड़-उड़कर पराग का वितरण कर रहे हैं।

मैं उस दिन कुछ रात गये सराय में पहुँचा। सुलक्खी सिसक-सिसककर रो रही थी। सूरदास अपने दोनों हाथों में उसका मुँह थामे कुछ कह रहा था। मैंने पैरों की गति रोक ली। ताकि उनके प्यार के तार को कहीं झटका न लग जाए।

"तुम इ का कै दिहो," सुलक्खी बिफर-बिफरकर रो उठी, "हाय दइया, अब हम कहवाँ मुँह देखउवे।" हिचकियों की लहर उसके पूरे शरीर को तूफ़ान की तरह झकझोर रही थी।

"तौ एम्मे घबरावे के कउन बात है रानी," सूरदास बादशाही लहजे में बोला, "तू रंचौ फिकिर जिन करो, हम कउने दिन काम अइबै!"

मैं चुपचाप देहरी पर ही बैठ गया। मुझे लगा कि पिछले दिनों की कोई देखी हुई चित्रावली मेरी आँखों के सामने से गुज़र रही है। अब सुलक्खी उस भँवर में आ गयी है जहाँ उसे भी शरीर पर किसी गाँठ का रहना भारी लगेगा। वह भी अपनी वेणी

खोलने के लिए सूरदास से आग्रह करेगी। सूरदास कितनी खुशी के साथ उसके बालकों को अपने चक्षुहीन हाथों से सहलायेगा, धीरज बँधायेगा।

"अरे मइया रे मइया," सुलक्खी जाने क्या सोचकर फिर रो पड़ी, "एक तो अइसै हाथगोड़ नहिनी, अहनी, अब ई सब कइसे सम्हरिहै रे बप्पा!"

"एम्मे रोवै क का बात है रानी, इ तो अउर फैदा क बात ह। लरिका होई। ओहकर दुखड़ा रोय-रोय के अउरो भीख मिलि है। आयँ..."

इस बार सुलक्खी बाघिन की तरह गुर्राकर सूरदास की ओर झपटी और उसने उसके मुँह पर बिना उँगलियों के हाथ से एक तमाचा जड़ दिया।

"दाढ़ीजार, कमीना तै हर बात में अपन नादै भरै क बात सोचत है। हमार इ हाल करिके अब तै लरिकवौ पर नज़र गड़ाय रहा है," वह हाँफती हुई बोली, "ऊ न होवै देव हम सत्यानासी, गाँठ बाँधि ले। ओका दिखाय के भीख माँगे के पहिले हम नदी-कुइयाँ में डूबि मरिवै; समझेव कि नाहीं?"

सूरदास कुछ न बोला। वह वहाँ से उठकर दालान के कोने में चला गया। उसने गमछा बिछाकर बीड़ी जलायी और चुपचाप मुड़े हुए घुटनों पर सर रखकर पीता रहा।

मेरे कलेजे से अचानक एक भारी साँस निकल गयी। मैं ओसारे में दरी बिछाकर लेट गया। पर मुझे नींद नहीं आयी। मेरी आँखों के आगे सुलक्खी थी, उसका नवजात लड़का था। माँ की आँखों में खून-भरी विवशता थी, बच्चे की आँखों में अन्ध भविष्य की कातरता और मासूमियत। दोनों पर एक झुण्ड घिनौनी मक्खियाँ भिनभिना रही थीं।

मुरदा सराय में जिन्दगी की इस अगवानी ने मेरे दिल को बुरी तरह झकझोर दिया। सच कहता हूँ भाई साहब, मुझे सोना या बच्चे के मरने पर मौत से शायद ही इतना डर लगा हो जितना इस आनेवाली जिन्दगी से लगा।

हम मौत को रोक नहीं पाते इसीलिए तो उससे भय लगता है? पर मुरदा सराय की यह ज़िन्दगी भी क्या हमारे रोके रुक सकेगी?

सुलक्खी रोते-रोते सो गयी थी। आकाश में बादल घुमड़ रहे थे। कितनी उमस थी, कितना दमघोंट सन्नाटा था—चारों ओर। मैं धीरे से उठा और दबे पैरों सुलक्खी के सिरहाने खड़ा हो गया। मैंने गठरी वहीं रख दी। इसी में मरे बच्चे के झबले थे, सोने का लॉकेट था। सराय के बाहर आया। झुककर सराय की मेहराब को, नीचे के पत्थर को, खम्भे को प्रणाम किया और हमेशा-हमेशा के लिए उनसे बिदा माँग ली।

भाई साहब, मैं मौत से डरकर मुरदा सराय में आया था और अब ज़िन्दगी से डर कर घर जा रहा हूँ आपको मेरी वजह से जो कुछ भी परेशानी हुई हो, उसे क्षमा कीजिएगा।

आपका ही

हरिचरण

मन्नू भंडारी

(1931 ई॰)

नई पीढ़ी की श्रेष्ठ कथा लेखिका मन्नू भंडारी का जन्म भानपुरा (राजस्थान) में सन् 1931 में हुआ। आपने काशी हिन्दू विश्वविद्यालय से एम॰ ए॰ पूर्ण किया है। आपकी कहानियों में आधुनिक नारी के मानसिक द्वंद्व, पारिवारिक सम्बन्ध और सामाजिक दायित्वों का बड़ी गहराई और मार्मिकता से चित्रण हुआ है। नारी मनोविज्ञान को स्वानुभूति के रूप में ढालकर आपने प्रस्तुत किया है जिससे आपकी कहानियाँ बड़ी प्रभावशाली लगती हैं। जीवन का यथार्थ चित्रण आपकी कहानियों में बड़ी सहजता के साथ हुआ है।

'मैं हार गयी', 'अकेली', 'बिना दीवारों के घर', 'महाभोज','आपका बंटी' आदि आपकी प्रमुख रचनाएँ हैं।

दो कलाकार

प्रस्तुत कहानी में सच्चे कलाकार की व्याख्या की गई है। अरुणा और चित्रा दोनों सहेलियाँ हैं। अरुणा को सामाजिक कार्यों में रुचि है तो चित्रा को चित्रकला में। किसी भिखारिनी की मृत्यु से विलाप करते बच्चों को देखकर चित्रा को रहा नहीं जाता। वह तुरन्त एक चित्र बना लेती है जो बाद में उसे प्रसिद्धि और पैसा दिलाता है। पर अरुणा उन बच्चों को गोद लेकर उनकी परवरिश करती है। दो कलाकारों की एक ही घटना पर दो अलग-अलग प्रतिक्रियाएँ। अतः इनमें श्रेष्ठ कलाकार कौन है और क्यों है यह पाठक को बताने की आवश्यकता नहीं रहती।

दो कलाकार

"ऐ रूनी, उठ," और चादर खींचकर, चित्रा ने सोती हुई अरुणा को झकझोरकर उठा दिया।

"अरे, क्या है?" आँख मलते हुए तनिक खिझलाहट-भरे स्वर में अरुणा ने पूछा। चित्रा उसका हाथ पकड़कर खींचती हुई ले गयी और अपने नये बनाये हुए चित्र के सामने ले जाकर खड़ा करके बोली, "देख, मेरा चित्र पूरा हो गया!"

"ओह! तो इसे दिखाने के लिए तूने मेरी नींद खराब कर दी। बदतमीज कहीं की!"

"अरे, जरा इस चित्र को तो देख। न पा गयी पहला इनाम तो नाम बदल देना।" चित्र को चारों ओर से घुमाते हुए अरुणा बोली, "किधर से देखूँ, यह तो बता दे? हजार बार तुझसे कहा कि जिसका चित्र बनाये उसका नाम लिख दिया कर, जिससे गलतफहमी न हुआ करे, वरना तू बनाये हाथी और हम समझें उल्लू।" फिर तस्वीर पर आँख गड़ाते हुए बोली, "किसी तरह नहीं समझ पा रही हूँ कि चौरासी लाख योनियां में से आखिर यह किस जीव की तस्वीर है?"

"तो आपको यह कोई जीव नजर आ रहा है? अरे, जरा अच्छी तरह देख और समझने की कोशिश कर।"

"अरे, यह क्या? इसमें तो सड़क, आदमी, ट्राम, बस, मोटर, मकान—सब एक-दूसरे पर चढ़ रहे हैं, मानो सबकी खिचड़ी पकाकर रख दी हो। क्या घनचक्कर बनाया है?" और उसने वह चित्र रख दिया।

"जरा सोचकर बता कि यह किसका प्रतीक है?"

"तेरी बेवकूफी का। आयी है बड़ी प्रतीकवाली।"

"अरे, जनाब, यह चित्र आज की दुनिया के कन्फ्यूजन का प्रतीक है। समझी, मुझे तो तेरे दिमाग के कन्फ्यूजन का प्रतीक नजर आ रहा है। बिना मतलब जिन्दगी खराब कर रही है।" और अरुणा मुँह धोने के लिए बाहर चली गयी। लौटी तो देखा, तीन-चार बच्चे उसके कमरे के दरवाजे पर खड़े उसकी प्रतीक्षा कर रहे हैं। आते ही बोली, "दीदी! सब बच्चे आकर बैठ गये, चलिए।"

"आ गये सब बच्चे? अच्छा चलो, मैं अभी आयी।" बच्चे दौड़ पड़े।

"क्या ये बन्दर पाल रखे हैं तूने भी?" फिर जरा हँसकर चित्रा बोली, "एक दिन तेरी पाठशाला का चित्र बनाना होगा। जरा लोगों को दिखाया ही करेंगे कि हमारी एक ऐसी मित्र साहब थीं जो सारे जमादार, दाइयों और चपरासियों के बच्चों को पढ़ा-पढ़ाकर ही अपने को भारी पण्डिता और समाज-सेविका समझती थीं।"

"जा-जा, समझते हैं तो समझते हैं। तू जाकर सारी दुनिया में ढिंढोरा पीटना, हमें कोई शरम है क्या? तेरी तरह लकीरें खींचकर तो समय बर्बाद नहीं करते।" और पैर में चप्पल डालकर वह बाहर मैदान में चली गयी, जहाँ बिना किसी आयोजन के ही एक छोटी-सी पाठशाला बनी हुई थी।

रात के दस बजे थे। सारे हॉस्टल की बत्तियाँ नियमानुसार बुझ चुकी थीं। ऊपर के एक तल्ले पर अँधेरे में ही खुसर-फुसर चल रही थी। रविवार के दिन तो यों ही छुट्टी का मूड रहता है। दूसरे, दिन में काफी नींद निकाल ली जाती थी, सो दस बजे लड़कियों को किसी तरह भी नींद नहीं आती थी। तभी हॉस्टल के फाटक में जलती हुई टॉर्च लिये कोई घुसा। अपने कमरे की खिड़की में से झाँकते हुए सविता ने कहा, "ठाठ तो हॉस्टल में बस अरुणा ही के हैं, रात नौ बजे लौटो, दस बजे लौटो, कोई बन्धन नहीं। हम लोग तो दस के बाद बत्ती भी नहीं जला सकते।"

"लौट आयी अरुणा दी? आज सवेरे से ही वे बड़ी परेशान थीं। फुलिया दाई का बच्चा बड़ा बीमार था, दोपहर से वे उसी के यहाँ बैठी थीं। पता नहीं, क्या हुआ बेचारे [illegible]

[illegible] ने ठण्डी साँस भ[illegible]

"तू बड़ी भक्त है अरुणा [illegible]

"उनके जैसे गण अपना ले तो तेरी भी भक्त हो जाऊँगी।"

"मैं कहती हूँ, उन्हें यही सब करना है तो कहीं और रहें, हॉस्टल में रहकर यह जो नवाबी चलाती हैं, सो तो हमसे बर्दाश्त नहीं होती। सारी लड़कियाँ डरती हैं तो कुछ कहती नहीं, पर प्रिन्सिपल और वार्डन तक रोब खाती हैं इनका, तभी तो सब प्रकार की छूट दे रखी है।"

"तू भी जिस दिन हाड़ तोड़कर दूसरों के लिए यों परिश्रम करने लग जाएगी न, उस दिन तेरा भी सब रोब खाने लगेंगे। पर तुम्हें तो सजने-सँवरने से ही फुर्सत नहीं मिलती, दूसरों के लिए क्या खाक काम करोगी।"

"अच्छा-अच्छा चल, अपना लैक्चर अपने पास रख।"

अरुणा अपने कमरे में घुसी तो बहुत ही धीरे से, जिससे चित्रा की नींद न खराब हो। पर चित्रा जग ही रही थी। दोपहर से अरुणा बिना खाये-पिये बाहर थी, उसे नींद कैसे आती भला? मेस से उसका खाना लाकर उसे मेज पर ढँककर रख दिया था। अरुणा के आते ही वह उठ बैठी और पूछा, "बड़ी देर लग गयी, क्या हुआ रूनी!"

"वह बच्चा नहीं बचा, चित्रा। किसी तरह उसे नहीं बचा सके।" और उसका स्वर किसी गहरे दुख में डूब गया।

चित्रा ने माचिस लेकर लैम्प जलाया और स्टोव जलाने लगी, खाना गरम करने के लिए। तभी अरुणा ने कहा, "रहने दे चित्रा, मैं खाऊँगी नहीं, मुझे जरा भी भूख नहीं है।" और उसकी आँखें फिर छलछला आयीं।

बहुत ही स्नेह से अरुणा की पीठ थपथपाते हुए चित्रा ने कहा, "जो होना था सो हो गया, अब भूखे रहने से क्या होगा, थोड़ा-बहुत खा ले।"

"नहीं चित्रा, अब रहने दे, बस तू लैम्प बुझा दे।"

उसके बाद दो-तीन दिन तक अरुणा बहुत ही उदास रही, लेकिन समय के साथ-साथ वह गम भी जाता रहा, और सब काम ज्यों-का-त्यों चलने लगा।

चार बजते ही कॉलेज से सारी लड़कियाँ लौट आयीं, पर अरुणा नहीं लौटी। चित्रा चाय के लिए उसकी प्रतीक्षा कर रही थी। "पता नहीं कहाँ-कहाँ अटक जाती है, बस इसके पीछे बैठे रहा करो।"

"अरे, क्यों बड़-बड़ कर रही है। ले, मैं आ गयी। चल, बना चाय।"

"तेरे मनोज की चिट्ठी आयी है।"

"कहाँ, तूने तो पढ़ ही ली होगी फाड़कर।"

"चल हट, ऐसी बोर चिट्ठियाँ पढ़ने का फालतू समय किसके पास है? तुम्हारी चिट्ठियों में रहता ही क्या है जो कोई पढ़े। बड़े-बड़े आदर्श की बातें, मानो खत न हुआ लैक्चर हुआ।"

"अच्छा-अच्छा, तू लिखा करना रसभरी चिट्ठियाँ, हमें तो वह सब आता नहीं।" वह लिफाफा फाड़कर पत्र पढ़ने लगी। जब उसका पत्र समाप्त हो गया तो चित्रा बोली, "आज पिताजी का भी पत्र आया है, लिखा है जैसे ही यहाँ का कोर्स समाप्त हो जाय, मैं विदेश जा सकती हूँ। मैं तो जानती थी, पिताजी कभी मना नहीं करेंगे।"

"हाँ भाई! धनी पिता की इकलौती बिटिया ठहरी! तेरी इच्छा कभी टाली जा सकती है। पर सच कहती हूँ, मुझे तो यह सारी कला इतनी निरर्थक लगती है, इतनी बेमतलब लगती है कि बता नहीं सकती। किस काम की ऐसी कला, जो आदमी को आदमी न रहने दे।"

"तो तू मुझे आदमी नहीं समझती, क्यों?"

"तुझे दुनिया से कोई मतलब नहीं, दूसरों से कोई मतलब नहीं, बस चौबीस घण्टे अपने रंग और तूलियों में डूबी रहती है। दुनिया में बड़ी-से-बड़ी घटना घट जाय, पर यदि उनमें तेरे चित्र के लिए कोई आइडिया नहीं तो तेरे लिए वह घटना कोई महत्त्व

नहीं रखती। बस, हर घड़ी, हर जगह और हर चीज में से तू अपने चित्रों के लिए मॉडल खोजा करती है।"

"अरे, इस लगन को देखकर ही तो गुरुजी कहते हैं कि वह समय दूर नहीं, जब हिन्दुस्तान के कोने-कोने में मेरी शोहरत गूँज उठेगी। अमृता शेरगिल की तरह मेरा भी नाम गूँज उठे, बस यही तमन्ना है।"

"कागज पर इन निर्जीव चित्रों को बनाने की बजाय दो-चार की जिन्दगी क्यों नहीं बना देती, तेरे पास सामर्थ्य है, साधन हैं।"

"वह काम तो तेरे और मनोज के लिए छोड़ दिया है। तुम दोनों ब्याह कर लो और फिर जल्दी से सारी दुनिया का कल्याण करने के लिए झण्डा लेकर निकल पड़ना!" और चित्रा हँस पड़ी। फिर बोली–

"अच्छा, यह बता कि तेरे यह सब करने से ही क्या हो जाएगा? तूने अपनी अनोखी पाठशाला में दस-बीस बच्चे पढ़ा दिये, तो क्या निरक्षरता मिट जायगी, या झोंपड़ी में दस-बीस औरतों को हुनर सिखाकर कुछ कमाने लायक बना दिया तो उससे गरीबी मिट जायगी? अरे, यह सब काम एक के किये होते नहीं। जब तक समाज का सारा ढाँचा नहीं बदलता तब तक कुछ होने का नहीं, और ढाँचा ही बदल गया तो तेरे-मेरे कुछ करने की जरूरत नहीं, सब अपने-आप ही हो जाएगा।"

फिर दोनों में कला और जीवन को लेकर लम्बी-लम्बी बहसें होतीं और चित्रा अन्त में कान पर हाथ धरकर उठ जाती, "अच्छा-अच्छा, बन्द कर यह लेक्चरबाजी। बोर कहीं की!" पिछले पाँच वर्षों से इसी प्रकार चल रहा था। हर दस-बीस दिन बाद दोनों में अपने-अपने उद्देश्यों को लेकर, अपनी-अपनी दिनचर्या को लेकर एक गरमागरम बहस हो ही जाती, पर न वह उसकी बात का लोहा मानती थी, न वह उसकी बात की कायल होती थी।

तीन दिन से मूसलाधार वर्षा हो रही थी। रोज अखबारों में बाढ़ की बखरें आती थीं। बाढ़-पीड़ितों की दशा बिगड़ती जा रही थी, और वर्षा थी कि थमने का नाम ही नहीं लेती थी। अरुणा सारे दिन चन्दा इकट्ठा करने में व्यस्त रहती। एक दिन आखिर चित्रा ने कह ही दिया, "तेरे इम्तिहान सर पर आ रहे हैं, कुछ पढ़ती-लिखती तू है नहीं, सारे दिन बस भटकती रहती है। फेल हो गयी तो तेरे ससुर साहब क्या सोचेंगे कि इतना पैसा बेकार ही पानी में बहाया।"

"आज शाम को एक स्वयंसेवकों का दल जा रहा है, प्रिन्सिपल से अनुमति ले ली, मैं भी उनके साथ जा रही हूँ।" चित्रा की बात को बिना सुने उसने कहा।

शाम को अरुणा चली गयी। पन्द्रह दिन बाद वह लौटी तो उसकी हालत काफी खस्ता हो गयी थी। सूरत ऐसी निकल आयी थी मानो छह महीने से बीमार हो। चित्रा

उस समय अपने गुरुदेव के पास गयी हुई थी। अरुणा नहा-धोकर, खा-पीकर लेटने लगी, तभी उसकी नजर चित्रा के नये चित्रों की ओर गयी। तीन चित्र बने रखे थे, तीनों बाढ़ के चित्र थे। जो दृश्य वह अपनी आँखों से देखकर आ रही थी, वैसे ही दृश्य यहाँ भी अंकित थे। उसका मन जाने कैसा-कैसा हो आया। वहाँ लोगों के जीने के लाले पड़ रहे हैं और उसमें भी इसे चित्रकारी ही सूझती है। और न जाने कितनी बातें सोचते-सोचते वह सो गयी।

शाम को चित्रा लौटी तो अरुणा को देखकर बड़ी प्रसन्न हुई। "गनीमत है, तू लौट आयी। मैं तो सोच रही थी कि कहीं तू बाढ़-पीड़ितों की सेवा करती ही रह जाय और मैं जाने से पहले तुझसे मिल भी न पाऊँ।"

"क्यों, तेरा जाने का तय हो गया?"

"हाँ, अगले बुध को मैं घर जाऊँगी।" और बस एक सप्ताह बाद हिन्दुस्तान की सीमा के बाहर पहुँच जाऊँगी।" उल्लास उसके स्वर में छलका पड़ रहा था।

"सच कह रही है, तू चली जायगी चित्रा! छह साल से तेरे साथ रहते-रहते यह बात ही मैं तो भूल गयी कि कभी हमको अलग भी होना पड़ेगा। तू चली जाएगी तो मैं कैसे रहूँगी?"

"अरे, दो महीने बाद शादी कर लेगी, फिर याद भी न रहेगा कि कौन कम्बखत थी चित्रा! बड़ी लालसा थी तेरी शादी में आने की, पर अब तो आ नहीं सकूँगी। अच्छी तरह शादी करना, दोनों मिलकर सारे समाज का और सारे संसार का कल्याण करना।"

पर अरुणा के कानों में उसकी कोई भी बात नहीं पड़ रही थी। चित्रा के साथ बिताये हुए पिछले छह सालों के चित्र उसकी आँखों के सामने घूम रहे थे और वह उन्हीं में खोयी बैठी रही।

"क्या सोचने लगी रूनी! मनोज की याद आ गयी क्या?"

"चल हट! हर समय का मजाक अच्छा नहीं लगता।"

उस दिन रात में भी अरुणा अपने और चित्रा के बारे में ही सोचती रही। दोनों के आचार-विचार, रहन-सहन, रुचि आदि में जमीन-आसमान का अन्तर था, फिर भी कितना स्नेह था दोनों में। सारा हॉस्टल उनकी मित्रता को ईर्ष्या की नजर से देखता था। जब उसके बी॰ ए॰ के इम्तिहान थे तो चित्रा कितना खयाल रखती थी उसका। वह अक्सर चित्रा को डाँट दिया करती थी, पर कभी उसने बुरा नहीं माना। यही चित्रा अब चली जाएगी—बहुत-बहुत दूर। ये दो महीने भी कैसे निकालेगी? और यही सब सोचते-सोचते उसी नींद आ गयी।

आज चित्रा को जाना था। हॉस्टल से उसे बड़ी शानदार विदाई मिली थी। अरुणा

सवेरे से ही उसका सारा सामान ठीक कर रही थी। एक-एक करके चित्रा सबसे मिल आयी। बस गुरुजी के घर की तरफ चल पड़ी। तीन बज गये, पर वह लौटी नहीं। अरुणा उसका सारा काम समाप्त करके उसकी राह देख रही थी। और भी कई लड़कियाँ वहाँ जमा थीं, कुछ बार-बार आकर पूछ जाती थीं, चित्रा लौटी या नहीं। पाँच बजे की गाड़ी से वह जाने वाली है। अरुणा ने सोचा, वह खुद जाकर देख आये कि आखिर बात क्या हो गयी। तभी हड़बड़ाती-सी चित्रा ने प्रवेश किया, "बड़ी देर हो गयी ना! अरे क्या करूँ, बस, कुछ ऐसा हो गया कि रुकना ही पड़ा।

"आखिर क्या हो गया ऐसा, जो रुकना ही पड़ा, सुनें तो।" दो-तीन कण्ठ एक साथ बोले।

"गर्ग-स्टोर के सामने पेड़ के नीचे अक्सर एक भिखारिनी बैठी रहा करती थी ना, लौटी तो देखा कि वह वहीं मरी पड़ी है और उसके दोनों बच्चे उसके सूखे शरीर से चिपककर बुरी तरह रो रहे हैं। जाने क्या था उस सारे दृश्य में कि मैं अपने को रोक नहीं सकी—एक रफ-सा स्केच बना ही डाला। बस, इसी में इतनी देर हो गयी।" चर्चा इसी पर चल पड़ी, "कैसे मर गयी, कल तो उसे देखा था।" किसी ने दार्शनिक की मुद्रा में कहा, "अरे, जिन्दगी का क्या भरोसा, मौत कहकर थोड़े आती है।" आदि-आदि। पर इस सारी चर्चा से अरुणा कब खिसक गयी, कोई जान ही नहीं पाया।

साढ़े चार बजे और चित्रा हॉस्टल के फाटक पर आ गयी, पर तब तक अरुणा का कहीं पता नहीं था। बहुत सारी लड़कियाँ उसे छोड़ने को स्टेशन आयीं, पर चित्रा की आँखें बराबर अरुणा को ढूँढ़ रही थीं। उसे दृढ़ विश्वास था कि वह इस विदाई की वेला में उससे मिलने जरूर आएगी। पाँच भी बज गये, रेल चल पड़ी, अनेक रूमालों ने हिल-हिलकर चित्रा को विदाई दी, पर उसकी आँसू-भरी आँखें किसी और को ही ढूँढ़ रही थीं—पर अरुणा न आयी सो न आयी।

विदेश जाकर चित्रा तन-मन से अपने काम में जुट गयी। उसकी लगन ने उसकी कला को निखार दिया। विदेशों में उसके चित्रों की धूम मच गयी। भिखमंगी और दो अनाथ बच्चों के उस चित्र की प्रशंसा में तो अखबारों के कॉलम के कॉलम भर गये। शोहरत के ऊँचे कगार पर बैठ, चित्रा जैसे अपना पिछला सबकुछ भूल गयी। पहले वर्ष तो अरुणा से पत्र-व्यवहार बड़े नियमित रूप से चला, फिर कम होते-होते एकदम बन्द हो गया। पिछले एक साल से तो उसे यह भी नहीं मालूम कि वह कहाँ है। नयी कल्पनाएँ और नये-नये विचार उसे नवीन सृजन की प्रेरणा देते और वह उन्हीं में खोयी रहती। उसके चित्रों की प्रदर्शनियाँ होतीं। अनेक प्रतियोगिताओं में उसका 'अनाथ' शीर्षकवाला चित्र प्रथम पुरस्कार पा चुका था। जाने क्या था उस चित्र में, जो देखता,

वही चकित रह जाता। दुख-दारिद्र्य और करुणा जैसे साकार हो उठे थे। तीन साल बाद जब वह भारत लौटी तो बड़ा स्वागत हुआ उसका। अखबारों में उसकी कला पर, उसके जीवन पर अनेक लेख छपे। पिता अपनी इकलौती बिटिया की इस कामयाबी पर गद्गद थे—समझ नहीं पा रहे थे कि उसे कहाँ-कहाँ उठायें, बिठायें। दिल्ली में उसके चित्रों की प्रदर्शनी का विराट् आयोजन किया गया। उद्घाटन करने के लिए उसे ही बुलाया गया था। उस प्रदर्शनी को देखने के लिए जनता उमड़ पड़ी थी, भूरि-भूरि प्रशंसा हो रही थी और चित्रा को लग रहा था, जैसे उसके सपने साकार हो गये।

उस भीड़-भाड़ में अचानक उसकी भेंट अरुणा से हो गयी। "रूनी!" कहकर वह भीड़ की उपस्थिति को भूलकर अरुणा के गले से लिपट गयी। "तुझे कब से चित्र देखने का शौक हो गया, रूनी!"

"चित्रों को नहीं, चित्रा को देखने आयी थी। तू तो एकदम भूल ही गयी।"

"अरे, ये बच्चे किसके हैं?" दो प्यारे-से बच्चे अरुणा से सटे खड़े थे। लड़के की उम्र दस साल की होगी तो लड़की की कोई आठ।

"मेरे बच्चे हैं, और किसके! ये तुम्हारी चित्रा मासी हैं, नमस्ते करो, अपनी मासी को।" अरुणा ने आदेश दिया।

बच्चों ने बड़ी अदा से नमस्ते किया। पर चित्रा अवाक् होकर कभी उनका और कभी अरुणा का मुँह देख रही थी। वह सारी बात का कुछ तुक नहीं मिला पा रही थी। तभी अरुणा ने टोका, "कैसी मासी है, प्यार तो कर।" और चित्रा ने दोनों के सिर पर हाथ फेरा। प्यार का जरा-सा सहारा पाकर लड़की चित्रा की गोदी में जा चढ़ी। अरुणा ने कहा, "तुम्हारी ये मासी बहुत अच्छी तस्वीरें बनाती हैं, ये सारी तस्वीरें इन्हीं की बनायी हुई हैं।"

"सच?" आश्चर्य से बच्ची बोल पड़ी। "तब तो मासी, तुम जरूर ड्राइंग में फर्स्ट आती होगी। मैं भी अपनी क्लास में फर्स्ट आती हूँ—तुम हमारे घर आओगी तो अपनी कॉपी दिखाऊँगी।" बच्ची के स्वर में मुकाबले की भावना थी। चित्रा और अरुणा इस बात पर हँस पड़ीं।

"आप हमें सब तस्वीरें दिखाइये मासी, समझा-समझाकर।" बच्चे ने फरमाइश की। चित्रा समझाती तो क्या, यों ही तस्वीरें दिखाने लगी। घूमते-घूमते वे उसी भिखारिनीवाली तस्वीर के सामने आ पहुँचे। चित्रा ने कहा, "यही वह तस्वीर है रूनी, जिसने मुझे इतनी प्रसिद्धि दी।"

"ये बच्चे रो क्यों रहे हैं मासी?" तस्वीर को ध्यान से देखकर बालिका ने कहा।

"इनकी माँ मर गयी, देखती नहीं मरी पड़ी है। इतना भी नहीं समझती!" बालक ने मौका पाते ही अपने बड़प्पन की छाप लगायी।

"ये सचमुच के बच्चे थे मासी?" बालिका का स्वर करुण से करुणतर होता जा रहा था।

"अरे, सचमुच के बच्चों को देखकर ही तो बनायी थी यह तस्वीर।"

"हाय राम! इनकी माँ मर गयी तो फिर इन बच्चों का क्या हुआ?" बालक ने पूछा।

"मांसी, हमें ऐसी तस्वीर नहीं, अच्छी-अच्छी तस्वीरें दिखाओ, राजा-रानी की, परियों की–" उस तस्वीर को और अधिक देर तक देखना बच्ची के लिए असह्य हो उठा था। तभी अरुणा के पति आ पहुँचे। परिचय हुआ। सारधारण बातचीत के पश्चात् अरुणा ने दोनों बच्चों को उसके हवाले करते हुए कहा, "आप जरा बच्चों को प्रदर्शनी दिखाइये, मैं चित्रा को लेकर घर चलती हूँ।"

बच्चे इच्छा न रहते हुए भी पिता के साथ विदा हुए। चित्रा को दोनों बच्चे बड़े ही प्यारे लगे। वह उन्हें एकटक देखती रही। जैसे ही वे आँखों से ओझल हुए, उसने पूछा, "सच-सच बता, रूनी! ये प्यारे-प्यारे बच्चे किसके हैं?"

"कहा तो, मेरे।" अरुणा ने हँसते हुए कहा।

"अरे, बताओ ना! मुझे ही बेवकूफ बनाने चली है।"

एक क्षण रुककर अरुणा ने कहा, "बता दूँ?" और फिर उस भिखारिनीवाले चित्र के दोनों बच्चों पर अँगुली रखकर बोली, "ये ही वे दोनों बच्चे हैं।"

"क्याऽऽऽ!" विस्मय से चित्रा की आँखें फैली-की-फैली रह गयीं।

"क्या सोच रही है, चित्रा?"

"कुछ नहीं–मैं....मैं सोच रही थी कि...." पर शब्द शायद उसके विचारों में ही खो गये।

उषा प्रियंवदा

(1931 ई॰)

हिन्दी कहानी जगत में उषा प्रियंवदा का आगमन एक ऐतिहासिक घटना के समान है। मूलतः अंग्रेजी की लेक्चरर रही प्रियंवदा जी ने हिन्दी में श्रेष्ठा साहित्य का सर्जन किया है। आपके कथा-साहित्य में नारी संवेदना के नए आयाम चित्रित हुए हैं। आपकी भावाभिव्यक्ति में भी वैचारिक गरिमा के दर्शन होते हैं। आपकी रचनाओं में प्रतीक विधान और सांकेतिकता का सहजता एवं सुबोधता के साथ प्रयोग हुआ है।

आपके रचना संसार में 'जिन्दगी और गुलाब के फूल','एक कोई दूसरा' (कहानी-संग्रह); 'पचपन खम्भे लाल दीवारें', 'रुकोगी नहीं राधिका' (उपन्यास) आदि बहुचर्चित रहे हैं।

वापसी

नगरबोध की कहानियों में 'वापसी' कहानी का बड़ा ही महात्त्वपूर्ण स्थान है। पैंतीस साल की नौकरी के बाद गजाधर बाबू परिवार में बड़ी खुशी से लौटते हैं। परन्तु अपने ही परिवार में गजाधर बाबू अजनबी बन जाते हैं। उस परिवार में उनको वही स्थान मिलता है जो पुराने फर्नीचर का होता है। अतः गजाधर बाबू किसी कारखाने में नौकरी करने हेतु 'वापसी' के लिए विवश हैं। नये युग की नई पीढ़ी की दृष्टि में पुरानी पीढ़ी नगण्य हो रही है। अतः गजाधर बाबू की वापसी पर किसी की आँखों से आँसू नहीं बहते, पूरे परिवेश में विषाद की ऐसी छाया है जो क्रमशः गहरी होती जाती है।

वापसी

गजाधर बाबू ने कमरे में जमा सामान पर एक नजर दौड़ायी—दो बक्स, डोलची, बालटी—"यह डिब्बा कैसा है, गनेशी?" उन्होंने पूछा। गनेशी बिस्तर बाँधता हुआ, कुछ गर्व, कुछ दुःख, कुछ लज्जा से बोला, "घरवाली ने साथ को कुछ बेसन के लड्डू रख दिये हैं। कहा, बाबूजी को पसन्द थे, अब कहाँ हम गरीब लोग आपकी कुछ खातिर कर पायँगे!" घर जाने की खुशी में भी गजाधर बाबू ने एक विषाद का अनुभव किया, जैसे एक परिचित, स्नेह, आदरमय, सहज संसार से उनका नाता टूट रहा था।

"कभी-कभी हम लोगों की भी खबर लेते रहिएगा।" गनेशी बिस्तर में रस्सी बाँधता हुआ बोला।

"कभी कुछ जरूरत हो तो लिखना गनेशी! इस अगहन तक बिटिया की शादी कर दो।"

गनेशी ने अँगोछे के छोर से आँखें पोंछीं, "अब आप लोग सहारा न देंगे, तो कौन देगा! आप यहाँ रहते तो शादी में कुछ हौसला रहता।"

गजाधर बाबू चलने को तैयार बैठे थे। रेलवे क्वार्टर का वह कमरा, जिसमें उन्होंने कितने वर्ष बिताये थे, उनका सामान हट जाने से कुरूप और भद्दा लग रहा था। आँगन में रोपे पौधे भी जान-पहचान के लोग ले गये थे, वहाँ जगह-जगह मिट्टी बिखरी हुई थी। पर पत्नी, बाल-बच्चों के साथ रहने की कल्पना में यह बिछोह एक दुर्बल लहर की तरह उठकर विलीन हो गया।

गजाधर बाबू खुश थे, बहुत खुश। पैंतीस साल की नौकरी के बाद वह रिटायर होकर जा रहे थे। इन वर्षों में अधिकांश समय उन्होंने अकेले रहकर काटा था। उन अकेले क्षणों में उन्होंने इसी समय की कल्पना की थी, जब वह अपने परिवार के साथ रह सकेंगे। इसी आशा के सहारे वह अपने अभाव का बोझ ढो रहे थे। संसार की दृष्टि में उनका जीवन सफल कहा जा सकता था। उन्होंने शहर में एक मकान बनवा लिया था, बड़े लड़के अमर और लड़की कान्ति की शादियाँ कर दी थीं, दो बच्चे ऊँची कक्षाओं में पढ़ रहे थे। गजाधर बाबू नौकरी के कारण प्रायः छोटे स्टेशनों पर रहे और

उनके बच्चे और पत्नी शहर में, जिससे पढ़ाई में बाधा न हो। गजाधर बाबू स्वभाव से बहुत स्नेही व्यक्ति थे और स्नेह के आकांक्षी भी। जब परिवार साथ था, ड्यूटी से लौटकर बच्चों से हँसते-बोलते, पत्नी से कुछ मनोविनोद करते—उन सबके चले जाने से उनके जीवन में गहन सूनापन भर उठता। खाली क्षणों में उनसे घर में टिका न जाता। कवि-प्रकृति के न होने पर भी उन्हें पत्नी की स्नेहपूर्ण बातें याद आती रहतीं। दोपहर में गर्मी होने पर भी, दो बजे तक आग जलाये रहती और उनके स्टेशन से वापस आने पर गरम-गरम रोटियाँ सेंकती—उनके खा चुकने और मना करने पर भी थोड़ा-सा कुछ और थाली में परोस देती, और बड़े प्यार से आग्रह करती। जब वह थके-हारे बाहर से आते, तो उनकी आहट पा वह रसोई के द्वार पर निकल आती और उसकी सलज्ज आँखें मुस्करा उठतीं। गजाधर बाबू को तब हर छोटी बात याद आती और वह उदास हो उठते....अब कितने वर्षों बाद वह अवसर आया था, जब वह फिर उसी स्नेह और आदर के मध्य रहने जा रहे थे।

टोपी उतारकर गजाधर बाबू ने चारपाई पर रख दी, जूते खोलकर नीचे खिसका दिये, अन्दर से रह-रहकर कहकहों की आवाज आ रही थी। इतवार का दिन था और उनके सब बच्चे इकट्ठे होकर नाश्ता कर रहे थे। गजाधर बाबू के सूखे चेहरे पर स्निग्ध मुस्कान आ गयी, उसी तरह मुस्कराते हुए वह बिना खाँसे अन्दर चले आये। उन्होंने देखा कि नरेन्द्र कमर पर हाथ रखे शायद गत रात्रि की फिल्म में देखे गये किसी नृत्य की नकल कर रहा था और बसन्ती हँस-हँसकर दुहरी हो रही थी। अमर की बहू को अपने तन-बदन, आँचल या घूँघट का कोई होश न था और वह उन्मुक्त रूप से हँस रही थी। गजाधर बाबू को देखते ही नरेन्द्र धप-से बैठ गया और चाय का प्याला मुँह से लगा लिया। बहू को होश आया और उसने झट माथा ढक लिया, केवल बसन्ती का शरीर रह-रहकर हँसी दबाने के प्रयत्न में हिलता रहा।

गजाधर बाबू ने मुस्कराते हुए उन लोगों को देखा। फिर कहा, "क्यों नरेन्द्र, क्या नकल हो रही थी?" "कुछ नहीं बाबूजी!" नरेन्द्र ने सिटपिटाकर कहा। गजाधर बाबू ने चाहा था कि वह भी इस मनोविनोद में भाग लेते, पर उनके आते ही जैसे सब कुण्ठित हो चुप हो गये, उससे उनके मन में थोड़ी-सी खिन्नता उपज आयी। बैठते हुए बोले, "बसन्ती, चाय मुझे भी देना। तुम्हारी अम्माँ की पूजा अभी चल रही है क्या?"

बसन्ती ने माँ की कोठरी की ओर देखा, "अभी आती ही होंगी," और प्याले में उनके लिए चाय छानने लगी। बहू चुपचाप पहले ही चली गयी थी, अब नरेन्द्र भी चाय का आखिरी घूँट पीकर उठ खड़ा हुआ। केवल बसन्ती, पिता के लिहाज में, चौके

में बैठी माँ की राह देखने लगी। गजाधर बाबू ने एक घूँट चाय पी ली, फिर कहा, "बिट्टी, चाय तो फीकी है।"

"लाइए, चीनी और डाल दूँ।" बसन्ती बोली।

"रहने दो, तुम्हारी अम्मा जब आएँगी, तभी पी लूँगा।"

थोड़ी देर में उनकी पत्नी हाथ के अर्घ्य का लोटा लिये निकलीं और अशुद्ध स्तुति कहते हुए तुलसी में डाल दिया। उन्हें देखते ही बसन्ती भी उठ गयी। पत्नी ने आकर गजाधर बाबू को देखा और कहा, "अरे, आप अकेले बैठे हैं–ये सब कहाँ गये?" गजाधर बाबू के मन में फाँस-सी करक उठी, "अपने-अपने काम में लग गये हैं–आखिर बच्चे ही हैं।"

पत्नी आकर चौके में बैठ गयीं; उन्होंने नाक-भौं चढ़ाकर चारों ओर जूठे बर्तनों को देखा। फिर कहा, "सारे जूठे बर्तन पड़े हैं। इस घर में धरम-करम कुछ नहीं। पूजा करके सीधे चौके में घुसो।" फिर उन्होंने नौकर को पुकारा, जब उत्तर न मिला तो एक बार और उच्च स्वर में, फिर पति की ओर देखकर बोलीं, "बहू ने भेजा होगा बाजार।" और एक लम्बी साँस लेकर चुप हो रहीं।

गजाधर बाबू बैठकर चाय और नाश्ते का इन्तजार करते रहे। उन्हें अचानक ही गनेशी की याद आ गयी। रोज सुबह, पैसेंजर आने से पहले वह गरम-गरम पूरियाँ और जलेबी बनाता था। गजाधर बाबू जब तक उठकर तैयार होते, उनके लिए जलेबियाँ और चाय लाकर रख देता था। चाय भी कितनी बढ़िया, काँच के गिलास में ऊपर तक भरी लबालब, पूरे ढाई चम्मच चीनी और गाढ़ी मलाई। पैसेंजर भले ही रानीपुर लेट पहुँचे, गनेशी ने चाय पहुँचाने में देर नहीं की। क्या मजाल कि कभी उससे कुछ कहना पड़े!

पत्नी का शिकायत-भरा स्वर सुन उनके विचारों में व्याघात पहुँचा। वह कह रही थीं, "सारा दिन इसी खिच-खिच में निकल जाता है। इस गृहस्थी का धन्धा पीटते-पीटते उमर बीत गयी। कोई जरा हाथ भी नहीं बँटाता।"

"बहू क्या करती है?" गजाधर बाबू ने पूछा।

"पड़ी रहती है। बसन्ती को तो, फिर कहो कि कॉलेज जाना होता है।"

गजाधर बाबू ने जोश में आकर बसन्ती को आवाज दी। बसन्ती भाभी के कमरे से निकली तो गजाधर बाबू ने कहा, "बसन्ती, आज से शाम का खाना बनाने की जिम्मेदारी तुम पर है। सुबह का भोजन तुम्हारी भाभी बनायेगी।"

बसन्ती मुँह लटकाकर बोली, "बाबूजी, पढ़ना भी तो होता है।"

गजाधर बाबू ने प्यार से समझाया, "तुम सुबह पढ़ लिया करो। तुम्हारी माँ बूढ़ी हुईं, उनके शरीर में अब वह शक्ति नहीं बची है। तुम हो, तुम्हारी भाभी हैं, दोनों को मिलकर काम में हाथ बँटाना चाहिए।"

बसन्ती चुप रह गयी। उसके जाने के बाद उसकी माँ ने धीरे से कहा, "पढ़ने का तो बहाना है। कभी जी ही नहीं लगता, लगे कैसे, शीला से ही फुरसत नहीं, बड़े-बड़े लड़के हैं उस घर में, हर वक्त वहाँ घुसा रहना मुझे नहीं सुहाता। मना करूँ तो सुनती नहीं।"

नाश्ता कर गजाधर बाबू बैठक में चले गये। घर छोटा था और ऐसी व्यवस्था हो चुकी थी कि उसमें गजाधर बाबू के रहने के लिए कोई स्थान न बचा था। जैसे किसी मेहमान के लिए कुछ अस्थायी प्रबन्ध कर दिया जाता है, उसी प्रकार बैठक में कुर्सियों को दीवार से सटाकर बीच में गजाधर बाबू के लिए पतली-सी चारपाई डाल दी गयी थी। गजाधर बाबू उस कमरे में पड़े-पड़े, कभी-कभी अनायास ही, इस अस्थायित्व का अनुभव करने लगते। उन्हें याद हो आती उन रेलगाड़ियों की, जो आतीं और थोड़ी देर रुककर किसी और लक्ष्य की ओर चली जातीं।

घर छोटा होने के कारण बैठक में ही अब अपना प्रबन्ध किया था। उनकी पत्नी के पास अन्दर एक छोटा कमरा अवश्य था, पर वह एक ओर अचारों के मर्तबान, दाल, चावल के कनस्तर और घी के डिब्बों से घिरा था; दूसरी ओर पुरानी रजाइयाँ, दरियों में लिपटी और रस्सी से बँधी रखी थीं; उसके पास एक बड़े-से टीन के बक्स में घर-भर के गरम कपड़े थे। बीच में एक अलगनी बँधी हुई थी, जिस पर प्रायः बसन्ती के कपड़े लापरवाही से पड़े रहते थे। वह भरसक उस कमरे में नहीं जाते थे। घर का दूसरा कमरा अमर और उसकी बहू के पास था, तीसरा कमरा, जो सामने की ओर था, बैठक था। गजाधर बाबू के आने से पहले उसमें अमर की ससुराल से आया बेंत की तीन कुर्सियों का सेट पड़ा था, कुर्सियों पर नीली गद्दियाँ और बहू के हाथों के कढ़े कुशन थे।

जब कभी उनकी पत्नी को कोई लम्बी शिकायत करनी होती, तो अपनी चटाई बैठक में डाल पड़ जाती थीं। वह एक दिन चटाई लेकर आ गयीं। गजाधर बाबू ने घर-गृहस्थी की बातें छेड़ीं, वह घर का रवैया देख रहे थे। बहुत हल्के-से उन्होंने कहा कि अब हाथ में पैसा कम रहेगा, कुछ खर्च कम होना चाहिए।

"सभी खर्च तो वाजिब-वाजिब हैं, किसका पेट काटूँ? यही जोड़-गाँठ करते-करते बूढ़ी हो गयी, न मन का पहना, न ओढ़ा।"

गजाधर बाबू ने आहत, विस्मित दृष्टि से पत्नी को देखा। उनसे अपनी हैसियत छिपी न थी। उनकी पत्नी तंगी का अनुभव कर उसका उल्लेख करतीं, यह स्वाभाविक था, लेकिन उनमें सहानुभूति का पूर्ण अभाव गजाधर बाबू को बहुत खटका। उनसे यदि राय-बात की जाती कि प्रबन्ध कैसे हो, तो उन्हें चिन्ता कम, सन्तोष अधिक होता। लेकिन उनसे तो केवल शिकायत की जाती थी, जैसे परिवार की सब परेशानियों के लिए वही जिम्मेदार थे।

"तुम्हें किस बात की कमी है अमर की माँ—घर में बहू है, लड़के-बच्चे हैं, सिर्फ़ रुपये से ही आदमी अमीर नहीं होता।" गजाधर बाबू ने कहा और कहने के साथ ही अनुभव किया। यह उनकी आन्तरिक अभिव्यक्ति थी—ऐसी कि उनकी पत्नी नहीं समझ सकतीं। "हाँ, बड़ा सुख है न बहू से। आज रसोई करने गयी है, देखो क्या होता है?" कहकर पत्नी ने आँखें मूँदीं और सो गयीं। गजाधर बाबू बैठे हुए पत्नी को देखते रह गये। यही थी क्या उनकी पत्नी, जिसके हाथों के कोमल स्पर्श, जिसकी मुस्कान की याद में उन्होंने सम्पूर्ण जीवन काट दिया था? उन्हें लगा कि वह लावण्यमती युवती जीवन की राह में कहीं खो गयी और उसकी जगह आज जो स्त्री है, वह उनके मन और प्राणों के लिए नितान्त अपरिचित है। गाढ़ी नींद में डूबी उनकी पत्नी का भारी-सा शरीर बहुत बेडौल और कुरूप लग रहा था, चेहरा श्रीहीन और रूखा था। गजाधर बाबू देर तक निस्संग दृष्टि से पत्नी को देखते रहे और फिर लेटकर छत की ओर ताकने लगे।

अन्दर कुछ गिरा और उनकी पत्नी हड़बड़ाकर उठ बैठीं, "लो, बिल्ली ने कुछ गिरा दिया शायद," और वह अन्दर भागीं। थोड़ी देर में लौटकर आयीं तो उनका मुँह फूला-फूला हुआ था, "देखा बहू को, चौका खुला छोड़ आयी, बिल्ली ने दाल की पतीली गिरा दी। सभी तो खाने को हैं, अब क्या खिलाऊँगी?" वह साँस लेने को रुकीं और बोलीं, "एक तरकारी और चार पराँठे बनाने में सारा डिब्बा घी उँड़ेलकर रख दिया। ज़रा-सा दर्द नहीं है, कमानेवाला हाड़ तोड़े और यहाँ चीज़ें लुटें। मुझे तो मालूम था कि यह सब काम किसी के बस का नहीं है।"

गजाधर बाबू को लगा कि पत्नी कुछ और बोलेंगी तो उनके कान झनझना उठेंगे। ओठ भींच, करवट लेकर उन्होंने पत्नी की ओर पीठ कर ली।

रात का भोजन बसन्ती ने जान-बूझकर ऐसा बनाया था कि कौर तक निगला न जा सके। गजाधर बाबू चुपचाप खाकर उठ गये, पर नरेन्द्र थाली सरकाकर उठ खड़ा हुआ और बोला, "मैं ऐसा खाना नहीं खा सकता।"

बसन्ती तुनककर बोली, "तो न खाओ, कौन तुम्हारी खुशामद करता है!"

"तुमसे खाना बनाने को कहा किसने था?" नरेन्द्र चिल्लाया।

"बाबूजी ने।"

"बाबूजी को बैठे-बैठे यही सूझता है।"

बसन्ती को उठाकर माँ ने नरेन्द्र को मनाया और अपने हाथ से कुछ बनाकर खिलाया। गजाधर बाबू ने बाद में पत्नी से कहा, "इतनी बड़ी लड़की हो गयी और उसे खाना बनाने तक का शऊर नहीं आया!"

"अरे आता सब कुछ है, करना नहीं चाहती।" पत्नी ने उत्तर दिया।

अगली शाम माँ को रसोई में देख, कपड़े बदलकर बसन्ती बाहर आयी, तो बैठक में गजाधर बाबू ने टोक दिया, "कहाँ जा रही हो?"

"पड़ोस में, शीला के घर" बसन्ती ने कहा।

"कोई जरूरत नहीं है, अन्दर जाकर पढ़ो।" गजाधर बाबू ने कड़े स्वर में कहा। कुछ देर अनिश्चित खड़े रहकर बसन्ती अन्दर चली गयी। गजाधर बाबू शाम को रोज टहलने चले जाते, लौटकर आये तो पत्नी ने कहा, "क्या कह दिया बसन्ती से? शाम से मुँह लपेटे पड़ी है। खाना भी नहीं खाया।"

गजाधर बाबू खिन्न हो आये। पत्नी की बात का उन्होंने कुछ उत्तर नहीं दिया। उन्होंने मन में निश्चय कर लिया कि बसन्ती की शादी जल्द ही कर देनी है। उस दिन के बाद बसन्ती पिता से बची-बची रहने लगी। जाना होता तो पिछवाड़े से जाती। गजाधर बाबू ने दो-एक बार पत्नी से पूछा तो उत्तर मिला, "रूठी हुई है।" गजाधर बाबू को और रोष हुआ। लड़की के इतने मिजाज, जाने को रोक दिया तो पिता से बोलेगी नहीं! फिर उनकी पत्नी ने ही सूचना दी कि अमर अलग रहने की सोच रहा है।

"क्यों?" गजाधर बाबू ने चकित होकर पूछा।

पत्नी ने साफ़-साफ़ उत्तर नहीं दिया। अमर और उसकी बहू की शिकायतें बहुत थीं। उनका कहना था कि गजाधर बाबू हमेशा बैठक में ही पड़े रहते हैं, कोई आने-जाने वाला हो तो कहीं बिठाने की जगह नहीं। अमर को अब भी छोटा-सा समझते थे और मौके-बेमौके टोक देते थे। बहू को काम करना पड़ता था और सास जब-तब फूहड़पन पर ताने देती रहती थीं। "हमारे आने के पहले भी कभी ऐसी बात हुई थी?" गजाधर बाबू ने पूछा। पत्नी ने सिर हिलाकर जताया कि नहीं। पहले अमर घर का मालिक बनकर रहता था, बहू को कोई रोक-टोक न थी, अमर के दोस्तों का प्रायः यहीं अड्डा जमा रहता था और अन्दर से नाश्ता-चाय तैयार होकर जाता रहता था। बसन्ती को भी वही अच्छा लगता था।

गजाधर बाबू ने बहुत धीरे से कहा, "अमर से कहो, जल्दबाजी की कोई जरूरत नहीं है।"

अगले दिन वह सुबह घूमकर लौटे तो उन्होंने पाया कि बैठक में उनकी चारपाई नहीं है। अन्दर आकर पूछने ही वाले थे कि उनकी दृष्टि रसोई के अन्दर बैठी पत्नी पर पड़ी। उन्होंने यह कहने को मुँह खोला कि बहू कहाँ है; पर कुछ याद कर चुप हो गये। पत्नी की कोठरी में झाँका तो अचार, रजाइयों और कनस्तरों के मध्य अपनी चारपाई लगी पायी। गजाधर बाबू ने कोट उतारा और कहीं टाँगने को दीवार पर नज़र दौड़ायी। फिर उसे मोड़कर अलगनी के कुछ कपड़े खिसकाकर, एक किनारे टाँग दिया। कुछ खाये बिना ही अपनी चारपाई पर लेट गये। कुछ भी हो, तन आखिरकार बूढ़ा ही था। सुबह-शाम कुछ दूर टहलने अवश्य चले जाते, पर आते-जाते थक उठते थे। गजाधर बाबू को अपना बड़ा-सा, खुला हुआ क्वार्टर याद आ गया। निश्चित जीवन, सुबह पैसेंजर ट्रेन आने पर स्टेशन की चहल-पहल, चिर-परिचित चेहरे और पटरी पर रेल के पहियों की खट्-खट्, जो उनके लिए मधुर संगीत की तरह थी। तूफान और डाक गाड़ी के इंजनों की चिंघाड़ उनकी अकेली रातों की साथी थी। सेठ रामजीमल के मिल के कुछ लोग कभी-कभी पास आ बैठते, वही उनका दायरा था, वही उनके साथी। वह जीवन अब उन्हें एक खोयी निधि-सा प्रतीत हुआ। उन्हें लगा कि वह जिन्दगी द्वारा ठगे गये हैं। उन्होंने जो कुछ चाहा, उसमें से उन्हें एक बूँद भी न मिली।

लेटे हुए वह घर के अन्दर से आते विविध स्वरों को सुनते रहे। बहू और सास की छोटी-सी झड़प, बालटी पर खुले नल की आवाज, रसोई के बर्तनों की खटपट और उसी में दो गौरैयों का वार्तालाप—और अचानक ही उन्होंने निश्चय कर लिया कि अब घर की किसी बात में दखल न देंगे। यदि गृहस्वामी के लिए पूरे घर में एक चारपाई की जगह यहीं है, तो यहीं पड़े रहेंगे। अगर कहीं और डाल दी गयी तो वहाँ चले जाएँगे। यदि बच्चों के जीवन में उनके लिए कहीं स्थान नहीं, तो अपने ही घर में परदेशी की तरह रहेंगे...और उस दिन के बाद सचमुच गजाधर बाबू कुछ नहीं बोले। नरेन्द्र माँगने आया तो बिना कारण पूछे ही उसे रुपये दे दिये—बसन्ती काफी अँधेरा हो जाने के बाद भी पड़ोस में रही तो भी उन्होंने कुछ नहीं कहा—पर उन्हें सबसे बड़ा गम यह था कि उनकी पत्नी ने भी उनमें कुछ परिवर्तन लक्ष्य नहीं किया। वह मन-ही-मन कितना भार ढो रहे हैं, इससे वह अनजान ही बनी रहीं। बल्कि उन्हें पति के घर के मामले में हस्तक्षेप न करने के कारण शान्ति ही थी। कभी-कभी कह भी

उठतीं, "ठीक ही है। आप बीच में न पड़ा कीजिए, बच्चे बड़े हो गये हैं, हमारा जो कर्तव्य था, कर रहे हैं, पढ़ा रहे हैं। शादी कर देंगे।"

गजाधर बाबू ने आहत दृष्टि से पत्नी को देखा। उन्होंने अनुभव किया कि वह पत्नी व बच्चों के लिए केवल धनोपार्जन के निमित्त मात्र हैं। जिस व्यक्ति के अस्तित्व से पत्नी माँग में सिन्दूर डालने की अधिकारी है, समाज में उसकी प्रतिष्ठा है, उनके सामने वह दो वक्त भोजन की थाली रख देने से सारे कर्तव्यों से छुट्टी पा जाती है। वह घी और चीनी के डिब्बों में इतनी रमी हुई है कि अब वही उनकी सम्पूर्ण दुनिया बन गयी है। गजाधर बाबू उनके जीवन के केन्द्र नहीं हो सकते, उन्हें तो अब बेटी की शादी के लिए भी उत्साह बुझ गया। किसी बात में हस्तक्षेप न करने के निश्चय के बाद भी उनका अस्तित्व उस वातावरण का एक भाग न बन सका। उनकी उपस्थिति उस घर में ऐसी असंगत लगने लगी थी, जैसे सजी हुई बैठक में उनकी चारपाई थी। उनकी सारी खुशी एक गहरी उदासीनता में डूब गयी।

इतने सब निश्चयों के बावजूद गजाधर बाबू एक दिन बीच में दख़ल दे बैठे। पत्नी स्वभावानुसार नौकर की शिकायत कर रही थीं, "कितना कामचोर है, बाजार की हर चीज में पैसा बनाता है, खाने बैठता है तो खाता ही चला जाता है।" गजाधर बाबू को बराबर यह महसूम होता रहता था कि उनके घर का रहन-सहन और खर्च उनकी हैसियत के कहीं ज्यादा है। पत्नी की बात सुनकर लगा कि नौकर का ख़र्च बिल्कुल बेकार है। छोटा-मोटा काम है घर में तीन मर्द हैं, कोई-न-कोई कर ही देगा। उन्होंने उसी दिन नौकर का हिसाब कर दिया। अमर दफ्तर से आया तो नौकर को पुकारने लगा। अमर की बहू बोली, "बाबूजी ने नौकर छुड़ा दिया है।"

"क्यों?"

"कहते हैं, खर्च बहुत है।"

यह वार्तालाप बहुत सीधा-सा था, पर जिस टोन में बहू बोली, गजाधर बाबू को खटक गया। उस दिन जी भारी होने के कारण गजाधर बाबू टहलने नहीं गये थे। आलस्य में उठकर बत्ती भी नहीं जलायी—इस बात से बेखबर नरेन्द्र माँ से कहने लगा, "अम्माँ, तुम बाबूजी से कहतीं क्यों नहीं? बैठे-बिठाये कुछ नहीं तो नौकर ही छुड़ा दिया। अगर बाबूजी यह समझें कि मैं साइकिल पर गेहूँ रख आटा पिसाने जाऊँगा, तो मुझसे यह नहीं होगा।"—"हाँ अम्माँ," बसन्ती का स्वर था, "मैं कॉलिज भी जाऊँ और लौटकर घर में झाडू भी लगाऊँ, यह मेरे बस की बात नहीं है।"

"बूढ़े आदमी हैं," अमर भुनभुनाया, "चुपचाप पड़े रहें। हर चीज में दखल क्यों

देते हैं?" पत्नी ने बड़े व्यंग्य से कहा, "और कुछ नहीं सूझा, तो तुम्हारी बहू को चौके में भेज दिया। वह गयी तो पन्द्रह दिन का राशन पाँच दिन में बनाकर रख दिया।" बहू कुछ कहे, इससे पहले वह चौके में घुस गयीं। कुछ देर में अपनी कोठरी में आयीं और बिजली जलायी तो गजाधर बाबू को लेटे देख बड़ी सिटपिटायीं। गजाधर बाबू की मुख-मुद्रा से वह उनके भावों का अनुमान न लगा सकीं। वह चुप, आँखें बन्द किये लेटे रहे।

गजाधर बाबू चिट्ठी हाथ में लिये अन्दर आये और पत्नी को पुकारा। वह भीगे हाथ लिये निकलीं और आँचल से पोंछती हुई पास आ खड़ी हुईं। गजाधर बाबू ने बिना किसी भूमिका के कहा, "मुझे सेठ रामजीमल की चीनी मिल में नौकरी मिल गयी है। खाली बैठे रहने से तो चार पैसे घर में आयें, वही अच्छा है। उन्होंने तो पहले ही कहा था, मैंने ही मना कर दिया था।" फिर कुछ रुककर, जैसे बुझी हुई आग में एक चिनगारी चमक उठे, उन्होंने धीमे स्वर में कहा, "मैंने सोचा था कि बरसों तुम सबसे अलग रहने के बाद अवकाश पाकर परिवार के साथ रहूँगा। खैर, परसों जाना है। तुम भी चलोगी?"

"मैं?" पत्नी ने सकपकाकर कहा, "मैं चलूँगी तो यहाँ का क्या होगा? इतनी बड़ी गृहस्थी, फिर सयानी लड़की...."

बात बीच में काट गजाधर बाबू ने हताश स्वर में कहा, "ठीक है, तुम यहीं रहो। मैंने तो ऐसे ही कहा था।" और गहरे मौन में डूब गये।

नरेन्द्र ने बड़ी तत्परता से बिस्तर बाँधा और रिक्शा बुला लाया। गजाधर बाबू का टीन का बक्स और पतला-सा बिस्तर उस पर रख दिया गया। नाश्ते के लिए लड्डू और मठरी की डलिया हाथ में लिये गजाधर बाबू रिक्शे पर बैठ गये। दृष्टि उन्होंने अपने परिवार पर डाली फिर दूसरी ओर देखने लगे और रिक्शा चल पड़ा। उनके जाने के बाद सब अन्दर लौट आये, बहू ने अमर से पूछा, "सिनेमा ले चलिएगा न?" बसन्ती ने उछलकर कहा, "भइया, हमें भी।"

गजाधर बाबू की पत्नी सीधे चौके में चली गयीं। बची हुई मठरियों को कटोरदान में रखकर अपने कमरे में लायीं और कनस्तरों के पास रख दिया, फिर बाहर आकर कहा, "अरे नरेन्द्र, बाबूजी की चारपाई कमरे से निकाल दे। उसमें चलने तक की जगह नहीं है।"

रामवृक्ष बेनीपुरी

(1902 ई॰ से 1968 ई॰)

हिन्दी साहित्य के मूर्धन्य रेखाचित्रकार तथा निबंधकार रामवृक्ष बेनीपुरी जी का जन्म मुजफ्फरपुर (बिहार) में हुआ है। गाँधीजी के आह्वान पर पढ़ाई छोड़कर आप सत्याग्रह आंदोलन में शामिल हुए थे। आपने 'तरुण भारत', 'किसान मित्र', 'युवक', 'जनता', 'हिमालय', 'कर्मवीर','नई धारा', जैसी पत्र-पत्रिकाओं में सम्पादन कार्य किया है। भावात्मक और अलंकृत भाषा-शैली के कारण आपके निबंध विशेष चर्चित रहे हैं।

रामवृक्ष बेनीपुरी बहुमुखी प्रतिभा के साहित्यकार हैं। आपने कहानी, उपन्यास, नाटक, रेखाचित्र, संस्मरण, जीवनी आदि का लेखन किया है। आपकी प्रमुख कृतियाँ हैं–'माटी की मूरतें', 'पतितों के देश', 'चिता के फूल', 'जंजीरें और दीवारें', 'मशाल' तथा 'गेहूँ और गुलाब।'

गेहूँ बनाम गुलाब

प्रस्तुत निबंध मनुष्य की भौतिक एवं मानसिक जरूरतों और उनके बीच संतुलन-सामंजस्य की आवश्यकता की ओर संकेत करता है। शरीर की भूख और मन की खुराक क्रमशः गेहूँ और गुलाब के द्वारा स्पष्ट की गई है। वर्तमान विडम्बनापूर्ण परिस्थितियों पर भी निबंधकार चिंता व्यक्त करता है। भावात्मकता का प्रवाह और सहज भाषा का प्रयोग निबंध को श्रेष्ठ बना देता है।

गेहूँ बनाम गुलाब

गेहूँ हम खाते हैं, गुलाब सूँघते हैं। एक से शरीर की पुष्टि होती है, दूसरे से हमारा मानस तृप्त होता है।

गेहूँ बड़ा या गुलाब? हम क्या चाहते हैं—पुष्ट शरीर या तृप्त मानस? या पुष्ट शरीर, पर अतृप्त मानस।

जब मानव पृथ्वी पर आया, भूख लेकर। क्षुधा, क्षुधा; पिपासा, पिपासा। क्या खाए, क्या पिए? माँ के स्तनों को निचोड़ा; वृक्षों को झकझोरा; कीट-पतंग, पशु-पक्षी कुछ न छूट पाए उससे!

गेहूँ—उसकी भूख का काफला आज गेहूँ पर टूट पड़ा है। गेहूँ उपजाओ, गेहूँ उपजाओ।

मैदान जोते जा रहे हैं, बाग उजाड़े जा रहे हैं—जो गेहूँ के लिए।

बेचारा गुलाब—भरी जवानी में सिसकियाँ ले रहा है। शरीर की आवश्यकताएँ; मानसिक वृत्तियों को कहीं कोने में डाल रखा है, दबा रखा है।

किन्तु, चाहे कच्चा चरे, या पकाकर खाएँ—गेहूँ तक पशु और मानव में क्या अन्तर? मानव को मानव बनाया गुलाब ने। मानव, मानव बना, जब उसने शरीर की आवश्यकताओं पर मानसिक वृत्तियों को तरजीह दी।

यही नहीं, जब उसके पेट में भूख खाँव-खाँव कर रही थी, तब भी उसकी आँखें गुलाब पर टँगी थीं।

उसका प्रथम संगीत निकला, जब उसकी कामिनियाँ गेहूँ को ऊखल और चक्की में कूट-पीस रही थीं। पशुओं को मारकर, खाकर ही वह तृप्त नहीं हुआ, उनकी खाल का बनाया ढोल और उनकी सींग की बनाई तुरही। मछली मारने के लिए जब वह अपनी नाव में पतवार का पंख लगाकर जल पर उड़ा जा रहा था, तब उसके छप-छप में उसने ताल पाए, तराने छेड़े। बाँस से उसने लाठी ही नहीं बनाई, वंशी भी बनाई।

रात का काला घुप्प पर्दा दूर हुआ, तब वह उच्छ्वसित हुआ सिर्फ इसलिए नहीं कि अब पेट-पूजा की समिधा जुटाने में उसे सहूलियत मिलेगी, बल्कि वह आनन्द विभोर हुआ उषा की लालिमा से, उगते सूरज की शनैः-शनैः प्रस्फुटित होने वाली सुनहरी किरण से, पृथ्वी पर चमचम करते लक्ष-लक्ष ओस कणों से। आसमान में जब

बादल उमड़े, तब उसमें अपनी कृषि का आरोप करके ही वह प्रसन्न नहीं हुआ। उसके सौन्दर्य-बोध ने उसके मन-मोर को नाच उठने के लिए लाचार किया। इन्द्रधनुष ने उसके हृदय को भी इन्द्रधनुषी रंगों में रंग दिया।

'मानव शरीर में पेट का स्थान नीचे है, हृदय का ऊपर और मस्तिष्क का सबसे ऊपर'। पशुओं की तरह उसका पेट और मानस समान्तर रेखा में नहीं है। जिस दिन वह सीधे तनकर खड़ा हुआ, मानस ने उसके पेट पर विजय की घोषणा की।

गेहूँ की आवश्यकता उसे है, किन्तु उसकी चेष्टा रही है गेहूँ पर विजय प्राप्त करने की। प्राचीन काल के उपवास, व्रत, तपस्या आदि उसी चेष्टा के भिन्न-भिन्न रूप रहे हैं।

जब तक मानव के जीवन में गेहूँ और गुलाब का सन्तुलन रहा, वह सुखी रहा, सानन्द रहा।

वह कमाता हुआ गाता था और गाता हुआ कमाता था। उसके श्रम के साथ संगीत बँधा हुआ था और संगीत के साथ श्रम।

उसका साँवला दिन में गायें चराता था, रास रचाता था।

पृथ्वी पर चलता हुआ, वह आकाश को नहीं भूला था और जब आकाश पर उसकी नज़रें गड़ी थीं, उसे याद था कि उसके पैर मिट्टी पर हैं।

किन्तु धीरे-धीरे वह सन्तुलन टूटा।

अब गेहूँ प्रतीक बन गया हड्डी तोड़ने वाले, उबालने वाले, नारकीय यंत्रणाएँ देने वाले श्रम का—उसका, जो पेट की क्षुधा भी अच्छी तरह शान्त न कर सके।

और, गुलाब बन गया प्रतीक विलासिता का, भ्रष्टाचार का, गन्दगी और गलीज़ का। वह विलासिता—जो शरीर को नष्ट करती है और मानस को भी।

अब उसके साँवले ने हाथ में शंख और चक्र लिए। नतीजा—महाभारत और यदुवंशियों का सर्वनाश।

वह परम्परा चली आ रही है। आज चारों ओर महाभारत है, गृहयुद्ध है—सर्वनाश है, महानाश है।

'गेहूँ सिर धुन रहा है खेतों में, गुलाब रो रहा है बगीचों में—दोनों अपने-अपने पालनकर्त्ताओं के भाग्य पर, दुर्भाग्य पर....'

चलो, पीछे मुड़ो। गेहूँ और गुलाब में हम फिर एक बार सन्तुलन स्थापित करें।

किन्तु मानव क्या पीछे मुड़ा है, मुड़ सकता है?

यह महायात्रा! आगे बढ़ता रहा है, आगे बढ़ता रहेगा।

और क्या नवीन, सन्तुलन चिर स्थायी हो सकेगा? क्या इतिहास फिर दुहराकर नहीं रहेगा?

नहीं, मानव को पीछे मोड़ने की चेष्टा न करो।

अब गुलाब और गेहूँ में फिर सन्तुलन लाने की चेष्टा में सिर खपाने की आवश्यकता नहीं। अब गुलाब गेहूँ पर विजय प्राप्त करें।

अब गुलाब गेहूँ की विजय—चिर विजय! अब नए मानव की यह नई आकांक्षा हो।

क्या यह सम्भव है?

बिल्कुल सोलह आने सम्भव है।

विज्ञान ने बता दिया है—यह गेहूँ क्या है? और उसने यह भी जता दिया है कि मानव में यह चिर-बुभुक्षा क्यों है?

गेहूँ का गेहूँत्व क्या है, हम जान गए हैं। यह गेहूँत्व उसमें आता कहाँ से है, हमसे यह भी छिपा नहीं है।

पृथ्वी और आकाश के कुछ तत्त्व एक विशेष प्रक्रिया से पौधों की बालियों में संगृहीत होकर गेहूँ बन जाते हैं। उन्हीं तत्त्वों की कमी हमारे शरीर में भूख नाम पाती है।

क्यों पृथ्वी की जुताई, कुड़ाई, गुड़ाई! क्यों आकाश की दुहाई! हम पृथ्वी और आकाश में उन तत्त्वों को सीधे ग्रहण क्यों न करें।

यह तो अनहोनी बात—उटोपिया, उटोपिया!

हाँ, यह तो अनहोनी बात, उटोपिया तब तक बनी रहेगी जब तक विज्ञान संहार-कांड के लिए ही आकाश-पाताल एक करता रहेगा। ज्यों ही उसने जीवन की समस्याओं पर ध्यान दिया, यह हस्तामलकवत् सिद्ध होकर रहेगी।

और, विज्ञान को इस ओर आना है, नहीं तो मानव का क्या, सारे ब्रह्माण्ड का संहार निश्चित है!

विज्ञान धीरे-धीरे इस ओर कदम बढ़ा भी रहा है!

कम से कम इतना तो वह तुरन्त कर ही देगा कि गेहूँ इतना पैदा हो कि जीवन की अन्य परमावश्यक वस्तुएँ—हवा, पानी की तरह—इफरात हो जाए। बीज, खाद, सिंचाई जुताई के ऐसे तरीके निकलते ही जा रहे हैं, जो गेहूँ की समस्या को हल कर दें।

प्रचुरता—शारीरिक आवश्यकताओं की पूर्ति करने वाले साधनों की प्रचुरता—की ओर आज का मानव प्रभावित हो रहा है!

प्रचुरता? एक प्रश्न चिह्न?

क्या प्रचुरता मानव को सुख और शान्ति दे सकती है?

हमारा सोने का हिन्दुस्तान—यह गीत गाइए, किन्तु यह न भूलिए कि यहाँ एक सोने की नगरी थी, जिसमें राक्षसता वास करती थी।

राक्षसता—जो रक्त पीती थी, अभक्ष्य थी, जिसके अकाय शरीर थे, दस सिर थे, जो छह महीने सोती थी, जिसे दूसरे की बहू-बेटियों को उड़ा ले जाने में तनिक भी झिझक नहीं थी।

गेहूँ बड़ा प्रबल है—वह बहुत दिनों तक हमें शरीर का गुलाब बनाकर रखना चाहेगा। पेट की क्षुधा शान्त कीजिए, तो वह वासनाओं की क्षुधा जागरित कर आपको बहुत दिनों तक तबाह करना चाहेगा।

तो प्रचुरता में भी राक्षसता न आवे, इसके लिए क्या उपाय?

अपनी वृत्तियों को वश में करने के लिए आज मनोविज्ञान दो उपाय बताता है—इन्द्रियों के संयमन और वृत्तियों के उन्नयन का।

संयमन का उपदेश हमारे ऋषि-मुनि देते आए हैं। किन्तु, इसके बुरे नतीजे भी हमारे सामने आए हैं—बड़े-बड़े तपस्वियों की लम्बी-लम्बी तपस्याएँ एक रम्भा, एक मेनका, एक उर्वशी की मुसकान पर स्खलित हो गईं।

आज भी देखिए। गाँधी जी के उपदेशों और आदेशों पर तीस वर्ष चलने वाले हम तपस्वी किस तरह दिन-दिन गिरते जा रहे हैं।

इसलिए उपाय एक मात्र है—वृत्तियों के उन्नयन का।

कामनाओं को स्थूल वासनाओं के क्षेत्र से ऊपर उठाकर सूक्ष्म भावनाओं की ओर प्रवृत्त कीजिए।

शरीर पर मानस की पूर्ण प्रभुता स्थापित हो—पर गुलाब की।

गेहूँ के बाद गुलाब—बीच में कोई दूसरा टिकाव नहीं, ठहराव नहीं।

गेहूँ की दुनिया खत्म होने जा रही है—वह स्थूल दुनिया, जो आर्थिक और राजनीतिक रूप में हम सब पर छायी है।

जो आर्थिक रूप में रक्त पीती रहती है, राजनीतिक रूप में रक्त की धारा बहाती रही है।

अब दुनिया आने वाली है जिसे हम गुलाब की दुनिया कहेंगे।

गुलाब की दुनिया—मानस का संसार—सांस्कृतिक जगत्।

अहा, कैसा वह शुभ दिन होगा जब हम स्थूल शारीरिक आवश्यकताओं की ज़ंजीर जोड़कर सूक्ष्म मानस-जगत् का नया लोक बनाएँगे।

जब गेहूँ से हमारा पिंड छूट जाएगा, हम गुलाब की दुनिया में स्वच्छन्द विहार किया करेंगे।

गुलाब की दुनिया रंगों की दुनिया, सुगन्धों की दुनिया।

भौंरे नाच रहे, गूँज रहे, फूलसुँघनी फुदक रही, चहक रही। नृत्य, गीत, आनन्द, उछाह।

कहीं गन्दगी नहीं, कहीं कुरूपता नहीं। आँगन में गुलाब, खेतों में गुलाब। गालों पर गुलाब खिल रहे, आँखों से गुलाब झाँक रहा।

जब सारा मानव जीवन रंगमय, सुगन्धमय, नृत्यमय बन जाएगा? वह दिन कब आएगा?

वह आ रहा है—क्या आप देख नहीं रहे? कैसी आँखें हैं आपकी। शायद उन पर गेहूँ का मोटा पर्दा पड़ा हुआ है। पर्दे को हटाइए और देखिए वहाँ अलौकिक, स्वर्गीय दृश्य इसी लोक में, अपनी इस मिट्टी की पृथ्वी पर ही।

शौके-दीदार अगर है, तो नज़र पैदा कर।

हरिशंकर परसाई

(1924 ई॰ से 1984 ई॰)

व्यंग्य को हिन्दी साहित्य में प्रतिष्ठित कराने में हरिशंकर परसाई जी का उल्लेखनीय योगदान है। आपके व्यंग्य निबंधों में एक ओर समाज में फैले हुए अंधविश्वास, भ्रष्टाचार, पाखंड तथा गलत मान्यताओं पर तीखा आघात है तो दूसरी ओर अवसरवादिता और स्वार्थ के कारण मनुष्य के चरित्र में जो दुहरापन आ गया है, उसे बेनकाब करते हैं। व्यंग्य का पुट लिए लिखे गए आपके निबंधों में गहरी सामाजिक निष्ठा तथा प्रगतिशील दृष्टिकोण व्यक्त हुआ है।

आपकी रचनाओं में 'बेईमानी की परत', 'पगडंडियों का जमाना', 'विकलांग श्रद्धा का दौर', 'वैष्णव की फिसलन', 'तट की खोज', 'जैसे उनके दिन फिरे' आदि प्रमुख हैं।

पहला सफेद बाल

'पहला सफेद बाल' परसाई जी का प्रसिद्ध व्यंग्य निबंध है जिसमें लेखक की वैचारिक परिपक्वता प्रकट हुई है। यहाँ हल्के-फुल्के ढंग से गम्भीर कथ्य को प्रस्तुत किया गया है। पहला सफेद बाल दिखने पर मनुष्य की मानसिकता और वर्तमान परिवेश का संकेत देते हुए निबंधकार भावी पीढ़ी के प्रति अपनी आस्था प्रकट करते हैं।

पहला सफेद बाल

आज पहला सफेद बाल दिखा। कान के पास काले बालों की बीच से झाँकते इस पतले रजत-तार ने सहसा मन को झकझोर दिया।

ऐसा लगा जैसे वसन्त में बनश्री देखता घूम रहा हूँ कि सहसा किसी झाड़ी से शेर निकल पड़े।

या पुराने ज़माने में किसी मज़बूत माने जाने वाले किले की दीवार पर रात को बेफ़िक्र घूमते गरबीले किलेदार को बाहर से चढ़ते हुए शत्रु के सिपाही की कलगी दिख जाए;

या किसी पार्क के कुंज में अपनी राधा को हृदय से लगाये प्रेमी को एकाएक राधा का बाप आता दिख जाए;

कालीन पर चलते हुए काँटा चुभने का दर्द बड़ा होता है। मैं अभी तक कालीन पर चल रहा था। रोज़ नरसीसस जैसी आत्म-रति से आईना देखता था, घुँघराले, काले केशों को देखकर, सहलाकर, सँवारकर, प्रसन्न होता था। उम्र को ठेलता जाता था, वार्द्धक्य को अँगूठा दिखाता था। पर आज कान में यह सफ़ेद बाल फुसफुसा उठा, "भाई मेरे, एक बात 'कानफ़िडेन्स' में कहूँ—अपनी दूकान समेटना अब शुरू कर दो!"

तभी से दुखी हूँ। ज्ञानी समझायेंगे—जो अवश्यम्भावी है, उसके होने का क्या दुख? जी हाँ, मौत भी तो अवश्यम्भावी है। तो क्या ज़िन्दगी-भर मरघट में अपनी चिता रचते रहें? और ज्ञान से कहीं हर दुख जीता गया है? वे क्या कम ज्ञानी थे, जो मरणासन्न लक्ष्मण का सिर गोद में लेकर विलाप कर रहे थे—'मेरो सब पुरुषारथ थाको!' स्थितप्रज्ञ दर्शन अर्जुन को समझाने वाले की आँखें उद्धव से गोकुल की व्यथा-कथा सुनकर, डबडबा आई थीं। मरण को त्योहार माननेवाले ही मृत्यु से सबसे अधिक भयभीत होते हैं। वे त्योहार का हल्ला करके अपने हृदय के सत्य भय को दबाते हैं।

मैं वास्तव में दुखी हूँ। सिर पर सफेद कफ़न बुना जा रहा है; आज पहला तार डाला गया है। उम्र बुनती जाएगी इसे और और यह यौवन की लाश को ढँक लेगा। दुख नहीं होगा मुझे? दुख उन्हें नहीं होगा, जो बूढ़े ही जन्मे हैं।

मुझे गुस्सा है, इस आईने पर। वैसे तो यह बड़ा दयालु है, विकृति को सुधारकर चेहरा सुडौल बनाकर बताता रहा है। आज एकाएक यह कैसे क्रूर हो गया! क्या इस एक बाल को छिपा नहीं सकता था? इसे दिखाए बिना क्या उसकी ईमानदारी पर बड़ा कलंक लग जाता? उर्दू कवियों ने ऐसे संवेदनशील आईनों का ज़िक्र किया है, जो माशूक के चेहरे में अपनी ही तस्वीर देखने लगते हैं, जो उस मुख के सामने आते ही गश खाकर गिर पड़ते हैं; जो उसे पूरी तरह प्रतिबिम्बित न कर सकने के कारण चटक जाते हैं। सौन्दर्य का सामना करना कोई खेल नहीं है। मूसा बेहोश हो गया था! ऐसे भले आईने होते हैं, उर्दू कवियों के। और यह एक हिन्दी लेखक का आईना है!

मगर आईने का क्या दोष? बाल तो अपना सफेद हुआ है। सिर पर धारण किया, शरीर का रस पिलाकर पाला, हज़ारों शीशियाँ तेल की उँड़ेल दीं—और ये धोखा दे गए। संन्यासी शायद इसीलिए इनसे छुट्टी पा लेता है कि उस विरागी का साहस भी इनके सामने लड़खड़ा जाता है।

आज आत्म-विश्वास उठा जाता है; साहस छूट रहा है। किले में आज पहली सुरंग लगी है। दुश्मन को आते अब क्या देर लगेगी!

क्या करूँ! इसे उखाड़ फेंकूँ? लेकिन सुना है, यदि एक सफेद बाल को उखाड़ दो, तो वहाँ एक गुच्छा सफेद हो जाता है। रावण जैसा वरदानी होता है, कम्बख्त! मेरे चाचा ने एक नौकर सफेद बाल उखाड़ने के लिए ही रखा था, पर थोड़े ही समय में उनके सिर पर काँस फूल उठा था। एक तेल बड़ा 'मनराखन' हो गया है। कहते हैं उससे बाल काले हो जाते हैं। (नाम नहीं लिखता, व्यर्थ प्रचार होगा) उस तेल को लगाऊँ? पर उससे भी शत्रु मरेगा नहीं, उसकी वर्दी बदल जाएगी। कुछ लोग ख़िज़ाब लगाते हैं। वे बड़े दयनीय होते हैं। बुढ़ापे से हार मानकर, यौवन का ढोंग रचते हैं। मेरे एक परिचित ख़िज़ाब लगाते थे। शनिवार को वे बूढ़े लगते और सोमवार को जवान—इतवार उनका रँगने का दिन था। न जाने वे ढलती उम्र में काले बाल किसे दिखाते थे! शायद तीसरे विवाह की पत्नी को। पर वह उन्हें बाल रँगते देखती तो होगी ही। और क्या स्त्री को केवल काले बाल दिखाने से यौवन का भ्रम उत्पन्न किया जा सकता है? नहीं, यह सब नहीं होगा। शत्रु को सिर पर बिठाये रखना पड़ेगा। जानता हूँ, यह धीरे-धीरे सब वफ़ादार बालों को अपनी ओर मिला लेगा।

याद आती है, मेरे समानधर्मा, कवि केशवदास की, जिसे 'चन्द्रवदन मृगलोचनी' ने बाबा कह दिया, तो वह बालों पर बरस पड़ा था। हे मेरे पूर्वज, दुखी, रसिक कवि! तेरे मन की ऐंठन मैं अब बखूबी समझ सकता हूँ। मैं चला आ रहा हूँ, तेरे पीछे। मुझे 'बाबा' तो नहीं पर 'दादा' कहने लगी है—बस, थोड़ा ही फ़ासला है!

मन बहुत विचलित है। आत्म-रति के अतिरेक का फल नरसीसस ने भोगा था,

मुझे भी भोगना पड़ेगा। मुझे एक अन्य कारण से डर है। मैंने देखा है, सफेद बाल के आते ही आदमी हिसाब लगाने लगता है कि अब तक क्या पाया, आगे क्या करना है और भविष्य के लिए क्या संचय किया। हिसाब लगाना अच्छा नहीं होता। इससे ज़िन्दगी में वणिक-वृत्ति आती है और जिस दिशा से कुछ मिलता है, आदमी उस दिशा में सिजदा करता है। बड़े-बड़े 'हीरो' धराशायी होते हैं। बड़ी-बड़ी देव-प्रतिमाएँ खण्डित होती हैं। राजनीति, साहित्य, जन-सेवा के क्षेत्र की कितनी महिमा-मण्डित मूर्तियाँ इन आँखों ने टूटते देखी हैं; कितनी आस्थाएँ भंग होते देखी हैं। बड़ी खतरनाक उम्र है यह; बड़े समझौते होते हैं सफद बालों के मौसम में। यह सुलह का झण्डा सिर पर लहराने लगा है। यह घोषणा कर रहा है, 'अब तक के शत्रुओ! मैंने हथियार डाल दिए हैं। आओ, सन्धि कर लें।' तो क्या सन्धि होगी—उनसे जिनसे संघर्ष होता रहा? समझौता होगा, उससे जिसे ग़लत मानता रहा?

पर आज एकदम ये निर्णायक प्रश्न मेरे सामने क्यों खड़े हो गए? बाल की जड़ बहुत गहरी नहीं होती। हृदय से तो उगता नहीं है यह! यह सतही है, बेमानी? यौवन सिर्फ काले बालों का नाम नहीं है। यौवन नवीन भाव, नवीन विचार ग्रहण करने की तत्परता का नाम है; यौवन साहस, उत्साह, निर्भयता और खतरे-भरी ज़िन्दगी का नाम है; यौवन लीक से बच निकलने की इच्छा का नाम है। और सबसे ऊपर, बेहिचक बेवकूफी करने का नाम यौवन है। मैं बराबर बेवकूफी करता जाता हूँ। यह सफेद झण्डा प्रवंचना है। हिसाब करने की कोई जल्दी नहीं है। सफेद बाल से क्या होता है?

यह सब मैं किसी दूसरे से नहीं कह रहा हूँ, अपने आपको ही समझा रहा हूँ। द्विमुखी संघर्ष है यह—दूसरों को भ्रमित करना और मन को समझाना। दूसरों से भय नहीं। सफेद बालों से किसी और का क्या बिगड़ेगा? पर मन तो अपना है। इसे तो समझाना ही पड़ेगा कि भाई तू परेशान मत हो। अभी ऐसा क्या हो गया है! यह तो पहला ही है। और फिर अगर तू नहीं ढीला होता, तो क्या बिगड़ने वाला है!

पहले सफेद बाल का दिखना एक पर्व है। दशरथ को कान के पास सफेद बाल दिखे, तो उन्होंने राम को राजगद्दी देने का संकल्प किया। उनके चार पुत्र थे। उन्हें देने का सुभीता था। मैं किसे सौंपूँ? कोई कन्धा मेरे सामने नहीं है, जिस पर यह गौरवमय भार रख दूँ। किस पुत्र को सौंपूँ? मेरे एक मित्र के तीन पुत्र हैं। सवेरे यह मेरा दशरथ अपने कुमारों को चुल्लू-चुल्लू पानी मिला दूध बाँटता है। इनके कन्धे ही नहीं हैं—भार कहाँ रखेंगे? बड़े आदमियों के दो तरह के पुत्र होते हैं—वे जो वास्तव में हैं, पर कहलाते नहीं हैं और वे जो कहलाते हैं, पर हैं नहीं। जो कहलाते हैं, वे धन-सम्पत्ति के मालिक बनते हैं और जो वास्तव में हैं, वे कहीं पंखा खींचते हैं या बर्तन माँजते हैं। होने से कहलाना ज़्यादा लाभदायक है।

अपना कोई पुत्र नहीं। होता तो मुश्किल में पड़ जाते। क्या देते? राज-पाट के दिन गए, धन-दौलत के दिन हैं। पर पास ऐसा कुछ नहीं है, जो उठाकर दे दिया जाए। न उत्तराधिकारी है, न उसका प्राप्य। यह पर्व क्या बिना दिए चला जाएगा?

पर हम क्या दें? महायुद्ध की छाया में बढ़े हम लोग; हम गरीबी और अभाव में पले लोग; केवल जिजीविषा खाकर जिये हम लोग—हमारी पीढ़ी के बाल तो जन्म से ही सफेद हैं। हमारे पास क्या है? हाँ, भविष्य है, लेकिन वह भी हमारा नहीं, आनेवालों का है। तो इतना रंक नहीं हूँ—विराट् भविष्य तो है। और अब उत्तराधिकारी की समस्या भी हल हो गई। पुत्र तो पीढ़ियों के होते हैं। केवल जन्मदाता किसी का पिता नहीं होता। विराट् भविष्य को एक पुत्र ले भी कैसे सकता है? इससे क्या कि कौन किसका पुत्र होगा, कौन किसका पिता कहलाएगा! मेरी पीढ़ी के समस्त पुत्रो! मैं तुम्हें वह भविष्य ही देता हूँ। यद्यपि वह अभी मूर्त्त नहीं हुआ है, पर हम जुटे हैं, उसे मूर्त्त करने। हम नींव में धँस रहे हैं कि तुम्हारे लिए एक भव्य भविष्य रचा जा सके। वह तुम्हारे लिए एक वर्तमान बनकर ही आएगा—हमारा तो कोई वर्तमान भी नहीं था। मैं तुम्हें भविष्य देता हूँ और इस देने का अर्थ यह है कि हम अपने आपको दे रहे हैं, क्योंकि उसके निर्माण में अपने-आपको मिटा रहे हैं, लो, सफेद बाल दिखने के इस पर्व पर यह तुम्हारा प्राप्य सँभालो। होने दो हमारे बाल सफेद। हम काम में तो लगे हैं—जानते हैं कि काम बन्द करने और मरने का क्षण एक ही होता है।

हमें तुमसे कुछ नहीं चाहिए। ययाति जैसे स्वार्थी हम नहीं हैं जो पुत्र की जवानी लेकर युवा हो गया था। बाल के साथ, उसने मुँह भी काला कर लिया।

हमें तुमसे कुछ नहीं चाहिए। हम नींव में धँस रहे हैं; लो, हम तुम्हें कलश देते हैं।

अमृतराय

(1920 ई०)

हिन्दी गद्य लेखन में अमृतराय का अपना विशिष्ट स्थान है। आपने गद्यसाहित्य की अनेक विधाओं में संपूर्ण प्रभाव के साथ लेखन कार्य किया है। आपका व्यंग्य न केवल पाठक को तिलमिला देता है, अपितु आस-पास की स्थितियों के बारे में सोचने पर बाध्य भी करता है। आपके ज़िंदादिल व्यक्तित्व की छाप तथा आपकी भाषा का जादुईपन आपके साहित्य में देखा जा सकता है। आपकी भाषा सहज-सरल तथा मुहावरों से संपृक्त है।

अमृतराय की रचनाओं में 'सुख-दुख', 'हाथी के दाँत', 'सुबह के रंग', 'भोर से पहले', 'प्रेमचंद : कलम का सिपाही', 'नई समीक्षा' आदि प्रमुख हैं।

नया साल

प्रस्तुत निबंध में लेखक ने मनुष्य की कथित आधुनिक सोच पर व्यंग्य करते हुए उसके आडंबरपूर्ण स्वभाव पर प्रहार किया है। नए वर्ष के आगमन पर हमारी प्रसन्नता और एक-दूसरे को बधाई देना तथा पुराने वर्ष के प्रति तिरस्कार का भाव, आज के मनुष्य के स्वार्थ को प्रकट करता है। अतः निबंध का पाठक आत्मपरीक्षण के लिए मजबूर होता है।

नया साल

मुबारक, मुबारक! मुबारक! मुबारक! मुबारक! मुबारक!

जिधर जाइए एक ही आवाज! जबान ठण्ड से लड़खड़ा रही है, आँखों में खुशी नहीं है, मगर मुबारक! पूछिए, आपको हकीम ने बताया है या काले कुत्ते ने कहा है, क्यों इस जाड़े पाले में खड़े हैं, उस मनहूस का स्वागत करने को? आपको पता है, उसके झोले में क्या है? लगता है, मैंने आपके कानों में कुछ मिसरी घोल दी है! मेरे कान के पास तो एक कौआ बैठा अपनी फटी आवाज में जाने क्या काँव-काँव कर रहा है। मैं कौए की बोली नहीं समझता—और यों तो आदमी की बोली भी कितनी समझता हूँ! मगर इतना जानता हूँ।

छोड़िए भी, जानने को तो मैं बहुत कुछ जानता हूँ। जैसे यही कि नये साल का रंग गुलाबी होता है, लक्मे के नेचुरल शेड लिपस्टिक के जैसा और पुराना साल एक बदरंग-से मटीले रंग का, धोबी के गधे के जैसा, जो साल भर चीकट-लादी ढोते-ढोते खुद भी उसी रंग का हो जाता है। नया साल झबरे-झबरे बालों वाला नन्हा-मुन्ना प्यारा-सा ऊँची नस्ल का पॉपी होता है, ऊन के गोले-जैसा, गरम, गुदगुद जिसे बरबस गोद में उठा लेने को जी चाहता है, और पुराना साल खुजली का मारा, कींच बहाता मरियल-सा एक बूढ़ा कुत्ता जिसे सब तरफ दुरदुराया जाता है। नया साल हरी-भरी दूब की एक वीथी के जैसा होता है जिस पर अलग-अलग रंग-बिरंगे सुगन्धित फूलों की लताओं ने एक मण्डप सा तान रखा है, और पुराना साल कीचड़ और काई से ढका हुआ एक ऊबड़-खाबड़ कँटीला जंगली रास्ता जिसे अब पीछे मुड़कर ताकते डर लगता है।

मैं सब जानता हूँ, सब-सब जानता हूँ, मगर चुप हूँ, क्योंकि आज नये साल की शाम है। क्या था पुराने साल में जिसे प्यार से कोई याद करे। अच्छा हुआ, बहुत अच्छा हुआ, उसका जनाजा निकल गया। कोई उसके लिए दो आँसू गिराने वाला नहीं है। आज हम तो आगे बढ़कर नये साल की बलाएँ लेंगे और किसी बेहद मनभाते मेहमान की तरह बड़े प्यार से उसकी आँखों में आँखें डालकर और हाथ पकड़कर कमरे के भीतर ले जाएँगे, जहाँ इतने सारे लोग उसकी अगवानी में अपनी आँखें बिछाये बैठे हैं। और आँखें ही नहीं, दस्तरखान भी बिछा है, जिस पर साथ बैठकर पीने

के लिए एक-से-एक नायाब शराबें चुनी हुई हैं और एक-से-एक नफीस केक और पेस्ट्रियाँ।

कमरा रंग-बिरंगे कागज के बन्दनवारों और नये साल की हमारी उम्मीदों के जैसे रंग-बिरंगी गुब्बारों से सजाया गया है। रेडियो पर बहुत अच्छा म्यूजिक आ रहा है। हम गलबहियाँ डाले नाचेंगे-गायेंगे, धूम मचायेंगे—कुछ होश में और कुछ बेहोश, मदहोश? नये साल का जन्म हो रहा है।

नया साल वह फीनिक्स पक्षी है, जो हर साल पुराने की खाक पर नया जन्म लेता है। उसके माँ-बाप की फैमिली प्लैनिंग इतनी पक्की है कि हमेशा एक खास दिन और खास घड़ी में उनका जन्म होता है। तभी तो दुनिया भर में करोड़ों लोग, खुशी के तमाम साज-औ-सामान से लैस, उसको हाथों-हाथ लेने के लिए जगे बैठे रहते हैं। सोना गुनाह है, उस वक्त जो सोया सो खोया। फिर तमाम साल दलिद्दर से छुटकारा नहीं मिलने का। जभी तो देखो, लोगों को नींद के झोंके आ रहे हैं, झोंके-पर-झोंके आ रहे हैं, आँखें डूबी जा रही हैं, मुँह फाड़-फाड़ कर लोग जम्हाइयाँ ले रहे हैं, लेकिन मजाल नहीं कि सो जायें। सिगरेट और कॉफी से, रम और रमी से, इसके-उसके स्कैण्डल की मनमोहक चर्चा से और घिसे-पिटे चुटकुलों पर चौगुने जोर से हँस-हँस कर नींद को भगाया जा रहा है। ज्यों-ज्यों घड़ी का काँटा आधी रात यानी ग्यारह बजकर साठ मिनट की तरफ बढ़ रहा है, त्यों-त्यों नाच-गाने की ताल और लय तेज से तेजतर होती जा रही है।

और लो, यहाँ-वहाँ सब तरफ बारह के घण्टे बजने लगे। नये साल का जनम हो गया और घण्टे बजते ही रहे। कैसा प्यारा-सा बच्चा है, मक्खन जैसे हाथ-पाँव, गुलाब की पंखुड़ियों जैसे होंठ, घुँघराले बाल, झीवाभर, जिन्हें खामखा दुलराने-उलझाने का जी करता है, अजनबी-सी भोली-भाली आँखें उसकी, किसी मीठे नश्तर की तरह दिल में उतर जाती हैं। दुनिया की सर्दी-गर्मी का अभी उसे कुछ पता नहीं अभी तो उसकी आँखों में वही इरम का बाग झूल रहा है, नन्दन-कानन, जहाँ आम की बौर से लदी हुई बेसुध अमराइयों में बारहों मास कोयल बोलती है। आँखें जुड़ाती हैं उसको देखकर, पर मैं अपने मन को क्या करूँ जो इस जश्न की घड़ी में भी रह-रह कर लौट जाता है, उस गरीब भिखमंगे पर जिसे हमने अभी-अभी बगैर कफन के दफनाया है, जो अभी-अभी बुझे हुए कोयले की तरह, चूसी हुई गण्डेरी की तरह दूर उस कोने में फेंक दिया गया है। जहाँ समय की राख की ढेरी है। कोई बात नहीं। घूमने दो समय का पहिया, तुम्हारा आज का यह नया चहेता भी वहाँ पहुँचेगा, मुरदा बरसों के उसी कब्रिस्तान में! सचमुच बड़े कृतघ्न हैं हम! एक दिन जिसको सर-माथे पर लिए फिरे, काम निकल जाने पर उसी को गरदनियाँ देकर बाहर कर देना आदमी के सिवा और

किसी का बूता नहीं जो ऐसा करे। मिल तो गया जो कुछ मिलना था, अब किस बात की ठकुरसुहाती! ठकुरसुहांती हमेशा उगते सूरज की होती है। ढलता सूरज तो ढलता सूरज है।

रूप-रस-गन्ध का कितना कुछ दिया उसने, पकाया तुम्हें, प्रौढ़ता दी, एक वर्ष के जीवन-अनुभव से, उसी सेतु पर होकर तुम यहाँ तक आये—उसकी ही फिर इतनी अवमानना, इस अन्त समय? कल जो मेहमान आ रहा है उसके स्वागत-सत्कार के लिए क्या जरूरी है कि घर से बड़े-बूढ़े को जिसने हर दुःख-सुख में तुम्हारा साथ दिया है, धकियाकर कहीं सबसे अलग एक कोठरी में बन्द कर दिया जाए? एक अजनबी की खातिर (भले ही वह जरी और कमख्वाब पहनकर आया हो) एक पुराने दोस्त की तरफ से यह बेरुखी (सिर्फ इसलिए कि उसके कपड़े जरा मैले हैं) यंह कहाँ का इंसाफ है? अभी तो रंग रूप भी नहीं खुला तुम्हारे इस नये दोस्त का, तब फिर क्यों उसे इतना सिर चढ़ाते हो? जो कहीं धोखा दिया उसने, तो थोड़ा शंकित रहना ही अच्छा है ऐसे मेहमान से, ज्यादा नहीं, बस एक हाथ-भर की दूरी। हमारे घर आये हो, बड़ा अच्छा किया। हम भी तुम्हारे साथ भलमंसी की सलूक करेंगे अपने बराबर की कुरसी पर बिठायेंगे, नाम गाम पूछेंगे, कौन ठाकुर हो, कहाँ, किस गाँव से आ रहे हो, फिर ओले पाले सूखे-बड़े की बातें करेंगे, तश्तरी में रख कर पान-सुपारी पेश करेंगे, मगर बस पान-सुपारी, अपना दिल नहीं। इतनी रोक जरूरी है। समझदारी इसी में है।

होगी, जहाँ होगी। आदमी में तो नहीं है। यों कहीं सुना था मैंने आदमी सबसे संमझदार जानवर है, लेकिन मेरा खयाल है, यह जरूर किसी आदमी की ही कही हुई बात होगी। अपने मुँह मिट्ठू। सरासर गलत बात है। आदमी से ज्यादा नासमझ जानवर दूसरा नहीं है। वह पढ़ा-लिखा हो सकता है, ज्ञानी हो सकता है, समझदार नहीं है। दूसरे तमाम जानवर, क्या छोटे क्या बड़े, यहाँ तक कि कीड़े-मकोड़े भी, उससे ज्यादा समझदार होते हैं। कभी अपने किसी शिकारी दोस्त से पूछियेगा, शेर कब और क्यों आदमखोर हो जाता है? इसलिए कि आदमी सबसे आसान चारा है। इसलिए कि अपनी उस घायल या टूटी हुई हालत में वह दूसरे किसी जानवर का शिकार नहीं कर सकता। सब आदमी से ज्यादा चौकन्ने होते हैं और खटका होते ही भाग निकलते हैं। असल नासमझ, भुग्गा, गावदुम यह आदमी का बच्चा है! नये साल की अगवानी में जश्न मनाना भी ऐसा ही एक बेजोड़ भुग्गापन है।

छोड़िये जंगल के बड़े-बड़े जानवरों को; उनको लीजिए जिनसे हमारा रोज का नाता है—कुत्ता, बिल्ली, बन्दर, चील, कौआ, गिलहरी, साही, गौरैया, खटमल, मक्खी, मच्छर। इनमें से एक पर भी आदमी का बस नहीं है। सब आदमी को जैसे मनचाहे नचाते हैं, और आदमी है कि नाचता है। सीधे से चुपचाप, राजी-खुशी नाच ले, चाहे

शोर मचाकर, झल्लाकर, मुँह विदोरकर, सर के बाल नोचकर, शत्रु के समूल नाश की लम्बी-चौड़ी वीर घोषणाएँ करके नाचे। आये दिन यही देखता हूँ। कुत्ता जब देखो चौके में घुसा रहता है, बिल्ली रोज दूध पी जाती है, बन्दर दिनदहाड़े और घरवाले को दिखा-दिखाकर (कर ले जो कुछ तुझे करना हो!) कपड़ा चीथता है, चील हाथ से जलेबी का दोना झपट ले जाती है, कौवे और कुछ नहीं मिलता तो आटे की लोई ही ले उड़ता है, गिलहरी एक अमरूद नहीं बचने देती और न एक दाना मटर का, साही आलुओं का प्रेमी है, और गौरैया, नन्ही-सी जान ऐसा ऊधम जोते रहती है कि कुछ न पूछो, अनाज को धूप दिखलाना मुहाल है। क्या-क्या उपाय न किये होंगे मैंने इनको पकड़ने के, मारने के, मगर सब बेकार, सब बेकार। कोई उपाय न चला बन्दरों से तो मैंने सोचा, आओ फिलहाल पत्थर ही मारो। सो बन्दर का तो बाल भी बाँका न हुआ और घर के शीशे सब फूट गये।

इधर कुछ महीनों से एक काला कुत्ता बहुत लहटा हुआ है। सब, सब करके हार गये, मगर वह अपनी आदत नहीं छोड़ता। एक दिन मैंने गीता के उपर्युक्त आर्षवचन लेकर अगने को बहुत ललकारा और एक मोटा-सा चैला लेकर घात में बैठ गया, आज इसी से बच्चू की टँगड़ी न तोड़ी तो मेरा नाम नहीं। कनवाँ आया, और अपने वक्त से आया और मैंने ऐसा ताक कर चैला फेंका कि आज दस दिन से लल्लू हमारा बुड्ढा जमादार अपनी टूटी टँगड़ी लिये घर बैठा है। और वह कनवा जितनी बार मेरे पास से गुजरता है गीता की आर्षवाणी को अपनी हार्श बोली में बदलकर मुझको टिटकारी मार जाता है—नैनं छिन्दन्ति शस्त्राणि नैनं दहति पावकः।

कलजुग में जो न हो जाये थोड़ा है।

हमारे एक बड़े भाई साहब शिकारी हैं। साहियों का उत्पात देखकर (आलू का आधा खेत खोद डाला कमबख्तों ने) उनको हम पर बड़ी दया आयी और उन्होंने इस संकट से हमको उबारने का बीड़ा उठाया। दिन भर दो आदमी लगे रहे। खेत के आस-पास बड़ी-सी एक खाई खोदी गयी। रात को भाई साहब घर-भर में अँधेरा करके टार्च-बन्दूक लेकर साही का शिकार करने बैठे। परम आश्वस्त कि साही के पाप का घड़ा भर गया और अब उसके विनाश की घड़ी आ गयी, हम लोग सब सोने चले गये। सवेरे जैसे ही आँख खुली छोटे-बड़े; औरत-मर्द सब खाई की तरफ दौड़े यह देखने को साही कितना बड़ा और कैसा जानवर होता है....सो साही तो कहीं नजर न आया, हाँ भाई साहब जरूर कीचड़ में सने कराहते हुए पड़े थे। यह पूछना भी उचित न जान पड़ा कि आपको यह क्या हुआ, कैसे हुआ, लाद-फाँद कर उनको घर में लाये और हफ्तों सेंक-बाँध चलती रही। तबसे मुझको बराबर ऐसा लगता है कि हो-न-हो 'जो दूसरे के लिए गड्ढा खोदता है वह खुद पहले उसमें गिरता है'—वाली कहावत जरूर

किसी साही की बनायी हुई है। इतिहास बताता है कि एक समय साही-कुल में बड़े-बड़े गुनी साहित्यकार हुए हैं, मेरे एक भाषाशास्त्र मित्र तो 'साहित्य' शब्द की व्युत्पत्ति ही 'साही' में देखते हैं। उनका कहना है कि मूल शब्द 'साहीत्व' था जो उच्चारण की सुविधा के लिए भाषा-शास्त्रीय नियम के अनुसार धीरे-धीरे 'साहित्य' बन गया। मैं नहीं जानता, यह बात कहाँ तक ठीक या व्याकरण-सम्मत है, पर इतना जरूर है कि अगर साही साहित्यकार थे और हैं तो उन्हें कलम खरीदने बाजार जाने की जरूरत नहीं, अपना ही एक काँटा निकाला और लिखने बैठ गये।

साही या बन्दर तो खैर फिर भी कुछ बड़े जानवर हैं, उस मरदूद खटमल को क्या कहिएगा जो करोड़ों आदमियों की नींद हराम किये हुए है, मगर मारने चलिये तो हाथ नहीं आता, और अगर हाथ आ भी गया और आपने उसको पनही जमा भी दी, तो भी सौ में निन्यानवे बार मरता नहीं, बस सिद्ध योगी की तरह श्वासन की मुद्रा में कुछ देर प्राणायाम साधे पड़ा रहता है और फिर आपको साफ बुत्ता देकर अपनी राह लगता है।

मच्छर के बारे में कुछ कहना ही बेकार है। एक भी जो घुस पाया मच्छरदानी में तो समझिये कि रात-भर का सामान हो गया। सोयी रात आप उठकर बैठेंगे, कभी दियासलाई कभी चोरबत्ती, कभी मोमबत्ती जलायेंगे, रातभर फटाफट की आवाजें आएँगी मगर मच्छर हाथ न आएगा। पूरा छापेमार है वो, कि जैसे कहीं से ट्रेनिंग लेकर आया हो, और अभिमन्यु-जैसी अधूरी ट्रेनिंग नहीं कि चक्रव्यूह में आप तो घुस गये, मगर निकलने का ढंग नहीं आता! मच्छर ऐसी कच्ची गोली नहीं खेलता। आप सात नहीं सत्तर महारथी खड़े कर दीजिए, मच्छर को आप मनमानी करने से नहीं रोक सकते। जहाँ जाना चाहेगा, जो कुछ करना चाहेगा करेगा और शत्रु-सेना को ध्वस्त करके जब जिधर निकलना चाहेगा निकल जाएगा। आप एक बार 'हवा' को भी रोक सकते हैं; मच्छर को नहीं रोक सकते। यह आकस्मिक बात नहीं कि समस्त संस्कृत भाषा में 'मच्छर' की तुक का केवल एक और शब्द मिलता है। 'मच्छर' जो ब्रह्म का ही पर्याय है; और हमारे ही नहीं, ओल्ड टेस्टामेण्ट की पहली पंक्ति भी यही कहती है—'इन द बिगिनिंग वाज द वर्ड' मैंने बहुत दिन हुए एक यहूदी से इसके बारे में पूछा था तो उसने बताया था कि 'वर्ड' शब्द से यहाँ पर मच्छर ही व्यंजित है। ऐसा हुआ कि एक दिन हमारा आसमानी बाप आराम से पड़ा सो रहा था काम तो कोई था नहीं, न सृष्टि करने का कोई इरादा था कि तभी जाने कहाँ से एक मच्छर पहुँच गया हाथी से क्या कम डीलडौल रहा होगा उसका, आसमानी मच्छर ठहरा! गरज कि उसके भनभनाने या चिंग्घाड़ने से हमारे आसमानी बाप की नींद उचट गयी और वह कान मलता और फड़फड़ाता हुआ उठ बैठा। फिर जो एक बार नींद उचटी सो उचटी।

बहुत-बहुत कोशिश की सोने की मगर नींद न आयी। तब हमारे आसमानी बाप ने सोचा कि लाओ कुछ किया जाय, और वह सृष्टि करने बैठा। उस समय उसको सबसे पहले मच्छर का ध्यान आया जिसके विकल रव ने ही प्रकारान्तर से सृष्टि का आदि कारण उपस्थित किया था और उसने अपनी आसमानी किताब में हमेशा के लिए इस बात को दर्ज कर दिया–'इन द बिगिनिंग वाज द वर्ड.....'

सचमुच मच्छर की महिमा अनन्त है। घर की जाने कितनी जली-कटी मच्छरदानियाँ उसके अदम्य शौर्य की कहानी कह रही हैं–और अन्त उस नैश महाभारत का सदा यही हुआ है कि मैं हारकर मच्छरदानी के भीतर, चादर मुँह से ओढ़कर (जितना उस परम प्रतापी मच्छर से बचने के लिए उतना ही अपने मुँह की शर्म छिपाने को) सो गया हूँ। तभी तो मैं कहता हूँ और आप खुद अपने मन को टटोलकर देखिए; समझदारी में आदमी मच्छर के संग क्या खाकर बैठेगा, पासंग में भी नहीं बैठता।

रही मक्खी, सो उसकी तो बात ही निराली है। आदमी की नाक से उसको विशेष प्रेम है। सारी दुनिया छोड़कर वह जब बैठेगी, तब आदमी की नाक पर–शायद उसके दर्प को चूर्ण करने के लिए क्योंकि आदमी को सबसे ज्यादा गुर्रा अपनी इसी नन्ही-सी नाक का होता है, कोई भी बात उसके मरजी के खिलाफ हुई नहीं कि उसकी नाक कटी। लिहाजा मक्खी जब बैठेगी तब ताककर उसकी नाक पर। आपने हाथ मारा, उड़ गयी आपका ध्यान हटा, फिर आ बैठी। आपने फिर हाथ मारा, फिर उड़ गयी। आपका ध्यान फिर हटा, वह फिर आ बैठी। आपने फिर हाथ मारा, वह फिर उड़ गयी। फिर आपका ध्यान हटा, वह फिर आ बैठी। आपने फिर हाथ मारा, वह फिर उड़ गयी। फिर आपका ध्यान हटा, वह फिर आ बैठी। यही मक्खी का ढंग है.... ठीक वैसा जैसा कि एक सच्चे सत्याग्रही का होना चाहिए। हिंसा का लेश नहीं उसमें, न काटे, न डंक मारे। बस बैठी हुई है। इस पर भी अगर किसी को एतराज हो तो यह उसका अन्याय है। कैसे छोड़ दे वह अपना जन्मसिद्ध अधिकार। इतनी आसानी से अपना खेत छोड़ने वाली असामी वह नहीं। लड़ेगी, मरते दम तक लड़ेगी। अच्छी धाँधली है, दो घड़ी चैन से बैठने भी नहीं देंगे! आखिर क्या बिगाड़ती हूँ, मैं किसी का, चुपचाप ही तो रहती हूँ! इतनी-सी बात पर इतना आगबबूला हुआ जा रहा है यह आदमी का बच्चा! अच्छा फिर एक बार निपट ही लिया जाय!

और बिगुल बज गया, लड़ाई शुरू हो गयी। जब आप हाथ चलाये जा रहे हैं, पैर पटके जा रहे हैं, सर झटके जा रहे हैं, मगर मक्खी है कि आपको दम नहीं लेने देती। फिर आप पनचक्की की तरह दोनों हाथ फटकारने लगते हैं, मगर मक्खी अपना काम किये जाती है। जब आपके दिमाग की नसें फटने लगी हैं। आप पागल हुए जा रहे हैं, आपको लग रहा है कि इस जीने से तो मर जाना अच्छा है और आप तरकारी

काटने का हँसिया या छुरी की तलाश में रसोई की तरफ भागते हैं, मगर मक्खी वहाँ भी है, आपका पीछा नहीं छोड़ती, किस्सा-कोताह मैदान उसी के हाथ रहता है। मानव-जाति के सारे इतिहास में आज तक मानव-मक्खी संग्राम में कभी आदमी की जीत नहीं हुई। जो लोग निठल्लेबाजी को मक्खी मारना कहते हैं, उन्होंने शायद कभी मक्खी मारी नहीं, वरना मक्खी मारने से बढ़कर पराक्रम दूसरा नहीं।

यानी कि आदमी से बढ़कर (समझदार नहीं) नासमझ जानवर सारी सृष्टि में दूसरा नहीं है, और यह उसकी नासमझी का ही सबूत है कि वह एक पुराने जाने-माने दोस्त को धता बताकर एक अज्ञात कुलशील अजनबी के गले में इस तरह बाँहें डालकर पागलों जैसा नाचता फिरता है। फिर उसे भूल का पता चलने लगता है; लेकिन तब तक एक और नया साल उधर चौखट पर आ खड़ा होता है।

मैंने अक्सर लोगों को कहते सुना है कि आदमी वर्तमान में जीता है। यह सरासर झूठ है। आदमी कभी वर्तमान में नहीं जीता, भविष्य में जीता है। वर्तमान तो सिर्फ मरने के लिए है, जीना तो सब भविष्य में होता। तभी तो वह वर्तमान संवत्सर की विदाई का सहृदय आयोजन न करके एक अजन्मे और तुरन्त के जन्मे बच्चे के स्वागत में इस तरह होश-हवास खोकर पिपिहारी बजाता घूमता है—और सो भी इस फैमिली-प्लैनिंग के जमाने में, जबकि वह जानता है कि हर नयी आमद मुसीबतों की एक नयी गठरी लेकर आती है।

नामवर सिंह

(1927 ई॰)

हिन्दी साहित्य के समर्थ निबंधकार तथा समीक्षक नामवर सिंह का जन्म 1927 ई॰ में हुआ। आप काशी हिन्दू विश्वविद्यालय में प्रवक्ता रहे। जोधपुर विश्वविद्यालय के हिन्दी विभागाध्यक्ष के नाते भी आपने कार्य किया है। आप 'आलोचना' पत्रिका के संपादक रहे हैं। आपने समीक्षा के नये मानदंड स्थापित किए। निबंधकार के रूप में भी आपका योगदान महत्त्वपूर्ण है।

'हिन्दी के विकास में अपभ्रंश का योग', 'कहानी-नई कहानी', 'छायावाद', 'आधुनिक साहित्य की प्रवृत्तियाँ', 'इतिहास और आलोचना', 'कविता के नए प्रतिमान', 'बकलम खुद' आदि नामवर सिंह की प्रसिद्ध कृतियाँ हैं।

गप-शप

प्रस्तुत निबंध में लेखक बताते हैं कि मनुष्य का स्वभाव और चरित्र उसके बँधे हुए जीवन अथवा कार्यों से नहीं, वरन उन बातों से जाना जाता है जो वह सहज ही कर बैठता है। मनुष्य का असली रूप बेकार की बातों में ही खुलता है। इतना ही नहीं 'बेकार' की बातों से ही देश का विकास भी स्पष्ट होता है। अपनी भावात्मकता और वैचारिकता के कारण प्रस्तुत निबंध एक श्रेष्ठ निबंध के रूप में प्रसिद्ध है।

गप-शंप

डायरी तो मैं लिखता नहीं और न हिसाब-किताब रखने की आदत ही है, लेकिन आज सोते समय जब पूरे दिन की उपलब्धियों पर विचार करने लगा तो शून्य भी हाथ न आया—वह भी ऊपर ही रहा। बड़ी झल्लाहट हो रही है सारा दिन बेकार हो गया। कुछ तो इधर-उधर घूमने में और कुछ इधर-उधर गप-शप में। क्या लाभ हुआ इन व्यर्थ की बातों से? गोष्ठी के साथी भी खूब हैं : न कोई निश्चित विषय और न किसी बात पर अच्छी तरह जमकर विचार! जैसे केले के पात-पात में पात वैसे बात-बात में बात। एक है 'व'—गप्पें हाँकने में आला। सभी बातें इस तरह कहता है जैसे वह उन सबका नायक हो। प्रेम की कहानियाँ, रोमांस की घटनाएँ, शिकार के दृश्य, सब कुछ इस तरह बयान करता है जैसे वह 'डान क्विक्जोट' हो। कहने से तो ऐसा मालूम होता है जैसे संसार की सारी लड़कियाँ उसी पर मरती हैं। वाहियात! दस फीसदी सच्चाई पर नब्बे फीसदी झूठ का मुनाफा रखकर बातें करता है। दूसरा 'प'—उसकी दूसरी सनक। गोया दुनिया में कोई नहीं है जिसे वह न जानता हो! बड़े-बड़े डाक्टरों से उसका परिचय, पुलिस के अधिकारियों से उसका सम्बन्ध, मन्त्रियों और नेताओं तक उसकी पहुँच। गरज कि वह साधारण लोगों पर यदि कभी कृपा करने आता है तो केवल हमीं लोगों पर। तीसरे साहब हैं 'स'—जब मिलिए वही अध्यापकी जीवन की बातें रटेंगे। फलाँ को मैंने ऐसा जवाब दिया, फलाँ को ऐसे लथेड़ा, आज क्लास में ऐसा पढ़ाया! मतलब दुनिया भर उनके लिए पाठशाला है और सभी लोग उनके विद्यार्थी।

क्यों किसी का समय मैं लूँ? लेकिन इसी तरह की बातें हुईं। लौटा तो मन इतना भारी था कि कभी ऐसी गोष्ठी में भाग न लेने की प्रतिज्ञा की। लेकिन इस समय जब ठण्डे दिल से सोच रहा हूँ तो लगता है कि वह सब बिल्कुल बेकार ही नहीं था। बेकार की बातों से ही तो किसी का चरित्र खुलता है? इतने लोगों के बारे में मैंने जो राय बनायी, वह क्या किसी सन्तुलित बात पर विवाद करने से हो सकती थी? आदमी का सच्चा रूप तो उसकी बेकार की ही बातों में खुलता है। नियमित और विवेकपूर्ण बातों से तो उनका बनावटी या ऊपरी रूप दिखायी पड़ता है। भाषण से उसकी बुद्धि और वक्तृता शक्ति का पता चलता है असली आदमी कहीं भीतर ढँका रहता है। हृदय का

धड़कता हुआ पंछी किसी भीतरी पिंजरे में होता है।

काम की बातों से काम का पता चलता है, आदमी का नहीं। आदमी का पता तो बेकाम की बातों से चलता है। आदमी की असली और छिपी मनोवृत्तियाँ तो तभी खुलती हैं। बात तो बात, निरर्थक शब्द भी बेकार नहीं होते। वैयाकरण केवल सार्थक शब्दों के बच्चे खिलाते रहें; लेकिन क्या आदमी निरर्थक शब्दों का प्रयोग छोड़ सकता है? सुनते हैं, शब्द और अर्थ विवाहित ही पैदा हुए हैं और आजीवन दो रहते हुए भी एक रहने का व्रत लेते हैं। परन्तु उनमें भी कुछ तलाक देने वाले होते हैं और उनका असली भेद उसी दिन खुलता है, जब दोनों एक-दूसरे को तलाक देकर अलग हो जाते हैं।

सार्थक शब्द तो सामाजिक परम्परा के नपे-तुले ढाँचे हैं, उनमें तो जो बातें आती हैं वह टाइप बनकर। निरर्थक शब्दों से ही उसकी मौलिकता और वास्तविकता का पता लगता है। क्या कभी आपने अतीव विस्मृतावस्था में आत्मविभोर दो प्रेमियों की बातें सुनी हैं। 'सुनी हैं' मैं इसलिए पूछ रहा हूँ कि 'की हैं' की बात तो आप शायद तटस्थ भाव से न परख पायें। हो सकता है छिपाएँ भी। क्या उस भावावेश में कोई वाक्य या शब्द ठीक-ठिकाने से सार्थक निकलता है? उस समय हृदय बोलता है और हृदय की भाषा प्रायः निरर्थक होती है, सार्थक भाषा तो बुद्धि की होती है। ध्यान कहीं और होता है अथवा नहीं होता है। इन्द्रियाँ सुप्त शरीर जड़ : शब्द मशीन से निकलते हैं। शब्द इसलिए निकलते हैं कि उन्हें पहले से मनुष्य बोलता आ रहा है। प्रश्न कुछ होता है, उत्तर कुछ होता है, उत्तर का उत्तर दिया जाता है और प्रश्न का प्रश्न। जैसे शब्दों की अपार वस्त्रराशि में से कोई कुछ पहन ले, कोई कुछ—कमीज की जगह पायजामा और पायजामे की जगह कुर्ता।

काम के लिए पत्र तो सब लिखते हैं। दफ्तरी चिट्ठियाँ रोज लिखी जा रही हैं; लेकिन काम का पत्र लिखने से शायद ही किसी की तृप्ति होती है। कुछ पत्र आदमी यों ही लिखना चाहता है अथवा लिख जाता है, जिसका न तो कोई उद्देश्य होता है, न अभिप्राय और प्रयोजन। निष्प्रयोजन पत्र का कोई उत्तर भी नहीं हो सकता, लेकिन देखता हूँ तो ऐसे प्रश्नहीन पत्रों के उत्तर की प्रतीक्षा बड़ी बेकरारी से की जाती है; (और उनका उत्तर भी सबसे लम्बा दिया जाता है—आठ-आठ हजार, दस-दस हजार शब्दों में।) ऐसे ही बेकार पत्रों से आदमी, आदमी उतरता है, आदमी खिलता है, आदमी खुलता है।

भूमिति की सार्थक रेखाएँ बहुत खींची जाती हैं ओवरसियर और इंजीनियर लोग कोई मकान बनाने से पहले उसका रेखागणित बना लेते हैं यह सोद्देश्य और सप्रयोजन। लेकिन क्या वे सदैव ऐसी ही रेखाएँ खींचते हैं? जब कभी मन उदास हो,

सार्थक ही रेखाएँ खींचता है? क्या करे मन जब नहीं तन? क्या करे तन जब नहीं मन? ऐसी दशा में वह कुछ अर्थहीन रेखाएँ खींचता रहता है—कागज हुआ तो कागज पर, न हुआ तो जमीन पर—

"भाव भरा उर शब्द न आते,
पहुँच न इन तक आँसू पाते,
आओ, तृण से शुष्क धरा पर अर्थ-रहित रेखाएँ खींचें।"

लेकिन, कोई हृदयहीन ही इन रेखाओं को अर्थ-रहित कहेगा। सार्थक रेखा या लिपि है, जो इन भावों को इतनी अधिक तीव्रता और गहराई के साथ व्यक्त कर सकने की सामर्थ्य रखती है? किसी की बेकार खींची गई रेखाओं से उसकी तत्कालीन मनःस्थिति का पता अच्छी तरह चल सकता है। सार्थक रेखाएँ तो त्रिभुज बनाएँगी या किसी मकान अथवा पुल का मॉडल आदमी नहीं।

इसी तरह पाठ्यक्रम की पुस्तकें देखकर किसी विद्यार्थी का वास्तविक रूप नहीं जाना जा सकता। उसे वह रखता है, क्योंकि उसे रखना पड़ता है। इससे अधिक-से-अधिक यही पता चल सकता है कि उसका ध्यान पाठ्य-पुस्तकों के संग्रह की ओर कितना है। परन्तु उसका भीतरी रूप तो उन पुस्तकों के संग्रह से मालूम होता है जो कि पाठ्यक्रम की दृष्टि से बेकार कहा जायगा। नियमों की सीमा से चलते हुए आदमी नहीं पहचाना जाता, नियमों के तोड़ने अथवा उनकी सीमा समाप्त होने पर पहचाना जाता है। इसीलिए विद्यार्थी-जीवन में सभी विद्यार्थी आदमी के रूप में बहुत कुछ एक से लगते हैं, परन्तु उन ढाँचों से बाहर निकलते ही अलग हो जाते हैं। कौन कहता है कि बेकार की पुस्तक बेकार है? वही तो आदमी के सच्चे रूप की पुस्तकें हैं।

यही हालत है बेकार खर्च की अगर कोई विद्यार्थी कालेज की फ़ीस जमा कर आता है या पाठ्य-पुस्तक खरीद लेता है अथवा कोई अध्यापक जीवनबीमा की किस्त जमा कर आता है तो उस खर्च से उसका कुछ पता नहीं लगता। मैस के बँधे मासिक खर्च से किसी की जीभ का रहस्य नहीं खुलता। रहस्य खुलता है फुटकर जलपानों से। आदमी अपने फुटकर और निष्प्रयोजन, योजना-हीन आकस्मिक व्यय से पहचाना जाता है। बँधी चीजों के लिए तो सभी खर्च करते हैं। अक्सर बड़े-बूढ़े कभी-कभी लड़कों के खाने-खेलने की चीजें खरीद बैठते हैं और युवक कौतूहलवश अपनी प्रकृति के विरुद्ध वस्तुएँ ले बैठते हैं। इनका पता यही खर्च का हिसाब बताता है।

बहुत लोग 'टाइम-टेबुल' बनाकर काम करते हैं पर उससे उनकी नियमितता के सिवा कुछ नहीं मालूम होता। खुलते हैं वे उस समय, जब अपने 'टाइम-टेबुल' का बंधन तोड़ते हैं। विद्यार्थियों को स्वभाव पढ़ाई के बँधे घण्टों में लगभग एक-सा होता है, परन्तु इसके बाद वे समय को जिस बेकारी और बेहिसाबी से बिताते हैं, वह उन्हें

एक-दूसरे से अलग कर देता है। यही हाल दफ्तरों में खटने वाले क्लर्कों का है।

अक्सर हम अपने कुछ बेकार कागज फाड़कर या तो रद्दी की टोकरी में फेंक देते हैं या खिड़की के बाहर या कमरे में ही। अगर कोई उन रद्दी कागजों को बटोरकर जाँच करे तो वह आपके स्वभाव के विषय में बहुत कुछ सही अनुमान कर सकता है, रहस्य भी खोल सकता है।

किसी समाज का पता उसके धनाढ्य व्यापारियों, सरकारी अधिकारियों तथा कर्मचारियों को देखकर उतना नहीं चलता जितना उनके बेकार आदमियों को देखकर। बेकार घूमने वाले आदमी ही किसी समाज की व्यवस्था का सच्चा हाल प्रकट करते हैं। आज देश में लाखों किसान-मजदूर बेकार पड़े हैं, कितने ही शरणार्थी आश्रय-हीन की दशा में घूम रहे हैं, बेकारी की दशा में लेखकों की कलमें शिथिल हो रही हैं, खून की स्याहियाँ सूख रही हैं, साँसों के तार-तार हो रहे हैं—हिन्दुस्तान इसमें छिपा है, इन अँधेरी घाटियों में जहाँ दिन नहीं आते, केवल रातें रहती हैं; उन अट्टालिकाओं और धवल सौध-शिखरों में नहीं है, जो भली-भाँति सोने की चमक से प्रकाशित हैं! इस समाज का चित्रण भी वही कलम करेगी जो किसी रुपये की गुलाम नहीं, बल्कि बेकार पड़ी है, उन बेकारों के हुजूमी की तरह उनके साथ चलती है, उनसे बोलती है, उनकी सुनती है।

मगर मेरे दोस्त, तुम भी कहो शायद कि यह क्या गप्प हाँक रहा है। गप्प ही सही—गप्प पर भी कोई व्यवस्थित बात कही जाती है? आज मेरी भी इच्छा थी कि तुमसे कुछ गप-शप करूँ। सम्भव है इससे मेरा कुछ अपनापन खुल जाए। मैं तुम्हें अपने से दूर क्यों रखूँ और क्यों रखूँ तुम्हें भ्रम में? मगर तुम्हारी भी असलियत का पता तभी चलेगा, जब ऐसे बेकार निबन्ध को पढ़ोगे।

महादेवी वर्मा

(1907 ई॰ से 1987 ई॰)

महादेवी वर्मा जी का जन्म उत्तर प्रदेश के फर्रुखाबाद नगर में एक संपन्न परिवार में हुआ। आपने इलाहाबाद विश्वविद्यालय से संस्कृत विषय लेंकर एम॰ ए॰ प्रथम श्रेणी में उत्तीर्ण किया। आपको संगीत एवं चित्रकला में भी रुचि रही है। प्रयाग महिला विद्यापीठ की आप प्रधानाचार्य रही हैं। छायावादी कवियों में आपका महत्त्वपूर्ण स्थान रहा है। आपका गद्य साहित्य भी विशेष प्रसिद्ध रहा है। आपके गद्य साहित्य में भावात्मकता एवं वैचारिकता का संयोग दिखाई देता है। आपके रेखाचित्र विशेष उल्लेख्य हैं।

आपकी रचनाओं में 'नीहार', 'रश्मि', 'सांध्यगीत', 'यामा' (काव्य-संग्रह); 'स्मृति की रेखाएँ', 'अतीत के चलचित्र', (रेखाचित्र); 'शृंखला की कड़ियाँ' (निबंध) आदि प्रमुख हैं।

घीसा

प्रस्तुत रेखाचित्र में 'घीसा' नामक बालक की शिक्षा के प्रति लालसा एवं गुरु-प्रेम व्यक्त हुआ है। जिस गाँव में स्कूल नहीं, अध्यापक नहीं, जहाँ काले अक्षर भैंस बराबर हैं; ऐसे गाँव में महादेवी को घीसा जैसा हीरा शिष्य मिलता है। नाम ही नहीं; घीसा की सारी जिंदगी उपेक्षा का उदाहरण है। घीसा गाँव की प्रतिभा है। गुरु के प्रति उसके मन में भक्ति भाव है। उसकी गुरु-दक्षिणा लेखिका के ही नहीं, पाठकों के मन में भी स्नेह का निर्झर बहा देती है।

घीसा

वर्तमान की कौन-सी अज्ञात प्रेरणा हमारे अतीत की किसी भूली हुई कथा को सम्पूर्ण मार्मिकता के साथ दोहरा जाती है यह जान लेना सहज होता तो मैं भी आज गाँव के उस मलिन सहमे नन्हे-से विद्यार्थी की सहसा याद आ जाने का कारण बता सकती जो एक छोटी लहर के समान ही मेरे जीवन तट को अपनी सारी आर्द्रता से छूकर अनन्त जलि-राशि में विलीन हो गया है।

गंगा पार झूँसी के खँडहर और उसके आस-पास के गाँवों के प्रति मेरा जैसा अकारण आकर्षण रहा है उसे देखकर ही सम्भवतः लोग जन्म-जन्मान्तर के सम्बन्ध का व्यंग्य करने लगे हैं। है तो आश्चर्य की बात! जिस अवकाश के समय को लोग इष्ट-मित्रों से मिलने, उत्सवों में सम्मिलित होने तथा अन्य आमोद-प्रमोद के लिए सुरक्षित रखते हैं उसी को मैं इस खँडहर और उसके क्षत-विक्षत चरणों पर पछाड़ें खाती हुई भागीरथी के तट पर काट ही नहीं सुख से काट देती हूँ।

दूर पास बसे हुए, गुड़ियों के बड़े-बड़े घरौंदों के समान लगने वाले कुछ लिपे-पुते, कुछ जीर्ण-शीर्ण घरों से स्त्रियों का झुण्ड पीतल-ताँबे के चमचमाते मिट्टी के नये लाल और पुराने बदरंग घड़े लेकर गंगाजल भरने आता है। उसे भी मैं पहचान गयी हूँ। उसमें कोई बूटेदार लाल, कोई निरी काली, कोई कुछ सफेद और कोई मैल और सूत में अद्वैत स्थापित करने वाली, कोई कुछ नयी और कोई छेदों से चलनी बनी हुई धोती पहने रहती है। किसी की मोम लगी पाटियों के बीच में एक अंगुल चौड़ी सिंदूर-रेखा अस्त होते हुए सूर्य की किरणों में चमकती रहती है और किसी के कड़ुवे तेल से भी अपरिचित रूखी जटा बनी हुई छोटी-छोटी लटें मुख को घेर कर उसकी उदासी को और अधिक केन्द्रित कर देती हैं। किसी की साँवली गोल कलाई पर शहर की कच्ची नगदार चूड़ियों के नग रह-रह कर हीरे-से चमक जाते हैं। और किसी के दुर्बल काले पहुँचे पर लाख की पीली मैली चूड़ियाँ काले पत्थर पर मटमैले चन्दन की मोटी लकीरें जान पड़ती हैं। कोई अपने गिलट के कड़े-युक्त हाथ घड़े की ओट से छिपाने का प्रयत्न-सा करती रहती है और कोई चाँदी के पछेली-ककना की झनकार के साथ ही बात करती रहती है। किसी के कान में लाख की पैसे वाली तरकी धोती से कभी-कभी झाँक भर लेती हैं और किसी के ढारें लम्बी जंजीर से गला और गाल एक करती रहती

हैं। किसी के गुदना गुदे गेहुँए पैरों में चाँदी के कड़े सुडौलता की परिधि-सी लगते हैं और किसी की फैली उँगलियों और सफेद एड़ियों के साथ मिली हुई स्याही राँगा और काँसे के कड़ों को लोहे की साफ़ की हुई बेड़ियाँ बना देती हैं।

वे सब पहले हाथ-मुँह धोती हैं फिर पानी में कुछ घुस कर घड़ा भर लेती हैं—तब घड़ा किनारे रख सिर पर इँडुरी ठीक करती हुई मेरी ओर देख कर कभी मलिन, कभी उजली, कभी दुख की व्यथा-भरी, कभी सुख की कथा-भरी मुस्कान से मुस्करा देती हैं। अपने मेरे बीच का अन्तर उन्हें ज्ञात है तभी कदाचित् वे इस मुस्कान के सेतु से उसका वार-पार जोड़ना नहीं भूलतीं।

ग्वालों के बालक अपनी चरती हुई गाय-भैंसों में किसी को उस ओर बहकते देखकर ही लकुटी लेकर दौड़ पड़ते हैं, गड़रियों के बच्चे अपने झुण्ड की एक भी बकरी या भेड़ को उस ओर बढ़ते देख कर कान पकड़ खींच ले जाते हैं और व्यर्थ दिन भर गिल्ली-डंडा खेलने वाले निठल्ले लड़के भी बीच-बीच में नज़र बचाकर मेरा रुख देखना नहीं भूलते।

उस पार शहर में दूध बेचने जाते या लौटते हुए ग्वाले, किले में काम करने जाते या घर आते हुए मजदूर, नाव बाँधते या खोलते हुए मल्लाह कभी-कभी 'चुनरी त रँगाउब लाल मजीठी हो' गाते-गाते मुझ पर दृष्टि पड़ते ही अचकचा कर चुप हो जाते हैं। कुछ विशेष सभ्य होने का गर्व करने वालों से मुझे एक सलज्ज नमस्कार भी प्राप्त हो जाता है।

कह नहीं सकती कब और कैसे मुझे उन बालकों को कुछ सिखाने का ध्यान आया। पर जब बिना कार्यकारिणी के निर्वाचन के, बिना पदाधिकारियों के चुनाव के, बिना भवन के, बिना चंदे के अपील के और सारांश यह कि बिना किसी चिर-परिचित समारोह के, मेरे विद्यार्थी पीपल के पेड़ की घनी छाया में चारों ओर एकत्र हो गये। तब मैं बड़ी कठिनाई से गुरु के उपयुक्त गम्भीरता का भार वहन कर सकी।

और वे जिज्ञासु कैसे थे सो कैसे बताऊँ! कुछ कानों में बालियाँ और हाथों में कड़े पहने, धुले कुरते और ऊँची मैली धोती में नगर और ग्राम का सम्मिश्रण जान पड़ते थे, कुछ अपने बड़े भाई का पाँव तक लम्बा कुरता पहने, खेत में डराने के लिए खड़े किये हुए नकली आदमी का स्मरण दिलाते थे, कुछ उभरी पसलियों, बड़े पेट और टेढ़ी दुर्बल टाँगों के कारण अनुमान से ही मनुष्य संतान की परिभाषा में आ सकते थे और कुछ अपने दुर्बल रूखे और मलिन मुखों की करुण सौम्यता और निष्प्रभ पीली आँखों में संसार भर की उपेक्षा बटोरे बैठे थे। पर घीसा उनमें अकेला ही रहा और आज भी मेरी स्मृति में अकेला ही आता है।

वह गोधूली मुझे अब तक नहीं भूली। सन्ध्या के लाल सुनहली आभा वाले उड़ते

हुए दुकूल पर रात्रि ने मानों छिपकर अंजन की मूठ चला दी थी। मेरा नाव वाला कुछ चिन्तित-सा लहरों की ओर देख रहा था, बूढ़ी भक्तिन मेरी किताबें, कागज-कलम आदि सँभाल कर नाव पर रख कर, बढ़ते अन्धकार पर खिजला कर बुदबुदा रही थी या मुझे कुछ सनकी बनाने वाले विधाता पर, यह समझना कठिन था। बेचारी मेरे साथ रहते-रहते दस लम्बे वर्ष काट आयी है, नौकरानी से अपने आपको एक प्रकार की अभिभाविका मानने लगी है, परन्तु मेरी सनक का दुष्परिणाम सहने के अतिरिक्त उसे क्या मिला है! सहसा ममता से मेरा मन भर आया, परन्तु नाव की ओर बढ़ते हुए मेरे पैर, फैलते हुए अन्धकार में से एक स्त्री मूर्ति को अपनी ओर आता देख ठिठक रहे। साँवले, कुछ लम्बे-से मुखड़े में पतले स्याह ओंठ कुछ अधिक स्पष्ट हो रहे थे। आँखें छोटी, पर व्यथा से आर्द्र थीं। मलिन बिना किनारी की गाढ़े की धोती ने उसके सलूकारहित अंगों को भली-भाँति ढक लिया था, परन्तु तब भी शरीर की सुडौलता का आभास मिल रहा था। कन्धे पर हाथ रख कर वह जिस दुर्बल अर्धनग्न बालक को अपने पैरों से चिपकाये हुए थी उसे मैंने सन्ध्या के झुटपुटे में ठीक से नहीं देखा।

स्त्री ने रुक-रुक कर कुछ शब्दों और कुछ संकेत में जो कहा उससे मैं केवल यह समझ सकी कि उसके पति नहीं है, दूसरों के घर लीपने-पोतने का काम करने वह चली जाती है और उसका यह अकेला लड़का ऐसे ही घूमता रहता है। मैं इसे भी और बच्चों के साथ बैठने दिया करूँ तो वह कुछ तो सीख सके।

दूसरे इतवार को मैंने उसे सबसे पीछे अकेला एक ओर दुबक कर बैठे हुए देखा। पक्का रंग पर गठन में विशेष सुडौल मलिन मुख जिसमें दो पीली पर सचेत आँखें जड़ी-सी जान पड़ती थीं। कसकर बन्द किए हुए पतले होंठों की दृढ़ता और सिर पर खड़े हुए छोटे-छोटे रूखे बालों की उग्रता उसके मुख की संकोच-भरी कोमलता से विद्रोह कर रही थी। उभरी हड्डियों वाली गर्दन को सँभाले हुए झुके कन्धे से, रक्त-हीन मटमैली हथेलियों और टेढ़े-मेढ़े कटे नाखूनों-युक्त हाथों वाली पतली बाँहें ऐसे झूलती थीं जैसे ड्रामा में विष्णु बनने वाले की दो नकली भुजाएँ। निरन्तर दौड़ते रहने के कारण उस लचीले शरीर में दुबले पैर ही विशेष पुष्ट जान पड़ते थे—बस ऐसा ही था वह घीसा। न नाम में कवित्व की गुंजाइश न शरीर में।

पर उसकी सचेत आँखों में न जाने कौन-सी जिज्ञासा भरी थी! वे निरन्तर घड़ी की तरह खुली मेरे मुख पर टिकी ही रहती थीं। मानो मेरी सारी-विद्या-बुद्धि को सोख लेना ही उनका ध्येय था।

लड़के उससे कुछ खिंचे-खिंचे-से रहते थे। इसलिए नहीं कि वह कोरी था वरन् इसलिए कि किसी की माँ, किसी की नानी, किसी की बुआ आदि ने घीसा से दूर रहने की नितान्त आवश्यकता उन्हें कान पकड़-पकड़ कर समझा दी थी—यह भी उन्होंने

बताया और बताया घीसा के सबसे अधिक कुरूप नाम का रहस्य। बाप तो जन्म के पहले ही नहीं रहा। घर में कोई देखने-भालने वाला न होने के कारण माँ उसे बँदरिया के बच्चे के समान चिपकाये फिरती थी। उसे एक ओर लिटाकर जब वह मजदूरी के काम में लग जाती थी तब पेट के बल घसिट-घसिट कर बालक संसार के प्रथम अनुभव के साथ-साथ इस नाम की योग्यता भी प्राप्त करता जाता था।

फिर धीरे-धीरे अन्य स्त्रियाँ भी मुझे आते-जाते रोककर अनेक प्रकार की भावभंगिमा के साथ एक विभिन्न सांकेतिक भाषा में घीसा की जन्म-जात अयोग्यता का परिचय देने लगीं। क्रमशः मैंने उसके नाम के अतिरिक्त और कुछ भी जाना।

उसका बाप था तो कोरी, पर बड़ा ही अभिमानी और भला आदमी बनने का इच्छुक। डलिया आदि बुनने का काम छोड़कर वह थोड़ी बढ़ईगीरी सीख आया और केवल इतना ही नहीं, एक दिन चुपचाप दूसरे गाँव से युवती वधू लाकर उसने अपने गाँव की सब सजातीय सुन्दरी बालिकाओं को उपेक्षित और उनके योग्य माता-पिता को निराश का डाला। मनुष्य इतना अन्याय सह सकता है, परन्तु ऐसे अवसर पर भगवान् की असहिष्णुता प्रसिद्ध ही है। इसी से जब गाँव के चौखट-किवाड़ बनाकर और ठाकुरों के घरों में सफेदी करके उसने कुछ ठाट-बाट से रहना आरम्भ किया तब अचानक हैजे के बहाने वह वहाँ बुला लिया गया जहाँ न जाने का बहाना न उसकी बुद्धि सोच सकी न अभिमान। पर स्त्री भी कम गर्वीली न निकली। गाँव के अनेक विधुर और अविवाहित कोरियों ने केवल उदारतावश ही उसकी नैया पार लगाने का उत्तरदायित्व लेना चाहा, परन्तु उसने केवल कोरा उत्तर ही नहीं दिया प्रत्युत् उसे नमक-मिर्च लगाकर तीता भी कर दिया। कहा, 'हम सिंघ के मेहरारू होइके का सियारन के जाब।' फिर बिना स्वर-ताल के आँसू गिराकर, बाल खोलकर, चूड़ियाँ फोड़कर और बिना किनारे की धोती पहनकर जब उसने बड़े घर की विधवा का स्वाँग भरना आरम्भ किया तब तो सारा समाज क्षोभ के समुद्र में डूबने-उतराने लगा। उस पर घीसा बाप के मरने के बाद हुआ है। हुआ तो वास्तव में छह महीने बाद, परन्तु उस समय के सम्बन्ध में क्या कहा जाय जिसका कभी एक क्षण वर्ष-सा बीतता है और कभी एक वर्ष क्षण हो जाता है। इसी से यदि वह छह माह का समय रबर की तरह खिंचकर एक साल की अविधि तक पहुँच गया तो इसमें गाँव वालों का क्या दोष?

यह कथा अनेक क्षेपकोमय विस्तार के साथ सुनायी तो गयी थी मेरा मन फेरने के लिए और मन फिरा भी, परन्तु किसी सनातन नियम से कथावाचकों की ओर न फिर कर कथा के नायकों की ओर फिर गया और इस प्रकर घीसा मेरे और अधिक निकट आ गया। वह अपना जीवन सम्बन्धी अपवाद कदाचित् पूरा नहीं समझ पाया

था, परन्तु अधूरे का भी प्रभाव उस पर कम न था क्योंकि वह सबको अपनी छाया से इस प्रकार बचाता रहता था मानों उसे कोई छूत की बीमारी हो।

पढ़ने, उसे सबसे पहले समझने, उसे व्यवहार के समय स्मरण रखने, पुस्तक में एक भी धब्बा न लगाने, स्लेट को चमचमाती रखने और अपने छोटे-से-छोटे काम का उत्तरदायित्व बड़ी गम्भीरता से निभाने में उसके समान कोई चतुर न था। इसी से कभी-कभी मन चाहता था कि उसकी माँ से उसे माँग ले जाऊँ और अपने पास रखकर उसके विकास की उचित व्यवस्था कर दूँ—परन्तु उस उपेक्षित पर मानिनी विधवा का वही एक सहारा था। वह अपने पति का स्थान छोड़ने पर प्रस्तुत न होगी यह भी मेरा मन जानता था और उस बालक के बिना उसका जीवन कितना दुर्वह हो सकता है यह भी मुझसे छिपा न था। फिर नौ साल के कर्तव्यपरायण घीसा की गुरु-भक्ति देखकर उसकी मातृ-भक्ति के सम्बन्ध में कुछ सन्देह करने का स्थान ही नहीं रह जाता था और इस तरह घीसा वहीं और उन्हीं कठोर परिस्थितियों में रहा जहाँ क्रूरतम नियति ने केवल अपने मनोविनोद के लिए ही उसे रख दिया था।

शनिश्चर के दिन ही वह अपने छोटे दुर्बल हाथों से पीपल की छाया को गोबर-मिट्टी से पीला चिकनापन दे आता था। फिर इतवार को माँ के मजदूरी पर जाते ही एक मैले-फटे कपड़े में बँधी मोटी-रोटी और कुछ नमक या थोड़ा चबेना और एक डली गुड़ बगल में दबाकर, पीपल की छाया को एक बार फिर झाड़ने बुहारने के पश्चात् वह गंगा के तट पर आ बैठता और अपनी पीली सतेज आँखों पर क्षीण साँवले हाथ की छाया कर दूर-दूर तक दृष्टि को दौड़ाता रहता। जैसे ही उसे मेरी नीली सफेद नाव की झलक दिखायी पड़ती वैसे ही वह अपनी पतली टाँगों पर तीर के समान उड़ता और बिना नाम लिए हुए ही साथियों को सुनाने के लिए गुरु साहब कहता हुआ फिर पेड़ के नीचे पहुँच जाता जहाँ न जाने कितनी बार दुहराये-तिहराये हुए कार्यक्रम की एक अन्तिम आवृत्ति आवश्यक हो उठती। पेड़ की नीची डाल पर रखी हुई मेरी शीतलपाटी उतार कर बार-बार झाड़ पोंछकर बिछायी जाती, कभी काम न आने वाली सूखी स्याही से काली कच्चे काँच की दावात, टूटे निब और उखड़े हुए रंग वाले भूरे-हरे कलम के साथ पेड़ के कोटर से निकालकर यथास्थान रख दी जाती और तब इस चित्र पाठशाला का विचित्र मंत्री और निराला विद्यार्थी कुछ आगे बढ़कर मेरे सप्रणाम स्वागत के लिए प्रस्तुत हो जाता।

महीने में चार दिन ही मैं वहाँ पहुँच सकती थी और कभी-कभी काम की अधिकता से एक-आध छुट्टी का दिन और निकल जाता था, पर उस थोड़े से समय और इने-गिने दिनों में भी मुझे उस बालक के हृदय का जैसा परिचय मिला वह चित्रों के एल्बम के समान निरन्तर नवीन-सा लगता।

मुझे आज भी वह दिन नहीं भूलता जब मैंने बिना कपड़ों का प्रबन्ध किये हुए ही उन बेचारों को सफाई का महत्त्व समझाते-समझाते थका डालने की मूर्खता की। दूसरे इतवार को सब जैसे-के-तैसे ही सामने थे। केवल कुछ गंगाजी से मुँह इस तरह धो आये थे कि मैल अनेक रेखाओं में विभक्त हो गया था, कुछ ने हाथ-पाँव ऐसे घिसे थे कि शेष मलिन शरीर के साथ वे अलग जोड़े हुए-से लगते थे और कुछ 'न रहेगा बाँस न बजेगी बाँसुरी' की कहानी चरितार्थ करने के लिए कीट से मैले फटे कुरते घर ही छोड़कर ऐसे अस्थिपंजरमय रूप में आ उपस्थित हुए थे जिसमें उनके प्राण 'रहने का आश्चर्य है गये अचम्भा कौन' की घोषणा करते-जान पड़ते थे। पर घीसा गायब था। पूछने पर लड़के काना-फूसी करने या एक साथ सभी उसकी अनुपस्थिति का कारण सुनाने को आतुर होने लगे। एक-एक शब्द जोड़-तोड़ कर समझना पड़ा कि घीसा माँ से कपड़ा धाने के साबुन के लिए तभी से कह रहा था—माँ को मजदूरी के पैसे मिले नहीं और दूकानदार ने नाज लेकर साबुन दिया नहीं। कल रात को माँ को पैसे मिले और आज सवेरे वह सब काम छोड़कर पहले साबुन लेने गयी। अभी लौटी है, अतः घीसा कपड़े धो रहा है क्योंकि गुरु साहब ने कहा था कि नहा-धोकर साफ कपड़े पहन कर आना। और अभागे के पास कपड़े ही क्या थे! किसी दयावती का दिया हुआ एक पुराना कुरता जिसकी एक आस्तीन आधी थी और एक अंगोछा-जैसा फटा टुकड़ा। जब घीसा नहाकर गीला अंगोछा लपेटे और आधा भीगा कुरता पहने अपराधी के समान मेरे सामने आ खड़ा हुआ तब आँखें ही नहीं मेरा रोम-रोम गीला हो गया। उस समय समझ में आया कि द्रोणाचार्य ने अपने भील शिष्य से अँगूठा कैसे कटवा लिया था।

एक दिन न जाने क्या सोच कर मैं उन विद्यार्थियों के लिए 5-6 सेर जलेबियाँ ले गयी पर कुछ तौलने वाले की सफाई से, कुछ तुलवाने वाले की समझदारी से और कुछ वहाँ की छीना-झपटी के कारण प्रत्येक को पाँच से अधिक न मिल सकीं। एक कहता था मुझे एक कम मिली, दूसरे ने बताया मेरी अमुक ने छीन ली, तीसरे को घर में सोते हुए छोटे भाई के लिए चाहिए, चौथे को किसी और की याद आ गयी। पर इस कोलाहल में अपने हिस्से की जलेबियाँ लेकर घीसा कहाँ खिसक गया यह कोई न जान सका। एक नटखट अपने साथी से कह रहा था 'सार एक ठो पिलवा पाले है ओही का दे बरे गा होई, ''पर मेरी दृष्टि से संकुचित होकर चुप रह गया। और तब तक घीसा लौटा ही। उसका सब हिसाब ठीक था—जलखई वाले छन्ने में जलेबियाँ लपेट कर वह माई के लिए छप्पर में खोंस आया है, एक उसने अपने पाले हुए, बिना माँ के, कुत्ते के पिल्ले को खिला दी और दो स्वयं खा लीं। 'और चाहिए' पूछने पर उसकी संकोचभरी आँखें झुक गयीं—ओठ कुछ हिले। पता चला कि पिल्ले को उससे

कम मिली है। दें तो गुरु साहब पिल्ले को ही एक और दे दें।

और होली के पहले की एक घटना तो मेरी स्मृति में ऐसे गहरे रंगों में अंकित है जिसका धुल सकना सहज नहीं। उन दिनों हिन्दू-मुस्लिम वैमनस्य धीरे-धीरे बढ़ रहा था और किसी दिन उसके चरम सीमा तक पहुँच जाने की पूर्ण संभावना थी। घीसा दो सप्ताह से ज्वर में पड़ा था—दवा मैं भिजवा देती थी परन्तु देख-भाल का कोई ठीक प्रबन्ध न हो पाता था। दो-चार दिन उसकी माँ स्वयं बैठी रही फिर एक अंधी बुढ़िया को बैठा कर काम पर जाने लगी।

इतवार की साँझ को मैं यथाक्रम बच्चों को विदा दे घीसा को देखने चली; परन्तु पीपल से पचास पग दूर पहुँचते-न-पहुँचते उसी को डगमगाते पैरों से गिरते-पड़ते अपनी ओर आते देख मेरा मन उद्विग्न हो उठा। वह तो इधर पन्द्रह दिन से उठा ही नहीं था, अतः मुझे उसके सन्निपात-ग्रस्त होने का ही सन्देह हुआ। उसके सूखे शरीर में तरल विद्युत-सी दौड़ रही थी, आँखें और भी सतेज और मुख ऐसा था जैसे हल्की आँच में धीरे-धीरे लाल होने वाला लोहे का टुकड़ा।

पर उसके वात-ग्रस्त होने से भी अधिक चिन्ताजनक उसकी समझदारी की कहानी निकली। वह प्यास से जाग गया था पर पानी पास मिला नहीं और अंधी मनिया की आजी से माँगना ठीक न समझ कर वह चुपचाप कष्ट सहने लगा। इतने में मुल्लू के कक्का ने पार से लौट कर दरवाजे से ही अंधी को बताया कि शहर में दंगा हो रहा है और तब उसे गुरु साहब का ध्यान आया। मुल्लू के कक्का के हटते ही वह ऐसे हौले-हौले उठा कि बुढ़िया को पता ही न चला और कभी दीवार कभी पेड़ का सहारा लेता-लेता इस ओर भागा। अब वह गुरु साहब के गोड़ धर कर यहीं पड़ा रहेगा पर पार किसी तरह भी न जाने देगा।

तब मेरी समस्या और भी जटिल हो गयी। पार तो मुझे पहुँचना था ही पर साथ ही बीमार घीसा को ऐसे समझा कर जिससे उसकी स्थिति और गंभीर न हो जाय। पर सदा के संकोची, नम्र और आज्ञाकारी घीसा का इस दृढ़ और हठी बालक में पता ही न चलता था। उसने पारसाल ऐसे ही अवसर पर हताहत दो मल्लाह देखे थे और कदाचित् इस समय उसका रोग से विकृत मस्तिष्क उन चित्रों में गहरा रंग भर कर मेरी उलझन को और उलझा रहा था। पर उसे समझाने का प्रयत्न करते-करते अचानक ही मैंने एक ऐसा तार छू दिया जिसका स्वर मेरे लिए भी नया था। यह सुनते ही कि मेरे पास रेल में बैठ कर दूर-दूर से आये हुए बहुत-से विद्यार्थी हैं जो अपनी माँ के पास साल भर में एक बार ही पहुँच पाते हैं और जो मेरे न जाने से अकेले घबरा जायँगे, घीसा का सारा हठ, सारा विरोध ऐसे बह गया जैसे वह कभी था ही नहीं।—और तब घीसा के समान तर्क की क्षमता किसमें थी! जो साँझ को अपनी माई

के पास नहीं जा सकते उनके पास गुरु साहब को जाना ही चाहिए। घीसा रोकेगा तो उसके भगवान् जी गुस्सा हो जायँगे क्योंकि वे ही तो घीसा को अकेला बेकार घूमता देख कर गुरु साहब को भेज देते हैं आदि-आदि उसके तर्कों का स्मरण कर आज भी मन भर आता है। परन्तु उस दिन मुझे आपत्ति से बचाने के लिए अपने बुखार से जलते हुए अशक्त शरीर को घसीट लाने वाले को जब उसकी टूटी खटिया पर लिटा कर मैं लौटी तब मेरे मन में कौतूहल की मात्रा ही अधिक थी।

इसके उपरान्त घीसा अच्छा हो गया और धूल और सूखी पत्तियों को बाँध कर उन्मत्त के समान घूमने वाली गर्मी की हवा से उसका रोज संग्राम छिड़ने लगा—झाड़ते-झाड़ते ही वह पाठशाला धूल-धूसरित होकर, भूरे, पीले और कुछ हरे पत्तों की चादर में छिपकर, तथा कंकालशेष शाखाओं में उलझते, सूखे पत्तों को पुकारते वायु की संतप्त सरसर से मुखरित होकर उस भ्रांत बालक को चिढ़ाने लगती। तब मैंने तीसरे पहर से सन्ध्या समय तक वहाँ रहने का निश्चय किया, परन्तु पता चला घीसा किसकिसाती आँखों को मलता और पुस्तक से बार-बार धूल झाड़ता हुआ दिन भर वहीं पेड़ के नीचे बैठा रहता है मानो वह किसी प्राचीन युग का तपोव्रती अनागरिक ब्रह्मचारी हो जिसकी तपस्या भंग करने के लिए ही लू के झोंके आते हैं।

इस प्रकार चलते-चलते समय ने जब दाईं छूने के लिए दौड़ते हुए बालक के समान झपट कर उस दिन पर उँगली धर दी जब मुझे उन लोगों को छोड़ जाना था तब तो मेरा मन बहुत ही अस्थिर हो उठा। कुछ बालक उदास थे और कुछ खेलने की छुट्टी से प्रसन्न! कुछ जानना चाहते थे कि छुट्टियों के दिन चूने की टिपकियाँ रख कर गिने जाएँ या कोयले की लकीरें खींच कर। कुछ के सामने बरसात में चूते हुए घर में आठ पृष्ठ की पुस्तक बचा रखने का प्रश्न था और कुछ कागजों पर अकारण को ही चूहों की समस्या का समाधान चाहते थे। ऐसे महत्त्वपूर्ण कोलाहल में घीसा न जाने कैसे अपना रहना अनावश्यक समझ लेता था, अतः सदा के समान आज भी मैं उसे न खोज पायी। जब मैं कुछ चिन्तित-सी वहाँ से चली तब मन भारी-भारी हो रहा था, आँखों में कोहरा-सा घिर-घिर आता था। वास्तव में उन दिनों डॉक्टरों को मेरे पेट में फोड़ा होने का सन्देह हो रहा था। ऑपरेशन की सम्भावना थी। कब लौटूँगी या नहीं लौटूँगी यही सोचते-सोचते मैंने फिर कर चारों ओर जो आर्द्र दृष्टि डाली वह कुछ समय तक उन परिचित स्थानों को भेंट कर वहीं उलझ रही।

पृथ्वी के उच्छ्वास के समान उठते हुए धुँधलेपन में वे कच्चे घर आकण्ठ मग्न हो गये थे—केवल फूस के मटमैले और खपरैल के कत्थई और काले छप्पर, वर्षा में बढ़ी गंगा के मिट्टी जैसे जल में पुरानी नावों के समान जान पड़ते थे। कछार की बालू में दूर तक फैले तरबूज और खरबूज के खेत अपने सिरकी और फूस के मुठियों,

टट्टियों और रखवाली के लिए बनी पर्णकुटियों के कारण जल में बसे किसी आदिम द्वीप का स्मरण दिलाते थे। उनमें एक-दो दिये जल चुके थे तब मैंने दूर पर एक छोटा-सा काला धब्बा आगे बढ़ता देखा। वह घीसा ही होगा यह मैंने दूर से ही जान लिया। आज गुरु साहब को उसे विदा देना है यह उसका नन्हा हृदय अपनी पूरी संवेदनाशक्ति से जान रहा था इसमें सन्देह नहीं था। परन्तु उस उपेक्षित बालक के मन में मेरे लिए कितनी सरल ममता और मेरे विछोह की कितनी व्यथा हो सकती है यह जानना मेरे लिए शेष था।

निकट आने पर देखा कि उस धूमिल गोधूली में बादामी कागज पर काले चित्र के समान लगने वाला नंगे बदन घीसा एक बड़ा तरबूज दोनों हाथों में सम्हाले था जिसमें बीच में कुछ कटे भाग में से भीतर की ईषतलक्ष्य ललाई चारों ओर के गहरे हरेपन में कुछ खिले कुछ बन्द गुलाबी फूल जैसी जान पड़ती थी।

घीसा के पास न पैसा था न खेत—तब क्या वह इसे चुरा लाया है! मन का संदेह बाहर आया ही और तब मैंने जाना कि जीवन का खरा सोना छिपाने के लिए उस मलिन शरीर को बनाने वाला ईश्वर उस बूढ़े आदमी से भिन्न नहीं जो अपनी सोने की मोहर को कच्ची मिट्टी की दीवार में रख कर निश्चिन्त हो जाता है। घीसा गुरु साहब से झूठ बोलना भगवान जी से झूठ बोलना समझता है। वह तरबूज कई दिन पहले देख आया था। माई के लौटने में न जाने क्यों देर हो गयी तब उसे अकेले ही खेत पर जाना पड़ा। वहाँ खेत वाले का लड़का था जिसकी उसके नये कुरते पर बहुत दिन से नजर थी। प्रायः सुना-सुना कर कहता रहता था जिनकी भूख जूठी पत्तल से बुझ सकती है उनके लिए परोसा लगाने वाले पागल होते हैं। उसने कहा पैसा नहीं है तो कुरता दे जाओ। और घीसा आज़ तक तरबूज न लेता तो कल उसका क्या करता। इससे कुरता दे आया—पर गुरु साहब को चिन्ता करने की आवश्यकता नहीं क्योंकि गर्मी में वह कुरता पहनता ही नहीं और जाने-आने के लिए पुराना ठीक रहेगा। तरबूज सफ़ेद न हो इसलिए कटवाना पड़ा—मीठा है या नहीं यह देखने के लिए उँगली से कुछ निकाल भी लेना पड़ा।

गुरु साहब न लें तो घीसा रात भर रोयेगा—छुट्टी भर रोयेगा, ले जावें तो रोज नहा-धोकर पेड़ के नीचे पढ़ा हुआ पाठ दोहराता रहेगा और छुट्टी के बाद पूरी किताब पट्टी पर लिख कर दिखा सकेगा।

और तब अपने स्नेह में प्रगल्भ उस बालक के सिर पर हाथ रख कर मैं भावातिरेक से ही निश्चल हो रही। उस तट पर किसी गुरु को किसी शिष्य से कभी ऐसी दक्षिणा मिली होगी ऐसा मुझे विश्वास नहीं, परन्तु उस दक्षिणा के सामने संसार के अब तक सारे आदान-प्रदान फीके जान पड़े।

फिर घीसा के सुख का विशेष प्रबन्ध कर मैं बाहर चली गयी और लौटते-लौटते कई महीने लग गये। इस बीच में उसका कोई समाचार न मिलना ही संभव था। जब फिर उस ओर जाने का मुझे अवकाश मिल सका तब घीसा को उसके भगवानजी ने सदा के लिए पढ़ने से अवकाश दे दिया था—आज वह कहानी दोहराने की मुझमें शक्ति नहीं है, पर संभव है आज के कल, कल के कुछ दिन, दिनों के मास और मास के वर्ष बन जाने पर मैं दार्शनिक के समान धीर-भाव से उस छोटे-जीवन का उपेक्षित अन्त बता सकूँगी। अभी मेरे लिए इतना ही पर्याप्त है कि मैं अन्य मलिन मुखों में उसकी छाया ढूँढ़ती रहूँ।

दीप्ति गुप्ता

(1955 ई॰)

डॉ॰ दीप्ति गुप्ता जी ने आगरा विश्वविद्यालय से शिक्षा-दीक्षा ग्रहण की। कालजयी साहित्यकार अमृतलाल नागर के उपन्यासों पर आपने पी-एच॰ डी॰ उपाधि प्राप्त की है। आप 'मानव संसाधन विकास मंत्रालय' नई दिल्ली में 'शैक्षिक सलाहकार' के पद पर नियुक्त रही हैं। दिल्ली और पुणे रेडियो पर अनेक चर्चाओं और साक्षात्कारों में भागीदार हुई हैं। लेखन के अतिरिक्त चित्रकारी में भी आपको गहन रुचि रही है।

आपकी कहानियाँ, कविताएँ, रेखाचित्र तथा सामाजिक सरोकारों के लेख लोकप्रिय पत्र-पत्रिकाओं में प्रकाशित होते आए हैं।

हरिया काका

हरिया काका हैं तो आम आदमी। परन्तु उनकी सूझ-बूझ, ईमानदारी, बच्चों से स्नेह तथा परिवार के हर सदस्य के लिए भाग-दौड़ उन्हें बड़ा बना देती है। हरिया काका में एक समर्पित इनसान छिपा है। जिस कार्य को वे हाथ लगाते थे, समझो उसका सोना हो गया। हरिया काका के स्नेह में पले-बड़े हुए विनी और पावस उनके स्नेह को भूल नहीं पाते। हरिया काका जैसे चरित्र समाज में बहुत कम दिखाई देते हैं।

हरिया काका

सब्जी, फलों और न जाने कितनी चीजों के छोटे-बड़े थैले पीठ पर लादे हरिया काका को दूर से आते देखकर 'विनी' और 'पावस' खुशी से उछलते उसके पास पहुँच गए। घर के सामने दोनों ओर मुख्य द्वार तक फैले मखमली घास के लॉन के मध्य लाल पत्थरों का लहराता रास्ता बहुत लम्बा नहीं, तो इतना छोटा भी नहीं था कि 'हरिया काका' की मुख्य द्वार से घर के बरामदे में पहुँचने तक बच्चे धैर्य से उसकी प्रतीक्षा कर पाते। वे पलक झपकते ही हरिया काका के पास पहुँचे, उसके थैलों को छूते, अपने नन्हे हाथों से थैले पकड़ने को काका पर लपकते, हलचल लिए घर में घुसे और बड़ी जिम्मेदारी-सी ओढ़े काका की पीठ पर लदे थैलों को उतरवाने में मदद करने लगे। हरिया काका दोनों बलाओं को शांति से झेलता हुआ, बीच-बीच में आँखें तरेरता हुआ कि कहीं सामान न बिखर जाए, गुपचुप उन्हें घुड़कता-सा, एक-एक करके बरामदे में सामान से भरे थैलों को फर्श पर जमाने लगा। थोड़ी ही देर में वहाँ खासा बाज़ार-सा फैल गया। हरिया एक ओर सामान को करीने से रखता, तो विनी और पावस लिफाफों के मुँह खोल-खोल कर, उनमें झाँक कर जाँच-पड़ताल करते। दालों और मसालों के पैकेट उनकी नाक-भौं सिकोड़ने के लिए काफी थे। दोनों को अपने मतलब की कुछ भी चीज अभी तक नहीं मिल पाई थी। तभी हरिया ने जैसे ही फलों के थैले को खोला, दो जोड़ी शरारती आँखें चमक और लोभ से भर उठीं। रसभरे अंगूरों को विनी और पावस मानो अपनी आँखों से ही निगलने को तैयार, अपनी नन्ही हथेलियों को अधिकाधिक फैला कर उन गुच्छों को मुट्ठी में भरने के लिए बंदरों की तरह टूट पड़े, पर हरिया काका ने झपट कर अपने भीमकाय पंजे से उनके हाथों की अंगूरों के गुच्छों पर कुछ इस सतर्कता से घेराबंदी की, कि वे दोनों अंगूरों का एक भी दाना न ले पाए और न ही अंगूरों की दुर्गति कर पाए। अपने दूसरे हाथ की तर्जनी से विनी और पावस को प्यार से पाठ पढ़ाते हुए, हरिया काका ने कहा—"क्या सिखाया था माँजी ने, क्या बताया था टीचर जी ने और क्या समझाया था हमने भी, कि बिना धोए कुछ नहीं खाते। दूर हटो दोनों। सब तुम्हारे लिए ही है। पर हम ज़रा नहला-धुला कर इन्हें साफ कर दें। तब तुम दोनों को इनका भोग लगाएँगे।"

दोनों अंगूरों को नहलाने-धुलाने की बात पर बड़े खिलखिलाए और हरिया काका

के सुर में सुर मिलाता पावस बोला—"कौन से साबुन से नहलाओगे, मेरे या विनी के?"

"अरे पावस तूने अपनी बनियान और निकर पलंग के नीचे क्यों फेंक रखी है?"

तभी माँजी खीझ से भरी हुई, धुली बनियान से मिट्टी झाड़ती हुई, बरामदे में आईं तो दोनों भोले से बने उन्हें ऐसे देखने लगे, जैसे उन्होंने कुछ किया ही नहीं। माँजी ने पुनः दोनों को धमकाते हुए कहा—

"क्यों फेंकते हो कपड़े इधर-उधर। निकर तो इतनी दूर पलंग के नीचे, दीवार के पास फेंकी है कि मेरे बस का तो नहीं उसे निकालना।"

पावस नीची नज़रें किए हौले से शिकायती स्वर में बोला—"मुझे वो निकर बिल्कुल अच्छी नहीं लगती और बनियान मैंने नहीं फेंका, वो तो अपने आप गिर गया था।"

"तो क्या उठा नहीं सकते थे?" माँजी बड़बड़ाईं।

पावस अपनी ड्यूटी का हवाला देते हुए बोला—"वो हरिया काका आ गये थे न बाज़ार से, उन्हें लेने गेट पर जाना था न!"

हरिया काका ने पावस की भोली दलील पर मुस्कुराते हुए, माँजी की उपस्थिति और फटकार का सदुपयोग करते हुए फटाफट सब्जी और फल बड़े भगौने में नल के नीचे लगाकर धोने का आयोजन शुरू कर दिया। जैसे ही माँजी वापस कमरे में मुड़ीं, हरिया ने 'शरीर' से- 'शरीफ', बने दोनों बच्चों को एक-एक केला पकड़ा कर कहा—"जाओ, थोड़ी देर में अंगूर और अमरूद धोकर देते हैं। और हाँ, पलंग के नीचे से निकर भी निकालकर जगह पर रखो। न निकले तो हम निकाल देंगे।"

आँगन के दरवाजे की कुंडी खड़की तो हरिया काका लपक कर वहाँ पहुँचे। उन्हें पता था कि इस दरवाज़े की कुंडी खड़काने वाली रमिया ही होती है, जो रोज़ माँजी के पैरों पर तेल लगाने आती है और साथ ही अपने और हरिया के छह बच्चों में से किसी एक बच्चे की शिकायत भी अपने पल्लू में बाँध कर लाती है। क्योंकि मालिश करने से पहले वह जब पल्लू के कोने की गाँठ को खोलती, अपने किसी एक बच्चे की शिकायत करनी शुरू करती है तो लगता है वह उस गाँठ में ही बँधी है, जिसे वह खोलते-खोलते पूरी तरह हरिया काका के हवाले कर देती है और गाँठ में से निकली सुपारी को मुँह में रखकर, अपूर्व स्फूर्ति से भर उठती है। फिर तुरन्त माँजी के पैरों के पास बैठ कर कटोरी से तेल लगाने में जुट जाती है। हरिया काका बेध्यानी से, लेकिन अपनी पत्नी के डर से ध्यान से सुनने का नाटक करते हुए—अपने बच्चे की शिकायत सुन कर, फिर से घर के कामों में लीन हो गए।

× × ×

हरिया काका ने पिछले 40 सालों से इस घर का नमक खाया है। जब इस घर में उनके साहब ने उन्हें 'भय्याजी' को गोदी खिलाने और घर के झाड़ू-पोंछे के लिए रखा था, तब उनकी उम्र 15-16 साल रही होगी। वो दिन और आज का दिन वह कभी इस घर से दूर नहीं हुए। कितने मौसम आए और गए, तीज-त्योहार मनाए, बुजुर्गों का ऊपर जाना और नन्हे-मुन्नों का घर में आना, क्या-क्या नहीं देखा हरिया काका ने! वे तो मानो इस घर की जड़ों में ऐसे समा गए हैं कि उसकी शाखा, प्रशाखाओं, फूलों, पत्तों और कोपलों में उनके प्राण बसते हैं। बाबूजी, माँजी, भय्याजी, बहूरानी और उनके नन्हे-मुन्ने सलोने बच्चों तक का सुख-दुख सब उनका है। घर के सभी लोग उन्हें जी भर कर मान-सम्मान और प्यार बख्शते हैं। हरिया काका के बिना वे सब अधूरे से हो जाते हैं। विनी और पावस के लिए तो वह खिलौना भी हैं, तो सीख देने वाले गुरु भी हैं। माँ-बाप, दोस्त, बस कुछ हैं—उन दोनों बच्चों के लिए। दोनों बच्चे अपने वे चुनमुन रहस्य, विशेष बातें, हरिया काका के साथ बाँटते हैं, जिन्हें वे मम्मी-पापा व दादा-दादी से नहीं कह पाते। कभी-कभी तो हरिया काका, विनी और पावस के लिए एक ऐसे महान अनुकरणीय 'हीरो' बन जाते हैं कि उनसे काका को अपनी जान छुड़ाना मुश्किल हो जाता है। हरिया काका की तरह बैठना, उठना, चलना यहाँ तक कि छुपाकर उनकी रोटी-प्याज और गुड़ भी उकड़ूँ बैठकर उन्हीं के अंदाज में खाना, काका और घरवालों के लिए दुखदायी हो जाता है। काका को बच्चों द्वारा रोटी हजम कर जाना गवारा है, पर माँजी और बहूरानी से उनकी शिकायत करना जरा भी गवारा नहीं। खाली चाय पीकर, भूखे पेट बड़बड़ाते काम में लगे रहेंगे, पर मज़ाल है कि बच्चों के खिलाफ एक भी शब्द उनकी जुबान पर आ जाए। उन्हें जान से प्यारे हैं दोनों बच्चे। दोनों बच्चे ही नहीं, बच्चों के बाप भी। उन्हें भी तो वह सम्हाले-सम्हाले फिरते थे। दो साल के भय्याजी की अँगुली पकड़े-पकड़े, उन्हें घुमाना, घंटों उनके साथ खेल में मस्त रहना। ज़माना बीत गया। दो पीढ़ियों को अपनी बाँहों में खिलाया और सुलाया था हरिया काका ने। कभी-कभी तो हरिया काका को लगता कि पिछले जन्मों का ज़रूर कोई रिश्ता है इस घर से।

दो बजे तक हरिया काका को मेज पर दोपहर का खाना लगा देना होता है। बहूरानी, रसोई के कामों में, दाल-सब्जी-रोटी बनाने में सुबह से हरिया काका के साथ लगी रहती हैं। जबकि काका की मंशा होती है कि बहूरानी इतना काम न करके थोड़ा आराम करें। काका अपने गोल-गोल, फूले-फूले फुलकों के लिए दूर-दूर तक रिश्तेदारों में प्रसिद्ध हैं। बस एक ही काम उन्हें आज तक ठीक से नहीं आया—आम का अचार और मीठी चटनी डालना। एक बार उन्होंने अपना हुनर दिखाने के चक्कर में, किसी को पास नहीं फटकने दिया और आम की मीठी चटनी बोट भर कर डाली। आम

कसने से लेकर, गुड़ और मसाले आदि डालकर, पकाने तक—सारा काम यज्ञ की तरह बड़ी सफाई से, बड़े दिल से, स्वयं अकेले ही किया और सब कुछ होम भी कर बैठे क्योंकि कुछ ही दिनों में वह चटनी फफूँद से भरकर उतरने लगी। तब से उन्होंने तौबा कर ली।

× × ×

दोपहर के खाने के बाद काका दो-तीन घंटे रामबाड़ी में अपने घर आराम करने, अपने बच्चों के साथ बैठने जाते हैं। शाम को 5 बजे धीरे-धीरे सुस्त चाल से आते काका को देखकर बहूरानी अक्सर हँसती हुई कहती कि—"अम्मा जी देखिए तो जरा, हरिया काका चल रहे हैं या सो रहे हैं।"

यह बात तो शत-प्रतिशत सही है कि हरिया काका शुरू से ही सुस्त किस्म के इनसान रहे हैं। बड़े ही आराम से धीरे-धीरे काम करना उनकी अच्छी आदत है या खराब, पर उनसे चटर-पटर तुरत-फुरत काम नहीं होता। उनकी रमिया उनके ठीक विपरीत 'तीर' की तरह आती और जाती है और घंटों के काम मिनटों में कर हरिया काका की सुस्त चाल के लिए उन्हें दो-चार तीखी बातें कह, उन्हें भुनभुना कर चली जाती है।

छन्न से ड्रॉइंगरूम में कुछ गिरने की आवाज़ आई। विनी का चाइनीज़ गुलदस्ते पर गलती से हाथ लगा और वह लुढ़कता हुआ फर्श पर जाकर छनछना कर चकनाचूर हो गया। अंदर वाले कमरे से माँजी झुँझलाई सी बोलीं—

"क्या तोड़ डाला, अरे दुष्टो?"

बहूरानी अपने कमरे से दौड़ी हुई ड्रॉइंगरूप में आईं, तो उस अनमोल, नाजुक गुलदस्ते को चूर-चूर हुआ देख एक पल को जैसे सदमाग्रस्त-सी हो गईं। फिर गुस्से में भर कर बोलीं—"यह कैसे गिरा? किसने तोड़ा?"

तुरन्त हरिया काका नीची निगाह किए अपराधी का-सा भाव ओढ़ कर बोल उठे—"बहूरानी हम मेज़ साफ कर रहे थे कि हमारा हाथ लग गया और हमारे सँभालते-सँभालते भी नीचे गिर गया।"

बिनी-पावस सहमे से कभी काका को, कभी टुकड़ों में विकीर्ण गुलदस्ते को, तो कभी गुलदस्ते के टूटने से आहत अपनी माँ को टुकुर-टुकुर देखे जा रहे थे। काका का इतना बड़ा झूठ बोलना उनकी समझ से परे था; पर दोनों को और विशेष रूप से असली अपराधी विनी को बड़ा अच्छा लगा कि काका ने डाँट पड़ने से और शायद एक-दो चपत से भी उसकी रक्षा कर ली थी। वैसे डाँट-फटकार हरिया को भी पड़ी, माँजी की और बहूरानी की भी, किन्तु बड़े अनुपात में और बड़ी ही शालीनता से। बहूरानी के जाते ही काका ने विनी को खामोश बैठे रहने का इशारा करके सारा काँच

समेटा। विनी भी अति आज्ञाकारी बनी हुई अपने लटके पैरों को सोफे पर समेट कर बैठ गयी। तभी चिंतनशील मुद्रा में बैठा पावस एकाएक लपक कर हरिया के पास जाकर उनके कान में हौले से बोला—"अगर मम्मी ने मुझसे पूछा, तो मैं भी यही बोलूँ कि गुलदस्ते पर विनी का नहीं काका का हाथ लगा था?"

पावस की इस भोली उलझन पर मन-ही-मन हँसते हुए काका ने तुरंत आँखें फैलाकर उसे धमकाया कि—"चुप रहो! हमें झूठा बनवाओगे क्या? बड़े आए विनी के हाथ की शिकायत करने वाले! ये तुम्हारा वाला हाथ लग जाता तो क्या तुम तुरन्त बता देते? बहन को डँटवाओगे क्या?"

पावस भोलेपन से नकारात्मक सिर हिलाता, काका की बातों को ध्यानपूर्वक मन में उतारता, काँच के टुकड़ों को उठाने में मदद करने के लिए जैसे ही तत्पर हुआ उसे काका की एक और घुड़की मिली—"अब तुम अपना हाथ काटोगे, खून निकालोगे क्या? हटो, परे हटो!"

बड़े प्यार से काका की डाँट खाकर दोनों बच्चे उसे श्रद्धा से ऐसे देखने लगे, जैसे भक्तजन रक्षक भगवान को देखते हैं।

× × ×

आज जुड़वाँ भाई-बहन का जन्मदिन है। विनी, पावस से 15 मि॰ बड़ी है और वह अक्सर पावस को, लड़ाई-झगड़ा होने पर, अपने 15 मि॰ बड़े होने का एहसास कराया करती है किन्तु वह 15 मि॰ 'छोटा' कभी उसका रौब नहीं खाता। सुबह से घर में चहल-पहल और क्रिया-कलापों का अनवरत सिलसिला चल रहा है। नौ बजे से हवन आरम्भ होने पर, तदनन्तर उसकी समाप्ति पर रिश्तेदारों और अतिथियों को प्रसाद देते व जलपान कराते-कराते हमेशा 1 तो बज ही जाता है।

शाम को दोनों भाई-बहन के दोस्तों की पार्टी का आयोजन होता है। हरिया काका मेहमानों को खिलाते-पिलाते, कमरे व बरामदे के कोने-कोने से बर्तन समेटते उन्हें धोते-पोंछते, बिना थके काम में पिले पड़े हैं। वे दोनों बच्चों के लिए भेंट लाए हैं, उसे तो वह शाम की पार्टी में ही देंगे। हवन में तो बच्चों के मुँह में लड्डू देकर, सिर पर हाथ फेर कर, ढेर आशीष देना, उनका हमेशा का नियम रहा है। अपने उपहार तो वह 'लाल' कागज में लपेटकर, रिबिन से बाँध कर, पार्टी वाले अंदाज में, सब बच्चों के सामने क्रिसमस बाबा की तरह विशेष ढंग से लाकर, विनी और पावस के सामने इस तरह से पेश करते हैं कि सारे बच्चे उत्सुकता से उन्हें घेर कर खड़े हो जाते हैं कि 'देखें, काका ने इस बार क्या दिया है?'

देखते-ही-देखते शाम हो गई और पार्टी के लिए ड्रॉइंगरूम पूरी तरह सज-सँवर गया। विनी और पावस भी अपनी-अपनी नई पोशाकें पहन कर तैयार हो गए।

एक-एक करके बच्चों का भी आना शुरू हो गया। हरिया काका ने भी शाम को नीली कमीज़, झक सफेद पायजामा पहन कर, बाल बनाकर, नन्हे मेहमानों के स्वागत व विनी-पावस को भेंट अर्पण हेतु स्वयं को सँवार लिया। तभी ड्रॉइंगरूम में केक काटने की तैयारी में बच्चों को समेटती बहूरानी की पुकार सुनकर काका, माँजी, बड़े साहब, भय्याजी सभी कमरे में जा पहुँचे। विनी और पावस ने समान जोश और जोर से मोमबत्तियों को फूँक मारी और दो मोमबत्तियों की 'लौ' को सफ़ाई से दिपदिपाते छोड़, अपने नन्हे हाथों से, रिबिन और गोटे से सजी छुरी से केक काट कर, स्वयं ज़ोर-ज़ोर से ताली बजाना शुरू कर दिया। उनकी मित्रसेना ने उनकी तालियों का अनुसरण करते हुए कमरे को 'हैपी बर्थडे' की गूँज से भर दिया। माँजी, बड़े साहब, बहूरानी, भय्याजी ने बारी-बारी से दोनों बच्चों का मुख चूमते हुए, सिर पर हाथ फेरकर ढेरों आशीष बरसाते हुए अपने उपहार दिए। फिर भी विनी-पावस अपनी जगह से टस-से-मस नहीं हुए। उनकी नजरें हरिया काका को उनकी भेंट के साथ खोजने में लग गईं। काका भी उनसे पीछे नहीं थे। बड़े अनूठे ढंग से थाली में सजीला कपड़ा और फूल बिछाकर, उसमें दो लाल पैकेट रखे, वे दोनों के पास आ खड़े हुए और सभी बच्चे केक से ज्यादा काका की भेंट में रुचि रखने के कारण उचक-उचक कर देखने लगे कि काका इन पैकेटों में से क्या निकालकर देंगे विनी और पावस को! काका ने हौले से एक पैकेट का रिबिन खोला और पैकेट विनी के सामने सरका कर कहा—"इसे अब तुम खोलो बिटिया।"

विनी ने गर्व से सब बच्चों की ओर देखा और लाल कागज़ का एक सिरा खोला, फिर मुस्कराहट रोकते हुए, पास खड़ी सहेली से आँखें मिलाईं और कागज का दूसरा सिरा भी उघाड़ा, पास खड़े बच्चों की नज़रें कागज़ को भेदती हुईं अंदर छुपे उपहार पर गड़ गईं। इतने में विनी ने उसे खटाक से कागज से बाहर निकाला और सबको ऐसे दिखाया जैसे लॉन टैनिस का खिताब जीतकर, खिलाड़ी अपनी शील्ड को सारे दर्शकों को दिखाता है। खुद ने देखा नहीं कि क्या है—दोस्तों को दिखाने का चाव अधिक हावी था उस पर। पुस्तक का शीर्षक था—'रामायण पर आधारित बालकथाएँ।' सारे बच्चे लपक कर, उसे विनी के हाथ से छीनकर देखने को उतावले होने लगे कि तभी हरिया काका के गुरु गंभीर स्वर ने सबको सचेत किया—

"सब बच्चे लोग देखो, अब पावस के पैकेट से क्या निकलता है।"

पावस ने जिद की कि वह रिबिन भी अपने आप ही खोलेगा। उसने दोस्तों का ध्यान अपने पर केन्द्रित करने के लिए, खूब आराम से रिबिन खोला, फिर चारों ओर सब पर नज़र घुमाई। सब बच्चों की नज़रें पावस की नज़रों से मिलीं और जैसे बोलीं—"जल्दी से दिखाओ न क्या है पैकेट में?" पावस ने भी विनी की तरह अपने

पैकेट का एक-एक कोना बड़े सलीके से पकड़ते हुए लाल कागज के अंदर से, अपनी भेंट को एक झटके से बाहर निकालकर, चूमकर, सचिन तेंदुलकर के अंदाज में एक हाथ से ऊपर उठाकर सारे दोस्तों को, एक महान क्रिकेट खिलाड़ी के अंदाज में दिखाया। उस पुस्तक पर शीर्षक था–'महाभारत पर आधारित बालकथाएँ!' उसके पास खड़े बच्चे, पावस की पुस्तक पर लपकने लगे कि देखें कैसी कहानियाँ हैं, तस्वीरें भी बनी हैं क्या अंदर? पर रिफलेक्स एक्शन के लिए तैयार हरिया काका ने दोनों बच्चों की मार्गदर्शक मूल्यवान कथा-पुस्तकों को अपनी कस्टडी में लेकर बच्चों को खाने-पीने, नाच-गाने में लगा दिया।

× × ×

अगले दिन सवेरे चाय पीते समय माँजी और बहूरानी हरिया काका की सूझ-बूझ की तारीफ करते हुए उनसे पूछने लगीं–

"तुम्हें बच्चों के लिए इतनी अच्छी भेंट का विचार कैसे सूझा?"

हरिया काका कुछ खुश होते, कुछ लजाते, अपने को काम में उलझाते हुए बोले–"अरे हमें कौन सुझायेगा। ये दोनों शरारती बच्चे ही हमारी सूझ-बूझ हैं। दोनों बड़े सयाने हैं। बड़ी-बड़ी बातें सोचते हैं। तरह-तरह के सवाल करते हैं हमसे। इसलिए हमने सोचा कि अब यह इनके दिल-दिमाग को ढालने की उमर है इसीलिए ऐसी भेंट दी जाए, जो इन्हें अच्छी बातें सिखाए।" बहूरानी और माँजी उस शिक्षा-दीक्षा रहित, पर पढ़े-लिखे को भी मात देने वाले बुद्धिमान, समझदार हरिया का मुँह ताकती रह गईं।

× × ×

माली छुट्टी पर गया था। बग़ीचे में आम और कटहल लदे थे। माली आए तो उन्हें तुड़वाकर कुछ मिलने वालों के घर और बाकी की बाज़ार में सवेरे नीलामी करायी जाए। पर न जाने वह सात दिन बीत जाने पर भी क्यों नहीं आया? इसलिए हरिया काका को बड़े साहब और भय्याजी का आदेश मिला कि वह अगले दिन सवेरे छह बजे तक आम और कटहल तुड़वाकर बाजार में देकर आए। यह सुनते ही काका का दिमाग सटक गया। वे दबी-दबी आवाज में बुदबुदाने लगे–

"क्या हम माली हैं? वो गैरजिम्मेदार, मक्कार नंबर एक, काम के बखत न जाने कहाँ गायब हो गया। अब उसका काम भी हम पर ही आन पड़ा।"

गुस्से में भरा हरिया रात का काम निबटाकर चला गया। माँजी, बहूरानी सबने उसके तने तेवर भाँप लिए थे। जाते-जाते हरिया माँजी से बोला–"सवेरे-सवेरे आँख खुलीं तो हम आएँगे वरना देखी जाएगी।"

सवेरा हुआ तो क्या देखते हैं कि हरिया काका तड़के चार बजे से लग्गी लेकर

आम और कटहल तोड़ने में जो लगे तो छह बजे तक सानियों को लाकर, उनके टोकरों में आम और कटहल भरवा कर मंडी में बेच भी आए। मिलनेवालों के लिए अच्छे आम और कटहल छाँटकर अंदर बरामदे में रख दिए। मंडी से आकर बड़े साहब और भय्याजी को हिसाब भी दे दिया।

बरामदे में मूढ़े पर बैठी माँजी ने चाय की चुस्की भरते हुए, मुस्कराहट छिपाते हुए जब हरिया से पूछा—"कि तू तो आने ही वाला नहीं था शायद इतने तड़के। फिर यह सब कैसे इतनी जल्दी इतना सब कर डाला हरिया?"

हरिया काका किला जीतने के भाव से भरे बोले—"अरे माँजी, आज तलक क्या कभी ऐसा हुआ है कि आप लोगों में से कोई हमें कुछ आदेश दे और हम न मानें। भले ही हमें अच्छा लगे या न लगे पर इस 'मन' का क्या करें, यह आप लोगों का आदेश माने बिना चैन से बैठता ही नहीं। अब क्या बताऊँ माँजी। रात करवटें बदलते बीती और जब 4 बज गया तो रुका ही नहीं गया। जब काम करना है तो करना है।"

माँजी कहीं खोई-सी बोलीं—"हरिया तेरे बिना, इस घर का क्या होगा? कैसे चलेगा?"

"अरे माँजी! आप भी कैसी भाषा बोल रही हैं? भला हम कहाँ जा रहे हैं? यहीं जियेंगे, यहीं मरेंगे।" हरिया काका माँजी को आश्वस्त करते बड़े प्यार से बोले।

× × ×

हरिया काका यूँ तो कभी बीमार नहीं पड़ते थे। पर कभी एक दो बार बुखार खाँसी ने उन पर हमला करने की जुर्रत भी की तो वह अपने कामों से तब भी पीछे नहीं हटे। एक बार जाड़े में उन्हें तेज़ बुखार चढ़ आया। स्वेटर, मफलर, कोट अपने पर मढ़े, वे आठ बजे घने कोहरे को चीरते आ पहुँचे अपनी ड्यूटी बजाने। उन्हें आज भी याद है कि भय्याजी ने डाँटते हुए कहा था—

"क्या जरूरत थी बुखार में आने की? अगर तबियत और अधिक बिगड़ गई तो?"

हरिया काका के मुँह से एकाएक निकल पड़ा था—"तबियत तो और अधिक बिगड़ जाती, अगर घर पर पड़े रहते। यहाँ आए हैं तो, बुखार भाग जाएगा और काम में मन भी लगा रहेगा। और जब मन चंगा, तो तन भी चंगा आपो आप हुई जाएगा।"

यह सुनकर भय्याजी बड़बड़ाते चले गए थे—"ये और इनकी अनोखी दलीलें। इनसे तो कुछ भी कहना बेकार है।"

वाकई शाम तक देखते-ही-देखते काका का बुखार 101° से 99° आ गया था। अदरक और तुलसी की चाय पी-पीकर बच्चों-बहूरानी और माँजी से बतिया-बतिया कर उन्होंने अपना इलाज कर ही लिया था, अगले दिन पूरी तरह स्वस्थ हो गए थे।

पर अपने कामों से बुखार के दौरान तनिक भी अलग नहीं हुए। हालाँकि उनकी यह आदत घर भर में किसी को भी नहीं भाती थी पर वे अपनी जिद्द के पक्के थे।

× × ×

आज 70 वर्ष के हरिया काका लकवे के कारण, अपने आधे बेजान शरीर से मजबूर खटिया पर पड़े रहते हैं। इस उम्र में भी अपने बेटे, बहुओं और पत्नी रमिया की सेवा से उनमें इतनी ताकत तो आ गई है कि वे धीरे-धीरे उठ बैठ जाते हैं। विनी-पावस भी बड़े हो गए हैं। पढ़-लिखकर सैटिल हो गए हैं। साहब भगवान को प्यारे हो चुके हैं।

कोई पल ऐसा नहीं होता जब हरिया काका अपने बीते दिनों, विनी और पावस, बड़े साहब, माँजी, भय्याजी और बहूरानी, उस घर को, उसकी दीवारों को, उस आँगन को याद न करते हों और ये न मनाते हों कि "हे प्रभु! अगले जन्म में भी बड़े साहब और माँजी, उनके बच्चों और बच्चों के बच्चों की सेवा का मौका देना।"

जब भी भय्याजी, बहूरानी, विनी और पावस, काका को देखने बस्ती में जाते हैं तो उनकी खुशी का ठिकाना नहीं रहता। "काका कैसे हो?" सुनने पर प्रेमविभोर कृतज्ञता से भरी उनकी छलछलाई आँखें न जाने क्या-क्या बोलने लगतीं।

शंकर पुणतांबेकर

(1926 ई॰)

हिन्दी के वरिष्ठ एकांकीकार डॉ॰ शंकर पुणतांबेकर जी का जन्म मध्यप्रदेश के ग्वालियर शहर में हुआ है। आपकी कर्मभूमि महाराष्ट्र रही है। शिक्षा-दीक्षा के पश्चात आप महाराष्ट्र के मूलजी जेठा महाविद्यालय, जलगाँव में तीन दशक तक अध्यापन कार्य करते रहे। हिन्दी साहित्य में व्यंग्य लेखक के रूप में भी आपका योगदान सराहनीय है। आपके एकांकी साहित्य ने हिन्दी नाट्य साहित्य को नवीनता प्रदान की है।

'बचाओ, मुझे डॉक्टरों से बचाओ', 'बचाओ, मुझे कवियों से बचाओ' पुणतांबेकर जी के प्रसिद्ध एकांकी-संग्रह हैं।

रंग में भंग

प्रस्तुत एकांकी में व्यंग्य का सहारा लेकर महाविद्यालयीन जीवन पर तथा युवा वर्ग की मानसिकता पर प्रकाश डाला गया है। छात्रावास के कुछ मित्रों में प्रेम को लेकर लंबी-चौड़ी चर्चा बड़ी रोमांचक ढंग से शुरू हुई थी कि अचानक वार्डन का प्रवेश 'रंग में भंग' सिद्ध होता है।

रंग में भंग

पात्र

मंगल

खन्ना

मेहता

वर्मा

वार्डन

(होस्टल का कमरा। सोफासेट, टेबल, पुस्तकें आदि। टेबल की दराज में एक लड़की का फोटो रखा है। परदा खुलता है उस समय नौकर मंगल फर्नीचर साफ करता हुआ और कोई फिल्मी गीत गुनगुनाता हुआ नज़र आता है। खन्ना का प्रवेश। सूट में है।)

खन्ना : अरे मंगल, आज तूने यह कितनी देर कर दी। देख रहा है आठ बज गये हैं।

मंगल : कुछ बात नहीं बाबूजी। आज तो इतवार है। कॉलिज तो आप जाएँगे नहीं। फिर क्या देर और क्या सबेर?

खन्ना : बातें खूब बनाना जानता है मंगल तू। इस पूरे होस्टल में दिमाग किसी का तेज होगा तो बस तेरा।

मंगल : दिमाग तेज है तो बाबूजी। पर अपने आप तो हो नहीं गया है। आप सब लोगों की बदौलत ही तो हो गया है। इस होस्टल में क्या कम लड़के हैं। एक हजार लड़के हैं एक हजार। और हर साल नये-नये आते रहते हैं। सो बस उनमें रहकर दिमाग तेज बना रहता है।

खन्ना : अच्छा, अब तू अपना ज्ञान छाँटना बन्द कर। यहाँ अब और ज्यादा समय बरबाद न कर। वे मेहता और वर्मा के बच्चे टपक पड़ने में अब देर नहीं हैं।...और वह रागिनी भी तो आ रही है।

मंगल : हाँ हाँ, अब समझ में आया आप इतने बेहाल क्यों हैं? रागिनी की ही वजह से। बाबूजी, एक बात पूछूँ?

खन्ना : बस बस, कुछ न पूछ मुझसे। तुझे छोटे मुँह बड़ी बात खूब आती है।

मंगल : सिरफ एक बात पूछना चाहता हूँ बाबूजी–सिरफ एक। रागिनी यहाँ रोज क्यों आती है? कुछ परेम-वरेम का चक्कर तो नहीं शुरू हो गया है?

खन्ना : **(कुछ चिढ़कर)** मंगल, अब तू अन्दर जाता है या नहीं?

मंगल : आप तो बड़ी किलास में पढ़ते हैं बाबूजी। आपके किलास में छोकरियाँ भी पढ़ती हैं। एक-दो नहीं दस-दस बीस-बीस। उनके संग पढ़ने में बड़ा अच्छा लगता होगा किलास में?

खन्ना : **(चिढ़कर)** हाँ हाँ, अच्छा लगता है लड़कियों के साथ पढ़ना। तो तू क्यों नहीं आता वहाँ? आकर बैठा कर तू भी।

मंगल : लेकिन मुझे क्या समझेगा, किलास में। काला अक्षर भैंस बराबर।

खन्ना : तो तू लड़कियों के मुँह की ओर देखा कर। तेरी समझ में तो लड़के कक्षा में पढ़ने के लिए थोड़े ही बैठते हैं, लड़कियों के मुँह की ओर देखने के लिए बैठते हैं।

मंगल : रागिनी बड़ी नेक लड़की है बाबूजी।

खन्ना : **(हँसते हुए)** तुझे पसन्द है? करेगा शादी?

मंगल : क्या मजाक करते हैं बाबूजी! कहाँ वह और कहाँ मैं! वह पढ़ी-लिखी बड़े बाप की बिटिया....और मैं....बस बाबूजी आप तो बड़ा बुरा मजाक करते हैं। दिल में आग लगा देते हैं।

खन्ना : दिल में आग लग जाती है न तेरे? अरे मंगल, तो दिल तेरे भी है।.... अच्छा, अब अपने दिल की बात रख दूर और अन्दर जाकर चाय का पानी रख स्टोव पर। मेहता, वर्मा और रागिनी के आने में अब देर नहीं है। **(मंगल जाता है)**

खन्ना : मंगल के दिल में भी आग लगती है।....हाँ हाँ क्यों नहीं। आखिर वह भी तो इनसान है।....उफ, इनसान और आग।....आग मेरे दिल में भी है। रागिनी के लिए आग। रागिनी, रागिनी! **(टेबल की दराज में से रागिनी का फोटो निकालता है)** रागिनी, तुम्हारे लिए यदि मैं अपने आपको खाक भी कर दूँ तो मुझे कोई कष्ट न होगा। रागिनी, बस बस तुम्हारे बिना मेरा जी सकना दूभर है। मैं....मैं क्या कहूँ रागिनी, जब से तुम्हें देखा है मुझे चैन नहीं। हरदम तुम्हारा ही ध्यान बना रहता है। पढ़ने बैठता हूँ तो सोचता हूँ खूब पढ़कर अच्छे नम्बरों से पास हो भी जाऊँ तो क्या।.... तुम्हारे अभाव में मेरी जिन्दगी सब कुछ पाकर भी सूनी ही रहेगी। रागिनी....रागिनी....!

मेहता : वाह खूब! खन्ना गजब करते हो यार! यह तुम्हारी ऐक्टिंग है या रागिनी के लिए पागलपन?

खन्ना : मेहता, किसी का दिल जल रहा हो और उसे तुम ऐक्टिंग कहो, पागलपन कहो। दुनिया के लोग भी गजब करते हैं। मजनूँ को लोग पागल क्यों कहते थे अब आया समझ में।

(फोटो दराज में रखता है।)

मेहता : हाँ, मजनूँ बनने के बाद ही लोग मजनूँ को समझ सकते हैं। इसके पहले नहीं। पर मेरे दोस्त, मजनूँ इतने अच्छे कपड़े नहीं पहनता था जैसे तुम पहने हुए हो। वह तो पूरा दीवाना हो गया था। कपड़ों की जरा भी सुधबुध न रहती थी उसे।

खन्ना : तुम तो यही सोचोगे मेरे दोस्त कि सब बातों की सुधबुध खोकर फटे-पुराने कपड़ों में मैं गली-गली मारा-मारा फिरूँ और तुम सब लोग मेरी हँसी उड़ाते रहो।....मेरे दोस्त, रागिनी यदि मुझे न मिल सकी तो एक दिन तुम्हारी दुआओं से मेरी ऐसी ही हालत हो जाएगी।

मेहता : खन्ना, ये कैसी बातें करते हो। तुम्हारा लंगोटी यार होने के नाते मैं कभी भी नहीं चाहूँगा कि रागिनी के कारण तुम एक दिन दीवाने बनकर मारे-मारे फिरो। पर मेरा खयाल है कि रागिनी तुम पर नहीं वर्मा पर जान देती है।

खन्ना : वर्मा? उसे भी बुलाया है आज मैंने यहीं! वास्तव में उसे अब तक आ जाना चाहिए था। रागिनी भी अभी तक नहीं आयी।....आज इस बात का फैसला होकर रहेगा कि रागिनी मेरी है या वर्मा की।

मेहता : और यदि रागिनी तुममें से किसी को भी पसन्द न करे तो?....क्योंकि जान देना बात और है और शादी करना और।....

खन्ना : तुम कहते हो रागिनी वर्मा पर जान देती है लेकिन वर्मा में ऐसे कौन सुर्खाब के पर लगे हैं जो वह उस पर जान देगी।

मेहता : क्यों, उसके पास किस बात की कमी है? उसका बाप एक बड़ा इन्जीनियर है।

खन्ना : उसका बाप बड़ा इन्जीनियर है तो मेरा बाप भी कुछ कम नहीं है। एक बड़ा वकील है।

मेहता : देखते हैं, अब इन्जीनियर और वकील के इन सपूतों में जीत किसकी होती है।

खन्ना : रागिनी ने कहीं वर्मा के गले में माला डाल दी तो मैं तो खुदकुशी कर लूँगा।

मेहता : बीसवीं सदी के सभी मजनूँ ऐसी ही बातें करते हैं, लेकिन जब देखते हैं कि अपनी लैला दूसरे की बीवी बन गयी है तो वे दूसरी लैला की खोज में निकल पड़ते हैं।

खन्ना : इस खन्ना का दिल तुम जानते नहीं मेहता, इसीलिए ऐसी बातें करते हो। अरे, यह खन्ना आजकल के आलतू-फालतू मजनुँओं में से नहीं है। उसके पास सिर्फ एक दिल है एक। और एक बार किसी को दे दिया तो बस दे दिया।....

मेहता : मेरा खयाल कुछ दूसरा ही है खन्ना।

खन्ना : वह क्या?

मेहता : दिलवालों के पास सिर्फ एक ही दिल नहीं होता। बहुत से होते हैं।.... पिछले साल तुमने अपना दिल लीला को दिया था। वह शायद वापस मिल गया तुम्हें?

खन्ना : लीला को दिल दिया ही नहीं था मेहता, मैं तो उससे सिर्फ क्लास-मेट के नाते मिलता रहता था और इसी नाते वह मुझसे मिल लेती थी।

मेहता : यह दिल का मामला बड़ा अजीब मालूम होता है मुझे। कब ये दे दिया जाता है और कब नहीं, पता नहीं पड़ता। रागिनी शायद लीला से ज्यादा सुन्दर है?

खन्ना : रागिनी की बराबरी कोई लड़की नहीं कर सकती मेहता। वह इस धरती की परी है परी?

मेहता : लीला के बारे में भी तो तुम ऐसा ही कहते थे।

खन्ना : **(जैसे सुना न हो)** यह रागिनी अभी तक आयी क्यों नहीं? उसके आने का समय तो हो गया है।

मेहता : धरती की इन परियों का कोई भरोसा नहीं। वे अपाइंटमेंट देती हैं एक को और जाती हैं और कहीं। हो सकता है इस समय वह वर्मा के साथ किसी कैफे में चाय-कॉफी पी रही हो।

खन्ना : पर वर्मा को भी यहीं आना है।

मेहता : हाँ। लेकिन जब रागिनी साथ है तो आने की जल्दी क्यों करें? सम्भव है, वह उसे वहाँ तुम्हारे बारे में कोई उल्टी-सीधी बातें सुना रहा हो।

खन्ना : **(एकदम उबलकर)** जान ले लूँगा वर्मा की यदि वह ऐसा करेगा तो। मैं इस प्रकार की बातें कतई बरदाश्त नहीं कर सकता।

मेहता : लेकिन मेरे यार, एवरी थिंग इज फेयर इन लव एंड वॉर।

खन्ना : मैंने रागिनी को वचन दिया है मैं तुम्हें अमरीका की यात्रा कराऊँगा।

मेहता : वर्मा ने शायद उसे रॉकेट से चन्द्रमा की यात्रा का वचन दिया हो। तुम दोनों ही अमीर बाप के बेटे हो। अपने-अपने बाप के बूते इस मुहब्बत के नीलाम में तुम लोग ऊँची-से-ऊँची बोली लगा सकते हो।

खन्ना : मेहता, तुम निरे मूर्ख हो। मुहब्बत के मामले में तुम कुछ नहीं जानते। हमारे प्रेम की भाषा को तुम नीलाम कहते हो। प्रेम की दुनिया एक अजब की दुनिया होती है।

मेहता : अच्छा, यह तो बताओ यदि रागिनी तुमसे शादी करने के लिए राजी हो जाए तो शादी कब करोगे—परीक्षा के बाद या पहले ही!

खन्ना : परीक्षा जाए भाड़ में। मैं तो फौरन शादी कर लूँगा।

मेहता : लेकिन यह तो तुम दोनों का बी॰ ए॰ का फाइनल इयर है।

खन्ना : मैं तो पिछले तीन महीनों से यह भी भूल गया हूँ कि किस इयर में पढ़ रहा हूँ।

मेहता : ओह, तो यहाँ तक नौबत आ गयी है। खूब! लेकिन कक्षा में तो तुम बराबर आते हो।

खन्ना : बस जिधर रागिनी जाती है, मैं भी चला जाता हूँ। एक दिन कक्षा में से वह उठकर चली गयी थी, तो बस पैंतालीस मिनट पैंतालीस घण्टों जैसे मालूम हुए।

मेहता : हमारे कॉलेज में प्रोफेसरों के लेक्चर तो बड़े विद्वत्तापूर्ण होते हैं, साथ-साथ मनोरंजक भी।

खन्ना : प्रोफेसरों की ओर ध्यान देता कौन है मेहता! यह काम तो तुम जैसे स्कॉलरों का है। मैं तो जब कक्षा में बैठा होता हूँ, तो मुझे यह भी नहीं मालूम रहता कि कौन-सा विषय पढ़ाया जा रहा है।

मेहता : बहुत खूब! बहुत खूब?

खन्ना : कक्षा में रागिनी सब लड़कियों में चाँद की तरह चमकती है। तुमने कक्षा में उसकी ओर कभी देखा नहीं शायद?

मेहता : देखा है। लेकिन दिन में, रात में नहीं।

खन्ना : मेहता, तुम क्या देख सकोगे उस चाँद के टुकड़े को। तुम जैसा शुष्क और नीरस आदमी शायद ही कोई हो। मुझे खेद है कि मेरा एक स्कॉलर दोस्त इतना विरक्त है! सभी स्कॉलर इतने विरक्त नहीं होते, मैं जानता हूँ।

प्रोफेसर मूर्ति अपने यहाँ का एक बड़ा स्कॉलर है। उसमें तुम जैसी नीरसता नहीं है।

मेहता : सो कैसे?

खन्ना : जब वह देखता है कि आज कक्षा में एक भी लड़की हाजिर नहीं है, तो वह उस दिन पढ़ाता ही नहीं। किसी बहाने से लेक्चर लेने से मना कर देता है। मैं ऐसे प्रोफेसरों को दिल वाला प्रोफेसर कहता हूँ। नहीं तो वह इतिहास का प्रोफेसर भार्गव। बिल्कुल शुष्क है तुम जैसा।

मेहता : क्यों, वह क्या करता है?

खन्ना : बस लेक्चर क्या देता है, जान ले लेता है लड़कों की। क्लास में लड़कियाँ नहीं होतीं उस दिन तो वह पैंतालीस मिनट के बजाय साठ-साठ मिनट पढ़ाता रहता है। बिल्कुल बोर कर देता है।

मेहता : लेकिन उसका इतिहास का ज्ञान तो बहुत अच्छा है।

खन्ना : खाक अच्छा है। एक दिन एक लड़के ने पूछा था आठवें हेनरी की छह रानियों के नाम क्या हैं, तो वह उस लड़के पर बिगड़ पड़ा। कहने लगा उस रानियों से तुम्हें क्या करना है। वे परीक्षा में नहीं आ रही हैं।

मेहता : हाँ हाँ, याद आया मुझे भी। इस पर उस लड़के ने जवाब दिया था—सर हमें खेद इसी बात का है कि वे परीक्षा में नहीं आ रही हैं, वरना हम उन्हीं को लेकर परीक्षा भवन से भाग जाते।

खन्ना : देखो, कैसी लाजवाब बात कही थी। इतिहास के रेगिस्तान में एक सुहावने झरने जैसी। लेकिन वह ठूँठ भार्गव कितना नाराज हुआ उस लड़के पर! बदतमीज और न जाने क्या-क्या कहा। कक्षा में से निकाल दिया। मैं कहता हूँ यदि कॉलेजों में सभी प्रोफेसर भार्गव जैसे हो जाएँ तो बस हम जैसे तो पहले सर्टिफिकेट कटा लें।

मंगल : **(अन्दर से ही)** बाबूजी, पानी खूब खौल रहा है। क्या चाय डाल दूँ।

खन्ना : तेरा पानी खौल रहा है। इधर मेरा दिल खौल रहा है। इस रागिनी का इंतजार अब मुझसे सहा नहीं जाता।

मंगल : **(प्रवेश करके)** बाबूजी, नाश्ता भी तैयार है। अण्डे भी उबल गये हैं।

खन्ना : अबे अण्डे के बच्चे, उबल गये हैं तो नीचे उतार ले। मेहता, तुम यहीं बैठो। मैं रागिनी को देखता हूँ क्यों नहीं आयी अब तक। मुझे तो अब वर्मा पर सन्देह होता है। कहीं वह उसे फुसलाकर तो नहीं ले गया। मैं जानता हूँ वह अव्वल नम्बर का धूर्त है।

मंगल : आप यहीं रुकिए बाबूजी, मैं जाता हूँ उन दोनों को देखने।

खन्ना : नहीं, नहीं तू क्या देखेगा उन्हें। मैं जाता हूँ। (**जाता है।**)

मेहता : मंगल, खन्ना तो उस रागिनी के पीछे पागल हो गया है।

मंगल : खन्ना बाबूजी तो रागिनी के पीछे पागल हैं मेता बाबू, आप किस छोकरी के पीछे पागल हैं?

मेहता : (**नाराज होकर**) कैसी बात करता है मंगल तू! किसी लड़की के पीछे पागल होने के लिए मैं खन्ना और वर्मा जैसे लोगों में से थोड़े हूँ।

मंगल : (**आश्चर्य से**) नहीं हैं? तो जरूर कोई....कोई....कोई खराबी है जो किसी छोकरी के पीछे....

मेहता : (**चिढ़कर**) मंगल, कैसी भद्दी बात करता है!

मंगल : नहीं, नहीं, मेता बाबू। आप मेरा मतलब नहीं समझे! मेरे कहने का मतलब यह था कि आपने कौन सी खराबी समझी जो छोकरियों के पीछे पागल नहीं हुए। कॉलिज में पढ़कर भी परेम-वरेम के फंदे में नहीं पड़े, तो कॉलिज में पढ़ने से फायदा क्या?

मेहता : तो तू समझता है कि लड़के-लड़कियाँ कॉलेज में सिर्फ प्रेम करने के लिए आते हैं।

मंगल : मेता बाबू, मेरे कहने का मतलब यह नहीं। मेरा कहना तो यह है कि एक पत्थर से दो चिड़ियाँ मरें तो क्यों न मारी जाएँ? कॉलिज में पढ़ते भी रहें और परेम भी करते रहें। हमारे खन्ना बाबूजी इन मामलों में बड़े होशियार हैं।

मेहता : तो तेरे कहने का मतलब यह है कि मैं मूर्ख हूँ जो कॉलेज में पढ़ते हुए किसी लड़की से प्रेम नहीं करता।

मंगल : मेरे कहने का मतलब यह नहीं मेता बाबू। आप तो उलटा ही अरथ लगाते हैं। मेरे कहने का मतलब यह है कि कॉलिज में कितनी ही छोकरियाँ होती हैं। उनसे अगर परेम-वरेम नहीं किया तो उन छोकरियों का होगा क्या। क्या उनका अचार डलेगा? छोकरियाँ हुईं और परेम का मामला न हुआ तो बस गजब की बात हो गयी।

मेहता : तो तेरे कहने का मतलब यह है कि छोकरियाँ यदि हैं तो उनसे प्रेम करना ही चाहिए।

मंगल : हाँ अब आयी बात आपकी समझ में! मेता बाबू, मुझ गँवार की बात समझने के लिए आपको इतनी देर लगती है तो पढ़े-लिखे प्रोफेसरों की बातें आप कैसे समझ पाते होंगे?

मेहता : मैं मूर्ख हूँ, आखिर यही कहने का मतलब है न तेरा?

मंगल : मेरे कहने का मतलब यह नहीं है मेता बाबू। मैं क्या कह सकता हूँ आप जैसे पढ़े-लिखे लोगों को।....मेरा बड़ा जी चाहता है आप के कॉलिज में पढ़ने के लिये।

मेहता : यदि तू पढ़ता तो तूने जरूर किसी लड़की से प्रेम किया होता नहीं?

मंगल : मैं आपकी तरह सुनहला मौका न छोड़ देता मेता बाबू। मेरा तो जी न मानता कि इतनी छोकरियों के रहते मैं उनसे प्रेम न करता।....मेता बाबू, आपसे एक बात पूछने को जी हो रहा है।

मेहता : क्या बात पूछना चाहता है, पूछ!

मंगल : आप बुरा तो नहीं मानेंगे?

मेहता : तूने अब तक ऐसी कौन-सी बात नहीं सुनायी है, जिसका मैं बुरा न मानता। इतनी बातों में एक और सही। हाँ, पूछ क्या पूछना चाहता है।

मंगल : मैं पूछना चाहता हूँ कि आपने जो किसी छोकरी से परेम नहीं किया, ऐसा तो नहीं कि आपके हिस्से में ही कोई छोकरी पड़ नहीं सकी।

मेहता : हाँ, ऐसा ही समझ ले कि मेरे हिस्से में ही कोई लड़की नहीं पड़ सकी प्रेम करने के लिये।

मंगल : लेकिन मेता बाबू, आप क्यों पीछे रह गये? शायद और लड़के आगे दौड़ गये और आप पहुँच न सके। और जब पहुँचे तो देखा अपने लिए एक भी लड़की नहीं बची।

मेहता : तो क्या लड़कियों के लिए दौड़ लगायी जाती है कि जो पीछे रहे जाने वाले लड़कों के हाथ कोई लड़की नहीं आती। वाह रे, तेरी समझ!

मंगल : मैं तो मूरख और अपढ़ ठहरा मेता बाबू। छोकरी पाने के लिए दौड़ नहीं लगानी पड़ती तो फिर क्या करना पड़ता है? कुछ हुनर होगा छोकरी पाने का।

मेहता : हाँ हाँ! हुनर की तो जरूरत होती है। बिना हुनर के क्या कोई प्रेम पा सकता है।

मंगल : तो मेता बाबू, आप में वह हुनर नहीं है?

मेहता : **(चिढ़कर)** हाँ हाँ, नहीं है। मैं तो मूर्ख हूँ बस। तभी तो मेरे लिए कोई छोकरी नहीं मिल सकी।

मंगल : तो मेता बाबू, एक बात मेरी मानो। आप में यह हुनर नहीं है तो आप खन्ना बाबू से क्यों नहीं सीख लेते।

मेहता : चल पागल। मुझे इस हुनर की आवश्यकता ही नहीं है।

मंगल : **(आश्चर्य से)** आवश्यकता नहीं है? फिर तो गजब है मेता बाबू। इस उमर

में ऐसी बात करते हैं आप। इस उमर में आवश्यकता नहीं है तो क्या बुढ़ापे में आवश्यकता पड़ेगी?

मेहता : **(चिढ़कर)** बस, अब बकवास बन्द कर और अन्दर जाकर अपना काम देख।

मंगल : अच्छा बाबूजी, जैसा आपका हुकम। आप नाराज न हों। **(जाता है।)**

मेहता : बदमाश कहीं का।

(वर्मा का प्रवेश। सुन्दर नवयुवक। सूट में है।)

वर्मा : किसे बदमाश कह रहे हो मेहता?....और हमारे राइवल कहाँ गये?

मेहता : तो क्या खन्ना बाबू तुम्हें नहीं मिले? अरे, वह तो तुम्हारी ही ओर गये थे।

वर्मा : मेरी ओर? क्या मुझे बुलाने?

मेहता : नहीं नहीं, रागिनी को बुलाने। मालूम नहीं अब तक वह क्यों नहीं आयी।

वर्मा : रागिनी के बारे में आज आखिरी फैसला हो जाएगा मेहता। मैं नहीं चाहता कि एक पटरी पर दो गाड़ियाँ दौड़ें।

मेहता : और आगे चलकर आपस में टकराकर कहीं ऐसा एक्सीडेंट हो जाए कि दोनों गाड़ियाँ पटरी के नीचे। तुम्हारा क्या खयाल बोलता है? क्या रागिनी तुम्हारे गले में माला डाल देगी?

वर्मा : मेरे गले में नहीं डालेगी तो क्या इस खन्ना के बच्चे के गले में डालेगी? खन्ना कितना मूर्ख है, रागिनी बहुत अच्छी तरह से जानती है।

मेहता : पर रागिनी खन्ना के साथ हमेशा रेस्तराँ, सिनेमा आदि को जाती रहती है।

वर्मा : खन्ना को मूर्ख बनाती है। और खन्ना है भी इतना मूर्ख कि उस पर पानी जैसा पैसा बहाता रहता है।

मेहता : और तुम क्या कम खर्च करते हो उस पर! परसों ही साल गिरह पर तुमने उसे चार सौ रुपये की एक बनारसी साड़ी भेंट की थी।

वर्मा : तो फिर उसमें हानि का या फालतू खर्च का सवाल कहाँ आता है। वह साड़ी आखिर रहेगी तो मेरी ही रागिनी के पास। उलटे खन्ना नुकसान में रहेगा। उसने नेकलेस जो प्रेजेंट किया था।

मेहता : आप लोग कितना खर्च कर देते हैं फालतू! क्या आपके घर के लोग पूछते नहीं कि इतना पैसा किन बातों में खर्च करते हो।

वर्मा : हमारे घर के लोगों से मतलब हमारे पिताओं से ही है न। अरे, वे लोग भी तो कॉलेजों में पढ़े हैं। तभी तो वकील और इन्जीनियर बने। अपने अनुभवों से उन्हें सब कुछ समझ में आ जाता होगा।

मेहता : घर से दूर यहाँ होस्टल में रहते हो इसलिए मजे हैं तुम लोगों के। पूरी-पूरी आजादी है। अच्छा वर्मा, यह तो बताओ तुमको रागिनी से ही प्रेम क्यों है?

वर्मा : यह भी कोई सवाल में सवाल है। जो चीज की जाती है उसका कारण तो दिया जा सकता है, लेकिन जो हो जाए—अपने आप ही, उसका क्या कारण दिया जाए! यह तो तुम जानते हो प्रेम किया नहीं जाता, हो जाता है।

मेहता : मेरे यह समझ में नहीं आता किसी एक ही लड़की पर दो-चार क्या उससे भी ज्यादा लड़कों का प्रेम कैसे हो जाता है, जबकि कुछ लड़कियाँ ऐसी ही बिना प्रेम के रह जाती हैं। उनकी ओर कोई भूलकर भी नहीं देखता।

वर्मा : प्रेम के बारे में चर्चा करना मैं नहीं जानता मेहता। सिर्फ प्रेम करना मैं जानता हूँ। और फिर तुम्हारा सवाल इसी तरह बेहूदा है जैसे कोई पूछे सूरज पूरब में ही क्यों उगता है पश्चिम में क्यों नहीं?

मेहता : सुन्दर लड़की पर सभी जान देने को तैयार हो जाते हैं। मैं कहता हूँ प्रेम यदि हो ही जाता है, वह एक स्वाभाविक धर्म है तो वह किसी काली, बदसूरत लड़की से क्यों नहीं होता!

वर्मा : इसका जवाब न तो मेरे पास है और न मैं इसके बारे में कुछ सोचना ही चाहता हूँ। जिसके पास हरी-भरी सुहावनी उपजाऊ जमीन हो वह ऊबड़खाबड़ और बंजर जमीन के बारे में विचार नहीं करता।

मेहता : न मालूम यह जमीन तुम्हारे हाथ पड़ेगी या खन्ना को मिलेगी।

वर्मा : खन्ना को यदि रागिनी मिल गयी, तो मैं खुदकुशी कर लूँगा।

मेहता : पिछले वर्ष यही बात तुमने विमला को लेकर कही थी। विमला बी॰ ए॰ होकर कॉलेज छोड़ गयी, एक प्रोफेसर से उसकी शादी भी हो गयी। तुमने उसी समय तो खुदकुशी नहीं कर ली? इस समय तुम बहिश्त से तो बात नहीं कर रहे हो?

वर्मा : हम जैसे नौजवानों के लिए बहिश्त इस धरती पर है, वहाँ दूसरी ऊपर वाली दुनिया में नहीं। तुम तो जानते हो। मैंने खुद विमला से कहा था तुम उस प्रोफेसर से शादी कर लो। उसकी जिन्दगी हरी-भरी हो जाएगी। मेरी बात मत सोचो। मैं तो किसी तरह जी लूँगा।

मेहता : और तुम जैसी किसी दूसरी लड़की पर डोरे डालना शुरू कर दूँगा। वाह रे परोपकारी जीव! वर्मा, यदि इतने परोपकारी हो तो रागिनी खन्ना के लिए क्यों नहीं दे डालते? उन दोनों के रास्ते से क्यों नहीं हट जाते?

वर्मा : मैं तो हट जाऊँ। पर मैं चाहता हूँ कि मेरे जैसे परोपकारियों की संख्या बढ़े। इसीलिए वही बात इस बार मैं खन्ना से कराना चाहता हूँ।

मेहता : यह रागिनी हमारे होस्टल के वार्डन की ही तो लड़की है।

वर्मा : तो तुम भी सब लड़कियों के अते-पते रखते हो। क्या तुम भी उम्मीदवारों में से हो?

मेहता : नहीं। मेरी क्या हैसियत है जो किसी लड़की से प्रेम कर सकूँ। प्रेम के मामले में पहले पैसे की आवश्यकता होती है, बाद में दिल की। और लड़कियाँ भी दिल नहीं पैसा ही देखती हैं। मैं तो रागिनी के बारे में इसलिए पूछताछ कर रहा था कि उसका पिता तो बड़ा सख्त आदमी है।

वर्मा : हाँ सख्त तो है। होस्टल के वार्डन प्रायः सख्त ही हुआ करते हैं। आखिर पैसा उन्हें किस बात का मिलता है! इसी बात का कि सख्त बने रहें। वरना ये वार्डन लोग होते हैं बेवकूफ ही।

मेहता : तो क्या अपने वार्डन बेवकूफ हैं?

वर्मा : नहीं तो क्या बुद्धिमान हैं? यदि ऐसे होते तो उनकी लड़की उन्हें बेवकूफ बनाती? हम लोगों के साथ घूमती फिरती?

मेहता : यदि उसे मालूम पड़ जाए कि तुम लोग उसकी लड़की से प्रेम करते हो और उससे शादी करना चाहते हो, तो वह तुम दोनों को होस्टल से तो निकलवा ही दे, कॉलेज से भी रस्टिकेट करवा दे।

(खन्ना का प्रवेश)

वर्मा : कहाँ मर गये थे तुम? हम कब से तुम्हारा इंतजार कर रहे हैं। और यहाँ इंतजाम ऐसा है कि न चाय है न नाश्ता।

खन्ना : सब कुछ तैयार है। तुम व्यर्थ खफा हो रहे हो। देर मैंने नहीं तुमने की है। पूछो इस मेहता से।

मेहता : हाँ भाई वर्मा।

खन्ना : मंगल, अरे मंगल!

मंगल : **(अन्दर से ही)** आया बाबूजी।

खन्ना : चाय नाश्ता ले आ।

मंगल : **(अन्दर से ही)** लाया बाबूजी

(सभी सोफे पर बैठ जाते हैं।)

वर्मा : रागिनी कहाँ है?

खन्ना : वह आ रही है। रास्ते में एक सहेली मिल गयी उसकी।

वर्मा : तो चाय उसके आने पर ही लेंगे।

खन्ना : उसके आने पर ही लेना। मंगल, चाय-नाश्ता अभी रहने दे।

मंगल : **(प्रवेश करके। हाथ में ट्रे है।)** —पर बाबूजी मैं तो ले आया।

मेहता : मंगल, यहाँ लाकर रख दे ट्रे। मेरे सामने। मैं ले लूँगा चाय। ये लोग रागिनी के आने पर लेंगे।

(मंगल ट्रे टी-टेबल पर रखता है और जाता है।)

वर्मा : तो मैं भी ले लेता हूँ।

खन्ना : वर्मा, यदि तुम रागिनी के आने तक इंतजार नहीं कर सकते थे तो फिर पहले मना क्यों किया?

वर्मा : **(चाय पीता हुआ)** मेरी खुशी। इसमें दखल देने वाले तुम कौन होते हो! रागिनी और मेरे मामले में तुम्हें बोलने का कोई अधिकार नहीं।

खन्ना : इसका फैसला तो अभी हुआ जाता है। तुम दोनों के मामले में मुझे बोलने का अधिकार नहीं है या हम दोनों के मामले में तुम्हें बोलने का अधिकार नहीं है।

वर्मा : रागिनी इतनी बेवकूफ नहीं है कि तुम जैसे फूहड़ के गले में माला डाल दे।

मेहता : वर्मा, तुम लड़ते भी जाओ और इधर नाश्ता भी करते जाओ।

वर्मा : चुप रहो मेहता। क्या मैं लड़ रहा हूँ?

मेहता : **(टोस्ट खाते हुए)** नहीं नहीं, तुम बड़ी प्यार-भरी बातें कर रहे हो खन्ना से। किये जाओ, इसी तरह किये जाओ बातें। इधर मैं इस मामले को निपटा लेता हूँ।

वर्मा : **(खन्ना से)** हम दोनों के मामले में विलन बने तो नतीजा बहुत बुरा भुगतना होगा तुम्हें खन्ना।

खन्ना : विलन मैं हूँ या तुम? जरा जबान सँभालकर बात करो।

वर्मा : मैं तो सब कुछ सँभालकर बात कर रहा हूँ। तुम भी अपना भेजा ठिकाने रखकर बात करो।

खन्ना : रागिनी बस मेरी है और मेरी होकर रहेगी। अभी रास्ते में स्वयं मुझसे बोली।

वर्मा : तुमसे बोली खाक। तुमसे पहले उसने मुझसे कहा है कि शादी करूँगी तो बस तुमसे ही। खन्ना तो मूर्ख है।

खन्ना : उसने मुझसे भी यही बात कही शादी करूँगी तो तुमसे ही। वर्मा तो मूर्ख है।

वर्मा : बातें मत बनाओ। हम दोनों में से मूर्ख कौन है, इसका फैसला तो अभी रागिनी के आने पर हो जाएगा।

मेहता : मैं कहता हूँ जिस बात का फैसला रागिनी को करना है, उस पर तुम लोग क्यों व्यर्थ लड़ रहे हो।

वर्मा : लड़ कौन रहा है, यह या मैं?

खन्ना : तमीज बात करने की नहीं है और शादी करने चले हो रागिनी से। कभी आईने में चेहरा देखा था?

वर्मा : मैंने आईने में चेहरा देखा था या नहीं देखा था, मुझे तमीज है या नहीं, मैं नहीं जानता। लेकिन रागिनी ने मेरा चेहरा जरूर अच्छी तरह देखा है। मेरी तमीज के बारे भी वह अच्छी तरह जानती है। तभी तो वह मुझसे शादी करने के लिए राजी हुई है।

खन्ना : शादी वह तुम्हारे साथ नहीं, मेरे साथ करने के लिए राजी हुई है।

मेहता : मालूम होता है तुम दोनों का मामला आज बिना हाथपाई हुए तय नहीं हो सकता।

वर्मा : मैं तो हाथापाई के लिए भी राजी हूँ। अपने कायर खन्ना को ही राजी कर लो।

खन्ना : किसे कायर कहते हो। जरा उठकर इधर मैदान में आओ। तब पता चलेगा कि कौन कायर है और कौन बहादुर।

वर्मा : **(उठकर खन्ना के पास जाता है)** लो आया मैदान में। कर लो क्या करना चाहते हो! दो-दो हाथ करना चाहते हो?

मेहता : मालूम होता है तुम दोनों में से किसी एक की मौत आ गयी है। मैं ऐसे मामलों से डरता हूँ। मुझे तो इजाजत दो खन्ना बाबू। **(उठकर जाने को होता है)**

वर्मा : **(उसकी बाँह पकड़ कर)** कहाँ भागता रे डरपोक। चल बैठ यहाँ। हम दोनों की भिड़ंत में अम्पायर का काम कर। और याद रख अगर कहीं बीच जंग से भाग गया तो जान ले लूँगा।

मेहता : अरे बाप रे, कहाँ आकर फँसा।

वर्मा : तो क्या केवल चाय और नाश्ते पर हाथ साफ करने आये थे। लो हाथ में हथियार खन्ना। कौन सा हथियार लेना चाहते हो?

खन्ना : मेरा कमरा कोई शस्त्रागार है, जो यहाँ कोई हथियार मिल जाए।

वर्मा : **(खन्ना का हाथ झटके से अपने हाथ में पकड़ कर)** ले लो जो चीज मिल जाए।

खन्ना : ठीक है। **(कोने में रखी एक कुर्सी उठाता है।)**

(वर्मा टी-टेबुल उठाता है। दोनों एक-दूसरे पर गुर्राते हैं उसी समय धोती-कुरता पहने वार्डन का प्रवेश।)

मेहता : **(वार्डन को देख डरकर)** अरे बाप रे, वार्डन। **(बाहर चला जाता है।)**

(इधर वार्डन को देखते ही खन्ना और वर्मा उठायी हुई चीजें नीचे रख देते हैं और एकदम एक साथ बोल उठते हैं–सर आप?)

वार्डन : हाँ मैं। ये क्या बेहूदगी चल रही है तब से। मैं बगल के कमरे से सब कुछ सुन रहा था। वहाँ बीमार प्रसाद की तबियत के बारे में पूछने आया था। तुम्हें इस तरह बातें करते और लड़ते शरम नहीं आती?

खन्ना : लेकिन सर, हम लोग तो....

वार्डन : चुप रहो। मुझे किसी सफाई की आवश्यकता नहीं है। तुम में से खन्ना कौन है, वर्मा कौन है, मेहता और मंगल कौन है। जो अभी भाग गया वह इनमें से कौन था?

खन्ना : सर, हम में से खन्ना, वर्मा, मेहता आदि कोई नहीं है।

वार्डन : तुम लोगों को मेरी लड़की के बारे में बेहूदा बातें करते शर्म नहीं आती?

वर्मा : पर सर, हम लोगों ने बेहूदा बात तो कोई नहीं की।

वार्डन : बस चुप रहो। मैं तुम चारों की रिपोर्ट तैयार करके प्रिंसिपल साहब के पास भेज रहा हूँ। प्रिंसिपल साहब के द्वारा आज तुम सब रेस्टिकेट किये जाओगे।

वर्मा : सर, सर, यदि ऐसा हुआ तो गजब हो जाएगा।

वार्डन : मूर्खो, मेरी रागिनी से प्रेम करके तुम समझते हो ऐसे ही छूट जाओगे?

खन्ना : सर, हम प्रेम नहीं, हम तो ग्रैंड-रिहर्सल कर रहे थे।

वार्डन : तो क्या प्रेम की भी ग्रैंड-रिहर्सल होती है? मुझे बेवकूफ मत बनाओ।

वर्मा : नहीं सर। हम प्रेम की नहीं, कॉलेज की गैदरिंग के नाटक की ग्रैंड-रिहर्सल कर रहे थे।

मंगल : **(प्रवेश करके)** हाँ सर। और यह देखिए यह रहा नाटक। अपने ही कॉलेज के प्रोफेसर शर्मा ने लिखा है। मैं अन्दर से प्रॉम्टिंग कर रहा था।

वर्मा : और मंगल नामक नौकर का काम भी।

वार्डन : तो नाटक की रिहर्सल है ये! मूर्खो तो यह बात तुम लोगों ने मुझे पहले क्यों नहीं बतलायी। तुम लोग इस तरह पार्ट कर रहे थे कि सब बातें बिल्कुल खरी लग रही थीं। लेकिन प्रोफेसर शर्मा ने मेरी ही बेटी का नाम क्यों दिया नाटक की हीरोइन को?

खन्ना : वे कॉलेज में इसी वर्ष तो आये हैं। वे नहीं जानते कि यह आपकी पुत्री का नाम है।

मंगल : और हममें से भी किसी को नहीं मालूम था। हम नाटक की हीरोइन का नाम बदल डालेंगे, सर।

खन्ना : हाँ। हमें क्या, जैसी रागिनी, वैसी पद्मिनी या रुक्मिनी....

वर्मा : हाँ, हमें तो किसी भी लड़की से प्रेम करना है।

वार्डन : ठीक है, ठीक है। खूब प्रेम किये जाओ, मुझे कोई एतराज नहीं है। **(जाता है।)**

खन्ना : सब रंग में भंग कर दिया इस वार्डन के बच्चे ने बीच में ही आकर।

वर्मा : हाँ कितना नैचुरल रिहर्सल था।

खन्ना : रिहर्सल आगे चालू करें। हाँ हमारे एक-दूसरे पर गुर्राने के बीच में ही तो रागिनी का....नहीं, पद्मिनी का प्रवेश है। हाँ, तो उसका प्रवेश होने दो अब।

मेहता : **(प्रवेश करके)** लेकिन रागिनी का काम करने वाली निर्मला तो वार्डन की आवाज सुनते ही भाग खड़ी हुई।

मंगल : इस वार्डन की नानी मर जाए। सारा मजा किरकिरा कर दिया। रागिनी ही नहीं तो क्या रहा रिहर्सल में।

खन्ना : बात तो सही है मंगल। इसलिए आज का रिहर्सल यहीं समाप्त। **(ऊपर देखकर)** परदा गिरा दो भाई। मंगल ने आज यहाँ परदा भी लगा दिया था। **(परदा गिरने को है।)**

वर्मा : लेकिन कल हम सब इसी समय फिर एकत्र होंगे।

खन्ना : और रागिनी या पद्मिनी को ले आने का जिम्मा मेरा।

वर्मा : नहीं, तुम्हारा नहीं मेरा।

मंगल : यह क्यों भूल जाते हैं आप लोग कि ये काम नौकरों के होते हैं।

मेहता : ओह, तो तुम भी मजनूँ हो!

(सभी हँसते हैं। पूरा परदा गिरता है।)

सत्येंद्र शरत्

(1929 ई॰)

हिन्दी एकांकी के सुप्रतिष्ठित हस्ताक्षर सत्येंद्र शरत् का जन्म 1929 ई॰ में हुआ है। आपने इलाहाबाद विश्वविद्यालय से एम॰ ए॰ किया है। कुछ दिन आपने 'प्रतीक' (द्वैमासिक) में सहायक सम्पादक तथा मुंबई में सिनेमा के क्षेत्र में सहायक निदेशक का कार्य किया है। आकाशवाणी के नाट्य-विभाग से आप जुड़े रहे।

सत्येंद्र शरत् जी के कई एकांकी संग्रह प्रकाशित हो चुके हैं जिसमें से प्रमुख हैं—'कुन्दमाला', 'तार के खंभे', 'कुहासा और किरण' आदि।

समानान्तर रेखाएँ

प्रस्तुत पारिवारिक एकांकी में भाइयों के मानसिक तनाव तथा स्नेह सूत्र को रेखांकित किया गया है। परिवार में प्रत्येक सदस्य अपनी जिम्मेदारी समझकर योगदान देने लगा तो संघर्ष का प्रश्न ही नहीं उठता। परन्तु इसके अभाव में न सदस्यों की प्रगति होगी न परिवार का भला। संयुक्त परिवार त्याग पर खड़े होते हैं। त्याग एवं एक-दूसरे के प्रति स्नेह जहाँ समाप्त हुआ, वहीं परिवार में विभाजन भी निश्चित होता है।

समानान्तर रेखाएँ

पात्र

नरेश

अशोक

विधवा माँ

शकुन्तला

रमेश

(मध्य वर्ग के एक सद्गृहस्थ का घर। पर्दा उठने पर बड़े लड़के का कमरा दीखता है, जो घर-गृहस्थी के सामानों से घिरा होने पर भी साधारण रूप से सजा हुआ है। कोने में एक पलंग है जिस पर दरी और सफेद चादर बिछी हुई है। पलंग के नीचे एक खटिया है, जिसे पलंग ने ढक लिया है। निकट ही नीले मेजपोश से मढ़ा हुआ एक चौकोर मेज है, जिस पर दो एक दैनिक अखबार लापरवाही से पड़े हुए हैं। दूसरे कोने में विभिन्न साइज के ऊपर बक्से एक-दूसरे पर रखे हुए हैं जो एक फटी-पुरानी धोती से ढके हुए हैं।

बड़ा लड़का नरेश पलंग पर बैठा हुआ है। उसके वस्त्र साधारण हैं–महज एक कमीज, पाजामा। वह खामोश है, लेकिन लगता है कि वह कुछ परेशान है। उसके चेहरे से ही दीखता है कि उसके मन में कुछ रेंग रहा है, और जब तक वह चीज साफ न हो जाएगी, वह ऐसा ही उखड़ा-उखड़ा-सा रहेगा।

निकट फर्श पर बिछी चटाई पर, उसकी पत्नी शकुन्तला बैठी हुई चावल बीन रही है। शकुन्तला चतुर और अपने अधिकारों की रक्षा करने वाली स्त्री। तेज स्वभाव व तेज जबान की है, लेकिन मन की बुरी नहीं है। इस समय चावल बीनने के साथ-साथ अपने पति के मन में उठते हुए ज्वार का भी अध्ययन कर रही है।)

शकुन्तला : **(सिर उठा, पहले दरवाजे की ओर, फिर पति की ओर देखती हुई)** मेरी मानो। आज माँजी से साफ-साफ सब बातें कर लो। इस तरह कब तक मन में घुलते रहोगे? आज तुम्हें भी टाइम है। अशोक देवर जी भी इस वक्त यहाँ नहीं हैं, और माँजी भी खाली हैं। नहा चुकी हैं। सामने तुलसी पर पानी चढ़ा रही हैं! **(सहसा**

उठती हुई) मैं रसोई में जा रही हूँ। तुम उन्हें आवाज देकर यहीं बुला लो।

(चावल की थाली ले, दरवाजे के बाईं ओर की चिक उठा, तेज-तेज बाहर निकल जाती है। नरेश एकटक उसे जाते देखता रहता है। फिर उठकर खड़ा हो जाता है और कुछ क्षण अनिश्चय की अवस्था में खड़ा रह, दरवाजे तक जाता है। दायें हाथ से चिक हटा कर, आवाज देता है।)

नरेश : माँ, अगर फुरसत हो गयी हो, तो जरा इधर आओगी। तुम से कुछ बात करनी थी।

माँ का स्वर : **(बाहर से)** आती हूँ नरेश।

बच्चे का स्वर : **(बाहर से)** दादी जी, जाओ तुम्हें पिताजी बुला रहे हैं।

माँ का स्वर : **(बाहर से लाड़ करती हुई)** जाती हूँ रे रमेश! तुझे बड़ी चिन्ता है अपने पिताजी की। **(हल्की-सी हँसी)**

(नरेश चिक छोड़ देता है और लौटकर पलंग के पास आ जाता है। कुछ क्षण वैसे ही खड़ा रहता है। माँ अन्दर आती है। अधिक उम्र नहीं है। युवावस्था में ही विधवा हो जाने के कारण, चेहरे पर व्यथा, वेदना और करुणा के भावों का एक विचित्र ही सम्मिश्रण है। सफेद धोती पहन रखी है।)

नरेश : **(थोड़ा आगे बढ़कर)** आओ माँ।

माँ : **(नरेश के चेहरे को एकटक देखती हुई)** क्या बात है रे? बड़ा परेशान-सा दीख रहा है।

नरेश : **(ईमानदार है, इस कारण झूठ नहीं बोल सकता)** हाँ माँ, मैं पिछले दो-तीन दिन से परेशान हूँ।

माँ : **(आकुलतापूर्वक)** क्या बात है? क्या हो गया है?

नरेश : **(स्वर का रूखापन दबाने की यथासाध्य चेष्टा करते हुए)** बैठो माँ। सब कुछ बताता हूँ। तुम से कुछ नहीं छुपाना है। इसलिए तुमको बुलाया है। इसीलिए तुम्हें बता रहा हूँ। लेकिन पहले बैठ जाओ।

माँ : **(भरमाई-सी चटाई पर बैठ जाती है)** हाँ अब बता। क्या हो गया है।

नरेश : सुनो माँ.....लेकिन पहले तुम मुझे क्षमा कर देना, क्योंकि मैं आज तुम्हारा मन दुखाऊँगा।

माँ : **(भरमाई-सी)** तू ये पहेलियाँ क्या बुझा रहा है नरेश? साफ-साफ कह न क्या कहना चाहता है?

नरेश : **(भावपूर्ण स्वर में)** माँ....माँ, साफ बात यह है कि मैं अब अशोक को अपने साथ नहीं रख सकता। मैं अशोक को अपने से अलग करना चाहता हूँ?

माँ : **(जैसे उसे अपने कानों पर विश्वास न हो रहा हो)** क्या?

नरेश : हाँ माँ। अशोक को इस घर से अलग होना होगा।

माँ : **(पूर्ववत्)** लेकिन क्यों नरेश? अशोक ने क्या किया है?

नरेश : **(कुछ कहना चाहता है, लेकिन यह न समझ पाने के कारण कि यहाँ से आरम्भ करना है, चुप रहता है)**

माँ : **(नरेश को एकटक देखती हुई)** बता न नरेश, तुझे अशोक की क्या बात चुभी है। क्या उसने तेरी बेइज्जती की है? बाहर तेरी बाबत कुछ ऊँच-नीच कहा है?

नरेश : नहीं माँ। ऐसा कुछ नहीं।

माँ : फिर?

नरेश : **(एक क्षण रुक कर)** देखो माँ, अशोक अब बच्चा नहीं रहा है। पढ़ा लिख गया है। अब तो शादी भी हो गयी है। उसे अब घर की जिम्मेदारियाँ समझनी चाहिए। घर को घर समझना चाहिए, सराय नहीं। आखिर उसका भी तो कुछ कर्त्तव्य है।

माँ : **(जैसे अँधेरे में खो गयी हो)** है रे, उसका भी कर्तव्य है। पर वह धीरे-धीरे ही उसे समझेगा अभी तो उसके पैरों में बेड़ियाँ पड़ी हैं। कुछ टाइम और लगेगा, तब सँभल जायगा।

नरेश : **(स्वर में थोड़ी चिढ़)** कैसी बातें करती हो माँ? मैं तो अठारह साल का भी नहीं था, जब मैंने अपने सिर पर लदी जिम्मेदारियों को महसूस किया था। आज दस, साल हो गये हैं, मैं ही चला रहा हूँ घर को। अशोक तेईस का होने को आया है, पर इसके कानों पर तो जूँ तक नहीं रेंगती। आखिर मुझमें ऐसे कौन से सुरखाब के पर थे जो इसमें नहीं हैं?

माँ : **(स्वर में कम्पन आ जाता है।)** जब मुझ पर बिजली गिरी थी नरेश; तब तू ही मेरे पीछे था रे। तू पत्थर न बनता तो कौन बनता? ये अशोक तो मेरे साये में दुबका हुआ था, बेटे, तू एक बात में बच्चे से नौजवान न बनता तो तेरी ये विधवा माँ और

अबोध छोटा भाई किस आधार पर इस निर्दय संसार में जीते?

नरेश : (सिहर कर) माँ!

माँ : (सम्हालती हुई) बेटा, ये दुख मुझ पर और तुम पर पड़ा था। ठोकर लगते ही तू सँभल गया । अशोक तब नादान था। वह तो अब भी यह कल्पना नहीं कर सकता कि उस समय हम पर क्या बीती थी। तू बता, अब वह एकदम कैसे जिम्मेदार बन जायगा।

नरेश : (सोचता हुआ) तुम ठीक कहती हो माँ पर मैं ही कितना सहूँ? भाग्य ने मुझे कोल्हू का बैल बना दिया। कंधे पर जुआ रख, बिना कुछ शोर-शराबा किये, मैं गोल दायरे में चक्कर काटता चला जा रहा हूँ....और अशोक....वह आसमान में ऊँची उड़ानें भरने वाला आजाद पक्षी है। मेरी आँखों पर चमड़े की पट्टी बँधी हुई है और उसकी आँखें नित नये क्षितिज देखती हैं। वह लेखक है। उदीयमान कलाकार है। उसके सामने उसके भविष्य का प्रश्न है। वह क्लर्की या मास्टरी में खप अपना कैरियर नहीं नष्ट कर सकता....मुझे घर के लिए, उसकी पत्नी के लिए, रोटी जुटानी है। उसे केवल अपने लिए यश-प्रशंसा, मान-सम्मान, कीर्ति और ख्याति बटोरनी है (व्यंग्य से हँसकर) और हम दोनों सगे भाई हैं। एक माता-पिता का रक्त हमारे अन्दर बहता है।

माँ : मैं तेरी पीड़ा समझती हूँ नरेश! बड़े ही अगर अपने छोटों के लिए त्याग नहीं करेंगे, तो संसार से त्याग मिट न जाएगा?

नरेश : (रूखेपन से) अच्छा है माँ, संसार से त्याग मिट जाए। सब ही स्वार्थी बन जाए। तब दूसरों को भी पता चलेगा कि अपने आप करके लाना कैसा होता है?

माँ : (जैसे कुछ भी न समझ रही हो) पर नरेश, अचानक ऐसी क्या बात हो गई है? अब तक तो तूने कभी अशोक को भार नहीं समझा। अब ये एकदम ही अशोक की तरफ से तेरा मन क्यों फट गया है—क्या किसा है उसने?

नरेश : अब छोटी-छोटी कई बातें हैं माँ, जो मैंने पिछले तीन-चार महीनों में नोट की हैं। वैसे वे घटनाएँ अपने में बहुत मामूली हैं, पर अगर उनकी कड़ी जोड़ दी जाए तो वे इसी तरफ इशारा करती हैं कि मैं भी अशोक की तरह स्वार्थी बन जाऊँ और अपने ही बीवी-बच्चों की तरफ देखूँ।

माँ : **(प्रार्थना करते हुए)** मैं हाथ जोड़ती हूँ नरेश। ऐसी बात मुँह से न निकाल। मुझे बता तो, अशोक ने ऐसा किया क्या है?

नरेश : **(स्वर में खीज है)** कहा न माँ, कई बातें हैं। ताजा ही हरकत लो उसकी....तुम्हें तो मालूम ही है कि अखबारों में दूसरे-तीसरे महीने उसकी कहानी छपने पर जो पच्चीस-तीस रुपये आते हैं, वो मुझे दे देता है। इधर पिछले दो माहों से उसकी कई कहानियाँ छपी हैं। इस महीने उसके तीन मनीआर्डर आये—दो तीस-तीस रुपये के, और एक चालीस रुपये का। उसने तीस रुपये वाले दोनों मनीआर्डर तो कूपन समेत मुझे दे दिये और चालीस वाले का कोई जिक्र तक न किया। कल रमेश की माँ ने मुझे बताया कि अशोक अपनी बहू के लिए सिल्क की एक प्रिंटेड साड़ी लेकर आया है। बहू बता रही थी कि वह अड़तीस रुपये की है।

माँ : **(साश्चर्य)** अच्छा! मुझे तो पता नहीं।

(सहसा शकुन्तला तेज-तेज कमरे में आती है और बड़ी फुर्ती से खूँटी से अपनी धुली धोती व जम्फर उतारने लगती है।)

शकुन्तला : माँ को इस तरह की बात कैसे पता चल सकती है? यह तो वह ही जान सकती है जो घर में अपने आँख-कान खोल कर रहे... **(कहती-कहती उसी चाल से बाहर चली जाती है)**

माँ : **(साश्चर्य)** तो भी। घर में ऐसी चीज आये और मुझे....

नरेश : **(खीज बढ़ जाती है)** माँ, तुम भी कमाल करती हो। तुम्हारा ख्याल है कि बहू अभी ही उस साड़ी को पहन कर घर में घूमती फिरेगी? वह तो उसने सन्दूक में बन्द कर रख दी है। **(रुक कर)** रमेश की माँ को भी नहीं पता चलता, अगर रमेश....**(सहसा)** ठहरो, मैं रमेश से पुछवा देता हूँ। **(आवाज देते हुए)** रमेश!....ओ रमेश....?

माँ : **(रोकती हुई)** नहीं रे, रमेश को बुलाने की क्या....मुझे तेरा विश्वास नहीं...?

रमेश का स्वर : **(बाहर)** आया पिताजी।

नरेश : हर्ज ही क्या है माँ? रमेश तो बच्चा है। सच ही बतायेगा। **(पाँच वर्षीय बालक रमेश का कमीज हाफ पैंट में प्रवेश)**

रमेश : **(नरेश के निकट आकर)** जी पिताजी।

नरेश : रमेश, बेटा अपनी दादी जी को बताओ, वह खाकी कागज तुम्हें कहाँ मिला था।

रमेश : **(जिसके ध्यान से बात उतर चुकी है)** कौन-सा कागज पिता जी?

नरेश : **(थोड़ा चिढ़ कर)** अरे वही जिसे उठाकर तुम अपनी अम्मा के पास ले गये थे और उसका जहाज बनाने को कहा था।

रमेश : **(अब याद आ गया है)** अच्छा वह कागज....वह तो मैंने चाचा जी के कमरे की खिड़की के नीचे से उठाया था। वहाँ एक टूटी हुई कंघी भी पड़ी थी पिताजी।

नरेश : **(चिढ़कर)** मैं कंघी की बात नहीं पूछ रहा हूँ....**(रुक कर माँ से)** माँ, अशोक बहू के लिए नया कंघा भी लाया होगा। तभी उसने पुराना फेंक दिया होगा....**(फिर रमेश से)** हाँ तो रमेश, फिर क्या किया था तुमने उस कागज का?

रमेश : **(याद करने की कोशिश करता है)** उस कागज का।

नरेश : **(अपनी चिढ़ दबाते हुए)** हाँ, हाँ। उस कागज का। वह जो तुमने खिड़की के नीचे से उठाया था, उसका तुमने क्या किया?

रमेश : मैं उसे अम्मा के पास ले गया कि मेरे लिए उसकी जहाज बना दो।

नरेश : फिर तुम्हारी अम्मा ने क्या किया?

रमेश : **(याद करते हुए)** अम्मा ने?....अम्मा अपनी धोती सी रही थीं बोलीं.....

नरेश : **(बात काटकर)** देखा माँ तुमने, शकुन्तला अपनी फटी धोतियाँ सी-सी कर गुजारा कर रही है और छोटी बहू के लिए चालीस-चालीस रुपये की साड़ियाँ आ रही हैं। खैर, **(रमेश से)** हाँ रमेश, फिर तुम्हारी अम्मा ने क्या कहा?

रमेश : **(दुहराता है)** अम्मा ने अम्मा ने कहा—परे रख दे इसे। अभी मैं अपनी धोती सी रही हूँ। फिर अम्मा ने उसे देख कर मेरे हाथ से ले लिया और उसे पढ़ने लगी। पढ़कर बोली—

नरेश : **(आतुरतापूर्वक)** क्या बोली?

रमेश : **(दुहराता है)** क्या बोली? बताऊँ?

नरेश : **(प्यार से)** हाँ, हाँ बताओ बेटे।

रमेश : अम्मा ने कहा—तुम इसे कहाँ से लाये हो? मैंने कहा—चाचाजी की खिड़की के नीचे से। फिर अम्मा ने कहा—अच्छा मुझे जगह

तो दिखा, जहाँ से उठाया है ये कागज? मैं अम्मा के साथ गया और जगह बता दी कि यहाँ से उठाया है।

नरेश : **(स्वर में हल्का व्यंग्य है)** सुन रही हो न माँ? 'बनारस सिल्क स्टोर' का वह पैकेट हमारे ही घर आया था।

माँ : हाँ नरेश, सुन रही हूँ....**(रमेश से)** अच्छा रमेश फिर तेरी अम्मा ने क्या किया?

रमेश : **(दुहराता है)** अम्मा ने?....फिर अम्मा अन्दर चाची के कमरे में आई। चाचीजी सो रही थीं। अम्मा ने उन्हें जगाया और कहा बहू, ये तुम्हारा कागज खिड़की के नीचे गिर गया था। देख लो, तुम्हारे काम का तो नहीं?

नरेश : तब तुम्हारी चाचीजी ने क्या कहा?

रमेश : **(याद करते हुए)** चाचीजी ने?

नरेश : **(अपनी चिढ़ दबाते हुए)** हाँ, चाचीजी ने तब तुम्हारी चाचीजी ने भी तो कुछ कहा होगा?

रमेश : **(याद करते हुए)** हाँ कहा। उन्होंने कहा—नहीं जीजी, ये कागज मेरे काम का नहीं। बेकार है। तब अम्मा ने पूछा—इसमें देवर जी कुछ लाये थे, क्या था? चाचीजी बोलीं—हाँ एक साड़ी लाये थे।

नरेश : देख लो माँ बहू ने खुद स्वीकार किया....**(रमेश से)** अच्छा रमेश, फिर तुम्हारी अम्मा ने क्या कहा?

रमेश : कुछ नहीं। बोली....बहू, जरा मुझे भी दिखाना। कैसी साड़ी लाये हैं देवर जी? तब चाचीजी ने सन्दूक खोलकर साड़ी दिखा दी। अम्मा ने अच्छी तरह साड़ी देखकर चाचीजी को दे दी। चाचीजी ने बक्से में बन्द कर दी।

नरेश : **(साश्चर्य)** तुम्हारी अम्मा ने कुछ कहा नहीं?

रमेश : अम्मा ने कहा।

नरेश : क्या कहा?

रमेश : कहा—बहुत अच्छी है।

माँ : **(सोचती हुई)** अच्छा रमेश, तुम अब जाओ। खेलो....

रमेश : **(प्रसन्न होकर)** अच्छा दादी जी।

[अपने पिता की ओर अचरज से देखता हुआ रमेश दरवाजे के बाहर चला जाता है।

कमरे में कुछ देर शान्ति रहती है–यद्यपि कमरे के दोनों प्राणी अशांत हैं।]

नरेश : अब?....अब तुम क्या कहती हो माँ?

माँ : **(चौंक उठती है, नरेश को देखते हुए टूटी-सी)** मैं क्या कहूँ नरेश?....तू कहे, तो मैं उसे समझा दूँगी। समझ जाएगा।

नरेश : पर मैं शकुन्तला को कैसे समझाऊँगा माँ? खिड़की के **(बाईं ओर)** तक जाता है, **(सहसा माँ की ओर मुड़कर)** जीवन में उस दिन पहली बार उसने मुझे उलाहना देते हुए कहा कि तुम कभी भी मेरी खुशी के लिए महँगा कपड़ा नहीं लाये–ये कहकर कि देवर जी अभी पढ़ रहे हैं, उनके खर्च में कमी पड़ जाएगी। आज वही देवर जी कमाने लगे हैं तो अपनी कमाई से चालीस रुपये की साड़ियाँ बीवी के लिए लाने लगे हैं।

माँ : **(कातर स्वर से)** लेकिन नरेश, वह सिर्फ एक ही साड़ी तो लाया है।

नरेश : लेकिन माँ, मैं तो कभी एक साड़ी तक नहीं लाया हूँ। **(रुक कर)** माँ, तुम बताओ। तुमने शकुन्तला को कीमती कपड़े पहने देखा है?.....आखिर उसका भी तो मन करता होगा। कभी तो वह इस घर में नई बहू थी। उसने क्या ओढ़ा-पहना।

(माँ खामोश है। गम्भीरतापूर्वक कुछ सोच रही है)

नरेश : तुम तो जानती हो माँ, छोटी-छोटी बातें दिल में दरार पैदा कर देती हैं।

माँ : **(सोचती-सी)** हाँ बेटा।

नरेश : माँ, जब ये रमेश हुआ था तो शकुन्तला ने मुझसे कहा था–अब तुम अपना बीमा करवा लो। तब मैंने हँसकर कहा था, मुझे बीमा करवाने की क्या जरूरत? मेरा बीमा तो अशोक है? **(रुककर)** माँ, मैं तो इस बात को भूल ही गया था। रात शकुन्तला ने याद दिलाई। इसकी बाबत सोचने लगा, तो सच कहता हूँ माँ, मन को बड़ी चोट पहुँची.....**(थोड़ा रुककर)** क्या सोचने लगी माँ?

माँ : **(हड़बड़ाकर)** कुछ नहीं....कुछ नहीं तो तू अब यही चाहता है कि अशोक और उसकी बहू को अलग कर दिया जाए?

नरेश : **(एक क्षण रुकता है, फिर दृढ़ स्वर में)** हाँ, माँ....गृहस्थी में सब सदस्यों में संयुक्त रूप से रहने का अर्थ है....सबकी ओर से

बराबर त्याग, बराबर सहनशीलता और बराबर सन्तोष। जहाँ घर के एक भी सदस्य के अन्दर इनमें से एक की भावना में कुछ कमी आती है, वहीं संयुक्त परिवार की मर्यादा और सुख-शान्ति मिटने लगती है। उससे अच्छा तो यही है कि घर के लोग अलग-अलग रहने लग जाएँ।

माँ : **(खोई-सी)** मेरी समझ में तो तेरी कोई बात नहीं आ रही है नरेश ....कोई बात नहीं आ रही है....क्या....क्या तू सचमुच अशोक को अलग कर देगा? अरे....यह तो अभी तक नासमझ है। ढंग से कमाता भी नहीं है कैसे अपना गुजारा करेगा वह?

नरेश : टाइम बहुत बड़ा मास्टर होता है माँ, सब कुछ सिखा देता है... मैं तो वक्त की ठोकरें खाकर ही चलना सीखा हूँ। अशोक को भी तो मौका दीजिए कि वह कुछ सीखे।

माँ : **(कातरतापूर्वक)** लेकिन नरेश वह तो अभी तक....

नरेश : **(बात काटकर)** ना माँ। इस जगह तुम्हारा प्यार उसका सुधरना रोक देगा। उसका ज्ञान अधूरा ही रह जाएगा। और अधूरा आदमी दुनिया के किसी मतलब का नहीं होता माँ। जमाना बहुत खराब है?

माँ : **(काँपते स्वर में)** हाँ नरेश, जमाना सचमुच खराब है। इसी से तो डरती हूँ कि वह अपना गुजारा करेगा कैसे? अरे, उससे तो अपने लिए एक अलग कोठरी तक न ढूँढ़ी जा सकेगी। वह गृहस्थी कैसे चलायेगा?

नरेश : **(फीकी हँसी हँसकर)** कैसी बच्चों की-सी बातें करती हो माँ? आखिर कभी-न-कभी तो उसे गृहस्थी चलानी ही होगी। कब तक वह तुम्हारे और मेरे प्यार के घोंघे में छिपा रहेगा? एक-न-एक दिन तो उसे निकलकर सब कुछ झेलना ही होगा।

माँ : वह दिन जब आएगा, तब आएगा। अभी तो....

[अचानक दरवाजे की चिक उठाकर छोटा लड़का अशोक अन्दर प्रवेश करता है। कमीज-पतलून में आवृत इस युवक के पहनावे और चाल-ढाल से स्पष्ट हो जाता है कि इस भाग्यवान ने जीवन में अभी तक दुःख और अभाव नहीं जाने हैं।

कमरे में घुसते ही बोलना शुरू कर देता है और बोलते-बोलते माँ के निकट आ जाता है।]

अशोक : नहीं माँ। वह दिन अभी ही आने दो।

(अशोक के इस तरह आने और बोलने से माँ चौंक पड़ती है। नरेश अशोक को देख, अपना मुँह खिड़की की ओर कर लेता है।)

माँ : **(संयत स्वर में)** अशोक।

अशोक : **(हल्की मुस्कान)** हाँ माँ....**(मुड़कर गम्भीरता से)** भाई साहब, मुझे क्षमा करना। पर आप लोगों की बातचीत का कुछ हिस्सा मैंने सुन लिया है। मैं आँगन से निकल रहा था। आप लोगों से अपना जिक्र सुन ठिठक गया और फिर खड़ा ही रह गया। ये सोचकर कि इस जगह मेरा भी कुछ कहना जरूरी है, यहाँ आ गया हूँ।

माँ : **(एक क्षण चुप रह कड़े स्वर में)** अशोक, अपने भाई साहब से माफी माँग....चल....

अशोक : उस साड़ी वाली बात के लिए न।....हाँ माँ, जरूर माँगूँगा। अपने उस लड़कपन के लिए मुझे भी अफसोस है। पर क्या करूँ? ये लड़कपन तो अब मेरे स्वभाव का अंग बन गया है। मैं खुद बहुत संजीदगी से दूर करना चाहता हूँ।

(कुछ क्षणों की खामोशी। माँ और नरेश चुप रहते हैं।)

अशोक : मुझे माफ कीजिए भाई साहब। मैं अभी तक....

नरेश : **(बात काटकर, रूखेपन से)** रहने दो अशोक। अब....

अशोक : नहीं भाई साहब। **(फीकी मुसकराहट से)** मैं सच कह रहा हूँ। मुझे अभी तक घर में घर का एक अंग बनकर रहना नहीं आया है। अभी मैं घर में एक बच्चे की तरह रह रहा हूँ, जो ये अपना अधिकार समझता है कि सब लोग उसकी तरफ ध्यान दें, उसकी सब जरूरतें पूरी करें और उससे कुछ चाहना न करें....अब तक मैंने कभी न सोचा था कि ये स्थिति घर के दूसरे प्राणियों के लिए कितनी दुखमयी हो सकती है; लेकिन आज आपकी बातें सुनकर मेरी आँखें खुल गयीं।

माँ : **(भाव-विह्वल स्वर में)** अशोक! बावले, बड़े भाई के पैरों पर गिर। उससे माफी माँग। तूने उसका दिल दुखाया है।

अशोक : **(तत्परता से)** लो माँ। मुझे इसमें कोई लज्जा नहीं है। **(झुककर नरेश के पैर छूता है। भीगे स्वर में)** भाई साहब सचमुच मुझे....

नरेश : **(भावपूर्ण स्वर में)** बस-बस अशोक, मेरे लिए इतना ही बहुत है। **[अशोक को गले लगा लेता है। दोनों भाइयों की आँखें भीग जाती हैं। माँ के चेहरे पर मुस्कराहट आ जाती है–यद्यपि उसकी आँखें अनायास ही आँसुओं से भर उठी हैं।]**

माँ : **(भरे गले से)** मेरे बच्चे। मेरे बच्चे....

अशोक : **(सम्हलकर, नरेश से अलग होता हुआ)** अब मेरा मन हल्का हो गया है। अब मैं कुछ कहना चाहता हूँ भाई साहब।

नरेश : **(स्वर में स्नेह)** कहो अशोक....

अशोक : भाई साहब....मुझे सुधरने का अवसर दीजिए।

नरेश : हाँ हाँ, अवश्य पर कैसे?

अशोक : मुझे घर से अलग कर दीजिए।

माँ : **(चौंककर)** अशोक!

नरेश : **(ऊँचे स्वर में)** अशोक!

(माँ और नरेश हतप्रभ हो अशोक को देखते हैं। कुछ क्षणों की चुप्पी। धीरे-धीरे अशोक अपनी गर्दन ऊपर उठाता है और बोलने लगता है)

अशोक : मैं ठीक कह रहा हूँ भाई साहब। आपके और माँ-भाभी के प्यार ने मुझे निकम्मा बना दिया है। मैं घरेलू जिम्मेदारियाँ नहीं उठा सकता, नहीं....सच ये है कि मैं ये जिम्मेदारियाँ उठाना नहीं चाहता। पर ये तो गलत है। मैं अब बच्चा नहीं रहा हूँ। अब तो मुझे गृहस्थी का बोझ उठाना सीखना ही होगा।

नरेश : पर ये सब तो तुम घर में रहकर मेरा हाथ बँटा कर भी सीख सकते हो अशोक।

अशोक : नहीं भाई साहब, एक मजबूर दरख्त की आड़ में छिपकर कोई न गोली चलाना सीख सकता है, और न गोली से बचना। भाई साहब, मुझे खुले मैदान में लड़ना सीखने दीजिए। मैं कई बार गिरूँगा। चोट खाऊँगा। कँटीले तारों में वर्दी तार-तार हो जाएगी, लेकिन मैं लड़ना सीख जाऊँगा। आपके साये में रहूँगा तो मैं अधूरा-का-अधूरा सिपाही रह जाऊँगा।

माँ : **(विह्वल स्वर में)** लेकिन अशोक तू....

अशोक : **(बात काटकर)** ठीक कह रहा हूँ माँ। जहाँ कोई आफत आएगी, भाई साहब सामने आकर उसे झेल लेंगे और अपनी छाती पर

घाव खा लेंगे....(**रुककर**) मैं किसी नादानी से अपने सिर कर्ज कर लूँगा तो भाई साहब अपनी पेंशन एडवांस ले बैठेंगे, भाभी के जेवर गिरवी रख देंगे और मुझसे नाराज हों, लाख पत्थर बनना चाहें, नहीं बन सकते। आखिर वह बड़े भाई हैं।

नरेश : (**स्नेहपूर्वक**) तो सोच पगले। तू तो लेखक है। बड़ा भाई फिर छोटे भाई को अपने से अलग कर सकता है?

अशोक : छोटे भाई की भलाई की खातिर उसे ऐसा करने में कोई हिचक न होनी चाहिए।

नरेश : (**साँस लेकर**) हाँ अशोक, कहना आसान है। पर अगर तेरे भी कोई छोटा भाई होता और तूने उसे अपने बेटे की तरह पाला होता....

अशोक : तो पंख उग आने पर वह भी उड़ जाता और घोंसले में अपने पालने वाले के पास न बैठता।

माँ : (**कातर स्वर में**) अशोक! मैं तो पहले ही बहुत दुखी हूँ रे....मुझे और ज्यादा दुःख क्यों देता है?

अशोक : इस दुःख में भी एक सुख छिपा हुआ है माँ; जो तुम और भाई साहब बाद में महसूस करोगे! मुझे अलग कर देने पर तुम लोग मुझे ज्यादा प्यार करोगे। मैं भी दुःख-सुख में तुम्हारे पास दुगने प्यार से आया करूँगा....इकट्ठा रहने....इकट्ठा रहने से प्यार मिटता जाएगा। उन पर गलतफहमियों की तहें जमती जाएँगी। हमारी बीवियाँ इस काम में हमारी मददगार होंगी और आखिर एक दिन हमारा प्यार खत्म हो जाएगा.... हम लोग सगे भाई सही, हमारी बीवियाँ तो सगी बहनें नहीं हैं।

नरेश : (**माँ से**) माँ यह तो लेखक है। इसके सामने और क्या कहूँ।

माँ : इसके कहने पर ध्यान न दे नरेश। यह तो सिड़ी हो गया है।

अशोक : (**हल्की हँसी**) ठीक है माँ....(**रुककर**) तो भाई साहब मेरी प्रार्थना।

माँ : (**तीव्र स्वर में**) पागल हो गया है रे अशोक? जग-हँसाई कराने पर तुला हुआ है।....लोग क्या कहेंगे? सगे भाई से अलग हो गया।. ...

अशोक : हाँ माँ, अलग हो गया है....पर मन से नहीं। मन से तो हम कभी अलग नहीं हो सकते.....माँ पानी को लाठी से कितना ही पीटो, पानी कभी दो नहीं होता। एक ही रहता है। पर माँ, अपने

परिवार की शुख-शान्ति के लिए हम लोगों का अलग होना बहुत ही जरूरी है।

माँ : **(दुःख व निराशा से)** क्यों है?

अशोक : भाई साहब का कहना ठीक है माँ, संयुक्त परिवार अब केवल एक ही तरीके से चल सकता है और वह यह कि घर के सब प्राणी एक-दूसरे के लिए दुःख सहें, एक-दूसरे के लिए त्याग करें। और जो भी करें, अपने सुख-संतोष के लिए नहीं, घर के दूसरे प्राणियों के सुख-संतोष के लिए करें।

नरेश : ठीक है अशोक। हम कोशिश करेंगे कि हम ऐसा करें।

अशोक : **(फीकी मुस्कराहट से)** काश ऐसा हो सकता भाई साहब। पर अभी मैं भी इस योग्य नहीं हूँ, और आपकी छोटी बहू के बारे में कहना ही बेकार है। मैंने देख लिया है, उसमें त्याग का माद्दा तो बिल्कुल भी नहीं है, आये दिन घर में कलह हो, इससे तो यही अच्छा है कि हम प्रेमपूर्वक अलग हो जाएँ।

माँ : **(काँपते स्वर में, दृढ़तापूर्वक)** अशोक!

अशोक : **(बिना विचलित हुए)** हाँ माँ!

(कमरे में कुछ देर के लिए खामोशी छा जाती है।)

नरेश : **(पलंग से उठ खड़ा होता है)** तो यह तुम्हारा अन्तिम निश्चय है।

अशोक : हाँ भाई साहब। और मैं इस पर अटल रहूँगा।

(सहसा माँ के संयम का बाँध टूट जाता है।)

माँ : **(सिसकियाँ भरते हुए)**

तो तू इस घर से अलग होगा....इस घर के लिए पराया बनेगा रे?

अशोक : **(प्यार से)** हाँ माँ....पर हमेशा के लिए नहीं। मैं जानता हूँ माँ। इस घर के दरवाजे मेरे लिए कभी बन्द न होंगे। हमेशा खुले रहेंगे। थक-हार कर मैं यहीं तो आऊँगा माँ। मेरी गति-मुक्ति और कहाँ है? लेकिन अब तो मुझे जाने दो–**(नरेश के निकट आकर)** भाई साहब....

नरेश : **(साँस भरकर)** अच्छा अशोक, जिसे तुम उचित समझते हो और जिससे तुम्हें सुख मिले, वही करो....

[माँ सिसकियाँ ले रही है। अशोक माँ के निकट आता है।]

अशोक : **(झिझकता-सा)** माँ! सुनो तो....

माँ : **(एकदम फूट पड़ती है रोते हुए)** नहीं अशोक नहीं....तुम नहीं

जाओगे....तुम इतने कठोर नहीं हो सकते....हमने तुम्हारा क्या अनिष्ट किया है, जो तुम इतनी कड़ी सजा हमें दे रहे हो?

अशोक : माँ, यदि ये सजा है तो मेरे लिए भी है। मैं भी तो इसे सहूँगा।

माँ : (रोते हुए) नहीं, अशोक नहीं....तुम मत जाओ....मत जाओ...

अशोक : (समझाते हुए) न माँ....रोकर मेरे लिए अमंगल न करो। हमें हँसी-खुशी से विदा करो। तुमने अपने बड़े लड़के को आदमी बना लिया है। तुम चाहती हो, तुम्हारा छोटा लड़का अधकचरा रह जाए?.....उसे भी जमाने की गर्म सर्द हवा खाकर आदमी बनने दो....(**माँ के आँसू पोंछता है**) आँसू पोंछो माँ। माँ तुम्हारा छोटा लड़का एक जिम्मेदार आदमी बनने जा रहा है उसके मन में मोह न जगाओ खुशी से विदा करो, और भगवान से प्रार्थना करो कि उसमें समझ आ जाए ताकि एक दिन तुम उसका फिर स्वागत कर सको...

नरेश : हाँ अशोक, हम हमेशा तुम्हारा स्वागत करने के लिए तैयार रहेंगे।

माँ : (**आँसू पोंछती है और गले लगती है**) मेरे बच्चे।....

अशोक : (माँ के आँचल में मुँह छिपाकर) माँ....

[माँ और अशोक की नजर बचाकर नरेश अपने आँसू पोंछता है और खिड़की के पास जा खड़ा होता है।

इस बीच में नन्हा रमेश और शकुन्तला दरवाजे की चौखट का आसरा ले खड़े हो जाते हैं। माँ-बेटे के इस मिलन से अनायास ही उसकी आँखें भर आयी हैं। रमेश उसकी धोती पकड़े, कमरे के प्राणियों को अवाक् दृष्टि से देख रहा है।]

(परदा गिरता है।)

विष्णु प्रभाकर

(1912 ई०)

गाँधीवादी विचारधारा के लेखक विष्णु प्रभाकर जी का जन्म भीरनपुर (मुजफ्फरनगर) में हुआ। आपकी शिक्षा हिसार में हुई। आप कई वर्ष तक पंजाब सरकार की सेवा में रहे। सरकारी विभाग में सेवा-कार्य करते हुए भी आप साहित्य-रचना में लगे रहे। कथा, संस्मरण, रेखाचित्र, एकांकी, नाटक, यात्रा वर्णन, रिपोर्ताज आदि गद्य की अनेक विधाओं में आपने कलम चलाई है। आदर्श और यथार्थ के समन्वय को आपने अपने साहित्य में पोषित किया।

विष्णु प्रभाकर जी की कृतियों में 'ढलती रात', 'माँ का बेटा', 'इंसान', 'वीर प्रताप', 'आदि और अंत', 'रहमान का बेटा', 'जीवन पराग', 'राम नाम की महिमा' आदि उल्लेखनीय हैं।

जहाँ आकाश नहीं दिखाई देता

'जहाँ आकाश नहीं दिखाई देता' एक श्रेष्ठ रिपोर्ताज है। कलकत्ता शहर का यथार्थ वर्णन लेखक ने किया है। इसमें कलकत्ते शहर की संस्कृति, परंपराएँ, सामाजिकता, आर्थिक परिस्थिति, भाषा आदि का सजीव चित्रण हुआ है। इसके पीछे लेखक की मानवतावादी दृष्टि परिलक्षित होती है। शैली में चित्रात्मकता होने के कारण सारे दृश्य पाठक की आँखों के सामने उभर आते हैं। भाषा की सहजता तथा सरसता के कारण रिपोर्ताज अधिक सुंदर बन गया है।

जहाँ आकाश नहीं दिखाई देता

मैं आकाश की ओर देखता हूँ। आश्चर्य जो आज तक नहीं देख सका था, वह इस क्षण दिखाई देता है। कलकत्ते के आकाश पर ऐसा कुछ छाया रहता है जिसे कुहरा कह सकते हैं, न धुन्ध न धुआँ और न शोर। असल में वह सब कुछ का मिश्रण है। निखालिस तो इस युग में विष भी नहीं मिलता है। सब मिश्रण, मिश्रण और मिश्रण।

सहसा एक धक्का लगता है। एक रेला मेरे अकेलेपन को कुचलता हुआ चारों ओर फैल जाता है और फिर मेरे लिए पैर टिकाना कठिन हो जाता है। सचमुच यह कलकत्ता है जहाँ न आकाश दिखाई देता है और न धरती पर पैर पड़ते हैं। यह हावड़ा का विश्वविख्यात लौह-पुल है और संध्या घिर आई है। नीचे गंगा है—शिथिल, बदरंग, किसी बिफरी धनी प्रौढ़ा-सी और ऊपर मानव खरश्रोता भीड़ है जो क्षुधा के विराट रूप की तरह सब कुछ को ग्रसने के लिए लपकी जा रही है और मैं तूफान में तिनके की तरह विवश विभ्रांत उड़ा जा रहा हूँ।

आदमी-आदमी और आदमी। सब अकेले जीविका की मृगतृष्णा के पीछे भागे जा रहे हैं। जो फैक्टरियों, दफ्तरों और दूकानों के बाबुओं और मजदूरों से लेकर फुटपाथों, बाइलेनों के जेबकतरों और चोरबगान के साहूकारों से लेकर रामबगान की वेश्याओं तक के दलालों द्वारा परेशान किये हुए हैं। बसों पर बसें चली जा रही हैं। ट्रामें धड़धड़ाती अग्नि-स्फुलिंग आकाश में उड़ाती निरन्तर दौड़ रही हैं। यहाँ सब कुछ दौड़ता है, बेहताशा दौड़ता है। ताड़ाताड़ी आ रे, ताड़ाताड़ी जा रे! मनुष्य की उतावली पदचाप, ट्राम की घड़घड़ाहट; बस के इंजन की फूत्कार सब का यही अर्थ है—ताड़ाताड़ी-ताड़ाताड़ी, चरैवेति-चरैवेति।

यह कलकत्ता है। वही कलकत्ता जिसकी सड़कों पर भूख से तड़प कर लाखों व्यक्तियों ने प्राण दिये हैं, जिसके आकाश में कला और साहित्य के मानदण्ड स्थापित हुए हैं। जिसने प्रत्येक नये आन्दोलन को जन्म दिया है। यह आन्दोलनों का नगर है। युगों से प्रतिक्षण यहाँ एक-न-एक नया आन्दोलन उमड़ता आया है। समाज-सुधार का आन्दोलन, कला और संगीत का आन्दोलन, साहित्य और स्वाधीनता का आन्दोलन, भूख और भाषा का आन्दोलन और आन्दोलन के लिए आन्दोलन—'भेंगे दाओ,' 'देते ही होबे', 'हिन्दी साम्राज्य ध्वंस होक'।

यहाँ के भावुक लोग संगीत और संगीत की विधा में एक समान दक्ष हैं। जिनकी सहायता से सितारे के तारों से मादक़ संगीत पैदा कर सकते हैं, उतनी ही कुशलता से 303 की गोली को भी किसी वक्ष से पार कर सकते हैं।

दक्षिण कलकत्ता से ट्राम में बैठकर ठेठ उत्तर की ओर जा रहा हूँ टन-टन-टन घण्टी बजती है, स्टेशन आता है, गाड़ी रुकती है। सवारियाँ उतरती हैं और जोर-जोर से बोलती हैं और सड़क पर शाश्वत भीड़ उमड़ती है। सहसा पाता हूँ कि कहीं हलचल है। कुछ उत्तेजक शब्द गूँजते हैं। लाठियाँ उठती हैं। (जिन पर झण्डे लगे हैं उन्हीं झण्डों को वे लाठियों के रूप में प्रयोग करते हैं।) एक दूसरे को लोग चीख-चीख कर कोसते हैं। लाठियाँ टकराती हैं। एक व्यक्ति तेजी से भागता हुआ आता है और दूसरों के पैर को किसी धारदार वस्तु से चीर देता है। दोनों गुत्थमगुत्था होने की कोशिश करते हैं। तभी न जाने किस शून्य में से पुलिस वाले प्रकट हो जाते हैं। लाठियाँ-ही-लाठियाँ पड़ी रह जाती हैं। पुलिस बटोर कर उन्हें एक ओर रख देती है। ट्राम शोर मचाती बराबर आगे बढ़ती है।

फिर सहसा उस शोर में हलचल मचती है। फिर कुछ लोग एक-दूसरे पर आक्रमण करते हैं। एक व्यक्ति बड़े-से पत्थर से दूसरे व्यक्ति के अँगूठे को कुचल देता है, लगता है तूफान उठेगा लेकिन फिर वही खेला जाता है। चुपचाप खड़े हुए पुलिस के जवान फिर लाठियाँ छीनने आ जाते हैं। 'भेंगे दाओ' 'भेंगे दाओ' के स्वर उठते हैं और मैं पाता हूँ कि उनमें से कुछ लोग मेरी ट्राम में चढ़ आये हैं। एक का पैर चिरा हुआ है, दूसरे का अँगूठा कुचला हुआ है लेकिन वे उसकी चिन्ता नहीं करते। हँसते हैं, नारे लगाते हैं। सहसा उनमें एक मेरी ओर देखता है। मेरे कपड़े खद्दर के हैं। मेरे सिर पर गाँधी टोपी है। वह पूछता है, "तुम काँग्रेसी हो?"

"जी नहीं।"

"प्रजा समाजवादी?"

"जी नहीं।"

"कम्यूनिस्ट?"

वह झुँझलाकर चीखता है, "ये कैसे हो सकता है? तुम काँग्रेसी या कम्यूनिस्ट या प्रजा समाजवादी या हिन्दूसभाई तुम कुछ-न-कुछ हुए बिना कैसे रह सकते हो?'

बड़ी नम्रता से कहता हूँ, ''मैं लेखक हूँ, इनसान हूँ।''

वह कहता है, "तो उससे क्या होता है? तुमको कुछ होना ही होगा। तुम झूठ बोल रहे हो?"

मैं घबराता हूँ। लेकिन तभी ट्राम रुक जाती है और वे लोग चीखते-तैरते, बाहर की भीड़ में समा जाते हैं। यह हंगामा, यह तर्क मेरे मस्तिष्क में जैसे कलकत्ते का

आकाश घुस आया है। सामने बैठे एक अधेड़ सज्जन मुस्करा रहे हैं। कहते हैं, "डरो नहीं आज विद्यार्थी वामपंथियों का साथ नहीं देंगे।"

मैं सप्रश्न उनकी ओर देखता हूँ। वह उसी विश्वास से कहते हैं, "चीन ने कम्यूनिस्टों की रीढ़ तोड़ दी है। अब कलकत्ता में ट्राम और बसें नहीं जलेंगी।"

वे हँसते हैं। मैं उसी तरह उनकी ओर देखता रहता हूँ और ट्राम चलती रहती है टन-टन-टन। एस्प्लेनेड का मैदान जनसमूह से भरा हुआ। मैट्रो के आसपास गजब की भीड़ है और उस सब के बीच में मैं एक अजनबी हूँ। इस विशाल, अति विशाल नगर के असंख्य अजनबियों के बीच में मैं अपने को अत्यन्त असहाय पाता हूँ। लेकिन यह असहाय अकेलापन, वक्ष में धुकधुकी पैदा करके भी अच्छा लगता है। मैं उतरकर भीड़ में घुस जता हूँ और फिर एकाएक कन्धे पर किसी के हाथ का दबाव पाकर चौंक पड़ता हूँ। कहीं कोई रास्ता बताने वाला तो नहीं है? कलकत्ते के लोग रास्ता बताने के लिए उत्सुक रहते हैं कि अक्सर गलत रास्ता बता देते हैं। परन्तु उसी क्षण मुड़कर पाता हूँ कि वह तो अजनबी नहीं है। बहुत पुराना मित्र है। मुसकरा कर कहता है, "तुम यहाँ कहाँ फँस गये? आओ, आओ।"

और उस भीड़ में से खींचता हुआ मुझे ग्राण्ड होटल के भीतर ले जाता है, "मैं यहाँ रिसेप्शनिस्ट हूँ। आओ, ऊपर बैठेंगे।"

जैसे अब तक जहन्नुम में था, अब जन्नत में आ पहुँचा हूँ। सब कुछ राजसी, ऐश्वर्य और विलासिता का प्रतीक। सब कुछ मूल्यवान, फर्नीचर, कालीन, लिफ्ट, बैरे और मोहक सुन्दरियाँ और इस सब को भोगने वाले देशी-विदेशी यात्री। मैं ऊपर चढ़ता चला जाता हूँ और सबसे ऊपर की मंजिल में एक सजे हुए कमरे की बालकनी के नीचे के जहन्नुम की ओर देखता हूँ। गति, गति और गति। मनुष्य, मनुष्य और मनुष्य। बस के पहियों की कीलों पर भी कई-कई मनुष्य। झटका लगता है। कोई गिरता है और तैश में आकर मोटी-सी कोई गाली 'शाला' 'हरामजादा' बोलता हुआ भागा चला जाता है। केवल आना और जाना और इसी आने-जाने के बीच में प्रेम-प्रदर्शन से लेकर जेब-कतराई तक, नेताओं के भाषणों से छुरेबाजी तक सभी कुछ होता है। "आमार शोनार बाँगला देश।" सोने का देश है यह बंगाल! कलकत्ता में सोना ही सोना है। इसीलिए भूख है, ईंधन है, धुआँ है, आन्दोलन है। वहीं एक ओर जीवन के मानदण्ड पनपते हैं। कला शान्ति का स्वर घोष करती है। दूसरी ओर सड़कों पर लाशें कुचलती हैं, जीवित लाशें, सुन्दरियों की लाशें।

फुटपाथ पर दौड़ते हुए सहसा कोई परिचित टकरा जाता है। 'कैमौन आछो?' 'मालोइ तो, आपनि?' मैं दौड़कर बस में चढ़ना चाहता हूँ। 'नामिते दिन' की चिन्ता नहीं करता पर इस तूफानी प्रवाह में मेरे पैर नहीं टिक पाते। लड़खड़ाता हूँ टकराता

हूँ, और मेरे चारों ओर कोरस में आवाजें उठती हैं। 'देखछिस ना कैनो', घायल क्यों किये दे रहे हैं आप? मैं उनकी ओर देखता हूँ। उनकी आँखों में अग्नि है। मैं डर जाता हूँ और बस छोड़कर फुटपाथों पर दौड़ने लगता हूँ। दस-दस मील तक मनुष्यों के सैलाब में गुजर जाता हूँ। कैसे अजीबोगरीब हैं कलकत्ता के ये फुटपाथ! न ज़ाने किस अनन्त काल से असंख्य व्यक्ति इन फुटपाथों पर घर बनाकर रहे हैं। वहीं उकडूँ बैठकर खाना बनाते हैं। फिर टाँग पसार कर सो जाते हैं। व्यापार और विग्रह, प्रेम और प्रसव, सब यहीं होता है। उनमें वे रिफ्यूजी हैं, जो पूर्वी बंगाल से परेशान होकर आये हैं, और वे भी हैं जो जन्म से मृत्यु तक शाश्वत रिफ्यूजी रहते हैं। गाँव से सोने की तलाश में आने वाले हट्टे-कट्टे बिहारी, नाटे साँवले उड़िया, मूँछों पर ताव देते भैये। एक अद्भुत मिश्रण है यह बस्ती? मिश्रण नहीं घोल है। अफीम का घोल। शरत् बाबू के इस नगर में अफीम बड़ी कारगर होती है।

फिर भी भूख है कि खाये जा रही है। अन्न की भूख, शरीर की भूख। अभी-अभी स्यालदाह के मानवसमुद्र से निकला हूँ। आचार्य जगदीशचन्द्र रोड को पार करके आचार्य प्रफुल्लचन्द्र रोड पर गया हूँ। सहसा मेरी दृष्टि एक औरत के चेहरे पर जा अटकती है। ऐसी शून्यता मैंने नहीं देखी। वह मेरे दिल को कचोटती है। न हँसी, न रुदन, न आनन्द न उत्साह। नितान्त सपाट, दामचीनी के बर्तन से भरी हुई मूड़ी को वह तीव्र गति से चलने वाले यन्त्र की तरह मुँह डाले जा रही है। पर मुँह नहीं चलता। मूड़ी अपने-आप हलक से उतर जाती है। उसके आस-पास कई व्यक्ति घिर आये हैं। उनमें से एक बोले चला जा रहा—'एक आमरा दोस्त है।'

आगे के शब्द उसकी ललचौंही गन्दी हँसी में खो जाते हैं। वह हँसी मेरे तन-बदन को जुगुप्सा से भर देती है और मैं एक झटके के साथ अपने को तोड़कर आगे बढ़ जाना चाहता हूँ। स्त्री, स्त्री और स्त्री। होटलों में नाचने वाली स्त्रियाँ, समय निश्चित करने वाली स्त्रियाँ, फुटपाथों पर धक्के देने वाली स्त्रियाँ। स्त्रियों का एक समूह मेरे मस्तिष्क में घुस जाता है और मुझे झिंझोड़ देता है। स्त्रियाँ तो वे भी हैं जो रोज बसों और ट्रामों से धीरे-धीरे उतरती हैं, जो विश्वविद्यालय के आस-पास मुख्य सड़क से हटकर स्ट्रीटों, लेनों और बाईलेनों में दिखाई देती हैं। सारा देश घूमा हूँ ऐसी सादगी बहुत कम देखी है। न है प्रसाधन, न है शोखी, न चटक-मटक। सस्ती साड़ियों, चप्पलें, चाल में सौम्यता, दृष्टि में तरल आत्मीयता और चेहरे पर लुनाई।

स्मृति के पन्ने हवा में फड़फड़ाते हैं। एक मित्र के साथ केले, नारियल और सुपारी के पेड़ों, पोखरों से घिरे गाँव के एक घर में आया हूँ। घर की वधू बाहर आकर प्रणाम करती है। न है संकोच, न है द्विविधा, है केवल शिष्टता। अपने प्रकोष्ठ में आदर से ले जाकर बिठाती है, और पूछती है, "खावा दावा होलो कि ना?"

"न न, खा-पी कर आये हैं।"

"तबे कि, एक्खोन इ आश्चि?"

"न न।"

वह मुस्कराती है और बाहर जाते-जाते फिर मुड़ती है। रेडियो खोल देती है—"आपनि संगीत शुनून, आमी आश्चि।"

दो क्षण बाद वह चाय बनाकर ले आती है और वहीं फर्श पर बैठकर बातें करने लगती है।

मैं फिर वर्तमान में लौट आता हूँ। चौरंगी से होकर आशुतोष मुखर्जी रोड की ओर किनारे-किनारे पैदल ही चला जा रहा हूँ। पार्क स्ट्रीट के सामने, गाँधी की गतिमय प्रतिमा न जाने कितनी बार देखी है। लेकिन आज कुछ और भी देखता हूँ। मेरे बाईं ओर शराब की दुकान है। नाना प्रकार की विलायती शराब, ह्विस्की, जिन, शैम्पेन, शेरी, रम, बियर—सभी कुछ है। सुन्दर बोतलें, उन पर लगे सुन्दर लेबल और लेबलों पर छपे सुन्दर-सुन्दर सुनहरे अक्षर लेकिन विज्ञापन के इस युग में इतना ही पर्याप्त नहीं हो सकता। सुन्दर शो-केस पर और सुन्दर-सुन्दर अक्षरों में सब शराबों के नाम लिखे हैं। उसके नीचे लिखा है, 'राष्ट्रीय प्रतिरक्षा फण्ड में उदारतापूर्वक दान दीजिए।' अर्थात् उदारतापूर्वक शराब पीने का अर्थ है उदारतापूर्वक दान देना। खूब पीजिए और देश की रक्षा कीजिए। और गाँधीजी इस सबको देखते हुए मानो आगे बढ़े जा रहे हैं। बढ़े जा रहे हैं। कैसी गोलाकार है यह गति! ढोंग, ढोंग निरन्तर ढोंग। 'बाबू एक पाइसा, बाबू।'

दृष्टि घुमाता हूँ। एक लोथ-सी घिसटती आती है। पैर नहीं, एक हाथ भी नहीं। बदन से कोढ़ चूता है, घृणा उमड़ती है। मैं फिर भागना चाहता हूँ सहसा पीछे से कोई फिर पुकारता है, कैसी गिड़गिड़ाहट है। इस आवाज में! मैं मुड़कर आवाज की दिशा में देखता हूँ। पाता हूँ, उस शाश्वत भीड़ में एक नवयुवक, जिसकी गर्दन बहुत लम्बी है और जो उसी के अनुपात काला सूखा, और बदसूरत है, मुझसे याचना-भरे स्वर में कहता है, बाबू बहुत गरीब हैं।

समझ नहीं पाता। सप्रश्न उसकी ओर देखता हूँ। वह उसी तरह घिघियाया-सा कहता है, सच बाबू, बहुत गरीब हैं। दुखी हैं। लेकिन हैं भले घरों की। आप एक बार देख लीजिए।

सहसा काँप उठता हूँ। जैसे अर्द्ध संज्ञा में हूँ, "तुम किसकी बात कर रहे हो? मुझसे क्या चाहते हो?"

"बस एक बार आप देख लीजिए। बहुत सुन्दर हैं। एक-से-एक बढ़कर सुन्दर। आप जहाँ कहेंगे वहीं वे आएँगी। किसी होटल में या....।"

अब समझने को कुछ शेष नहीं रहता। उसने क्या समझकर उस अपार भीड़ में से मुझे ढूँढ़ा है? मैं एक बार अपने कपड़ों को देखता हूँ। अपनी गाँधी टोपी देखता हूँ, गाँधी की प्रतिमा को देखता हूँ। फिर तेजी से आगे बढ़ता हूँ उतनी ही तेजी से दलाल का स्वर मेरा पीछा करता है," उधर कहाँ जा रहे हो बाबू, इधर बस इन दुकानों पर ही तो हैं। आप देखकर पसन्द कर लीजिए। सच वे बहुत गरीब हैं। गुजारा नहीं होता बाबू।"

मैं चीख उठता हूँ, "नहीं, नहीं, नहीं, तुम जाओ।"

"एक मिनट, बस एक मिनट बाबू। एक निगाह डाल लीजिए।'

मैं बिना इधर-उधर देखे तेजी से लपकता चला जाता हूँ। थियेटर रोड भी पीछे रह जाती है। अब वह घिघियाता स्वर मेरा पीछा नहीं कर रहा। मेरे मस्तिष्क में टेलीप्रिण्टर की तीव्रता से बहुत-से विचार उलझते हैं। लड़कियों का समूह, मानों असंख्य शरीर मेरे सामने उभरते हैं। उनमें से एक लड़की कहती है, "तुम्हें मेरे शरीर का लोभ है न, तो लो न। यह तो मिट्टी है। ना न, करो।"

मैं कहता हूँ, "मैं तुम्हारे शरीर की ऐनोटोमी को परखना चाहता हूँ।"

वह लड़की हँसती है—तीखी हँसी कि मेरा स्वप्न भंग हो जाता है। मैं एक अवसर खो देता हूँ, अपने को योगी प्रमाणित करने का अवसर।

"छी छी योगी और वेश्या 'सागर-संगम' की वह धर्मभीरु कुलीन माता और वेश्या की वह अनाथ लड़की! कलकत्ता यही तो है! मनुष्य यही तो है!! बहुरूपी मनुष्य! कैसा है यह देश? आकाश में चिमनियाँ धुआँ उगलती हैं, आदमी शोर उगलता है? धरती पर अबाध गति से एनोटोमी की परीक्षा होती है। गाँधी की यह गतिमय प्रतिमा, सब कुछ को मौन देखती रहती है। रवीन्द्र और शरत्, राममोहन और रामकृष्ण, देशबन्धु और नेताजी सुभाष, शिशिर और सत्यजित राय, इस सबके इस नगर में क्या नहीं होता है? नाटक होते हैं, होते ही रहते हैं। शादियाँ होती हैं तो बाढ़ आ जाती है। आन्दोलन उठते हैं तो उन्हें कोई रोक नहीं सकता। भावुकता उभरती है तो आँसुओं का सैलाब आ जाता है।

पन्ने फिर फड़फड़ाते हैं। मैं दौड़ा हुआ एक शादी से दूसरी शादी में जा रहा हूँ। टैक्सी वाले सरदार जी मुसकराते हैं, "क्यों बाबूजी, कितना खर्च देते हैं ये लोग एक शादी में।"

"क्यों एक लाख, पाँच लाख, दस लाख....।"

सरदार हँसता है, "आप रुक क्यों गये पन्द्रह लाख, बीस लाख, इतने खर्च करने वाले भी तो हैं। कमाते भी तो इतना ही हैं। पर बाबूजी, पैसा क्या धर्म से कमाया जाता है?"

"नहीं।"

"तो फिर पाप से कमाते हैं और इस तरह बिखेर देते हैं। यह बिखेरना क्या जरूरी है? जरूरी नहीं है तो कमाते क्यों हैं? क्या एक के बाद एक पाप करते चले जाते हैं?"

वह कड़वाहट से भर उठता है। वह बोले चला जाता है, बोले चला जाता है। लेकिन ताशों और शहनाई का स्वर उसकी आवाज को दबोच लेता है और बड़े बाजारों की गद्दियों पर बैठे हुए व्यापारी पैसे के समुद्र में अपनी प्रतिमा को डुबोते रहते हैं और पाप-पुण्य की परिभाषा बदलने को पैसा बिखेरते रहते हैं, पैसा बिखरता है नारियों के नंगे शरीर थिरकते हैं। भूख मुँह फाड़कर पटरियों पर लाशें बिखेरती है। विशाल भवनों के पीछे काले गटर उभरते हैं, समस्याएँ उठती हैं। एक-दूसरे में उलझ जाती हैं। फिर कहीं से स्वर उठता है, 'भेंगे दाओ, भेंगे दाओ।' 'हिन्दी साम्राज्य ध्वंस होक।' पर राइटर्स बिल्डिंग में कहीं कोई हलचल नहीं होती। कहीं कुछ टूटता नहीं है। स्वर गूँजता हुआ आगे बढ़ जाता है। पुलिस उसी तरह खड़ी रहती है। हावड़ा के पुल पर से मनुष्यों का समुद्र वैसे ही उफनता रहता है। नीचे जहाजों की चिमनियों से धुआँ उड़-उड़ कर मस्तिष्क को काला करता रहता है। सियालदाह स्टेंशन पर रिफ्यूजी वैसे ही जमे रहते हैं। स्टॉक एक्सचेंज का शोर रुपया उछालता है और कालीघाट का भक्ति-रव शराब और शरीर के मिश्रण से उत्पन्न खुमारी को लील जाता है। जादू, जादू, जादू! बंगाल का जादू अनादि काल से विख्यात है।

कैसा अनोखा नगर है। यह कलकत्ता! गोमुख की भागीरथी यहाँ हुगली बन गयी है। उसकी छाती पर नावें मचलती हैं। माँझी उत्ताल स्वर में गाते हैं। नाटकघरों में प्रतिदिन सागर बिफरता है। बड़े बाजार और क्लाइव स्ट्रीट की गद्दियों पर बैठे उद्योगपति पैसा गढ़ते हैं। फुटपाथों पर शरीर बिकते हैं जेबें कतरी जाती हैं। और यह विशाल देश (जिसे गलती से नगर कहा जाता है) उमड़ता रहता है, उमड़ता रहा है जैसे ज्वालामुखी से लावा उमड़ता है। वह लावा किसी के पैर नहीं टिकने देता। सबको बहा ले जाता है और उसकी गर्म-गर्म वाष्प आकाश में भर उठती है।

कलकत्ता में आज भी धरती पर पैर नहीं पड़ते, कलकत्ता में आज भी आकाश नहीं दिखाई देता।

पद्मसिंह शर्मा 'कमलेश'

(1918 ई॰)

श्री पद्मसिंह शर्मा 'कमलेश' का जन्म उत्तर प्रदेश के मथुरा के समीप एक गाँव में हुआ है। आपकी शिक्षा आगरा में संपन्न हुई। आपका जीवन संघर्षमय रहा। आपने विविध महाविद्यालयों में प्राध्यापक की नौकरी की। हिन्दी साहित्य में 'इंटरव्यू' विधा को प्रारंभ करने का श्रेय आपको ही दिया जाता है। आपने हिन्दी के कई वरिष्ठ रचनाकारों के इंटरव्यू लिए हैं जो अब साहित्यिक दस्तावेज बन गए हैं।

आपकी प्रमुख रचनाओं में 'मैं सुखी हूँ', 'दूब के आँसू', 'दिग्विजय', 'प्रेमचंद और उनकी साहित्य साधना', 'मैं इनसे मिला' आदि उल्लेखनीय हैं।

श्री सुदर्शन

प्रस्तुत इंटव्यू हिन्दी के सुप्रतिष्ठित साहित्यकार श्री सुदर्शन जी के व्यक्तित्व पर प्रकाश डालता है। लेखक ने श्री सुदर्शन जी की मान्यताओं, विचारों के साथ-साथ साहित्यिक गतिविधियों को भी पाठक के सामने बड़े कलात्मक ढंग से उद्घाटित किया है।

श्री सुदर्शन

बम्बई में जीवन अत्यन्त व्यस्त है। वहाँ पर यदि आप किसी आदमी से मिलना चाहें और जो समय निश्चित हुआ है, उसपर न पहुँच सकें तो समझ लीजिए कि आपका काम नहीं बन सकता। एक भी ट्रेन छूट गई तो कम-से-कम आधे घंटे का फर्क पड़ जाता है। मेरी घड़ी ने जब मुझे धोखा दे दिया और 8 बजे मैं चर्नी रोड स्टेशन पर पहुँचा तो मन में सोचा कि अब सुदर्शनजी से भेंट न होगी; क्योंकि मैंने 8 बजे उनके घर पहुँचने का निश्चय किया था। लेकिन घर से निकल पड़ा था, इसलिए गाड़ी पकड़कर पौने नौ बजे माहीम में सुदर्शनजी के निवास-स्थान 'सिलबरटन' जा पहुँचा।

तीन-चार मिनिट तक मैं चुपचाप बैठा रहा। मन में देर से आने के कारण लज्जित था। घड़ी का कारण बताकर जब मैं सफाई देने लगा तो वे बोले, "आपका इन्तजार कर रहा था। सुबह जाना तो कहीं न था, फिर भी दिए हुए समय पर मुलाकात न होने से मुझे भी बेचैनी थी। लेकिन अब आप आ ही गए हैं; कोई बात नहीं है। बम्बई में ऐसा होना असम्भव भी नहीं है।"

यह कहकर उन्होंने अन्य साहित्यिकों से हुई मेरी मुलाकात के संबंध में पूछा। मैंने सबके नाम बताए। एक तो वैसे ही मुझे देर हो गयी थी, दूसरे, इधर-उधर की बातों में हम बहे जा रहे थे। यह देखकर मैंने विचार किया कि अब अपना काम शुरू करना चाहिए। इस विचार का आना था कि मैंने उनसे पूछा, "आपका बाल्यकाल किन परिस्थितियों में बीता और उन्होंने आपके कलाकार के निर्माण में कहाँ तक सहायता पहुँचाई?"

सुदर्शनजी बिना झिझक और संकोच के कहने लगे, "बचपन मेरा गरीबी में बीता है। पिताजी मामूली आदमी थे। पढ़ाई के दौरान में मैं ट्यूशनें करके काम चलाता था।" इतना कहकर वे कुछ रुककर बोले, "मैं एक घटना अपने जीवन के संबंध में सुनाता हूँ; उससे आपको मेरी परिस्थिति का ज्ञान हो जाएगा।"

मेरी स्वीकृति-सूचक मुद्रा देखकर उन्होंने कहना आरम्भ किया, "मैं छठे दर्जे में था। उस समय आर्यकुमार-सभा का सेक्रेटरी था। उत्साह की कमी न थी, खूब काम करता था। आर्यसमाज में भी जाता था। उसके सेक्रेटरी एक मुंशी थे। मैं अदालती आदमियों को बेईमान समझता था। एक दिन उनकी बैठक में मैंने उनके सम्बन्ध में

ऐसी बातें कह दीं जो ठीक न थीं; पर कहनी चाहिए थीं। उस आदमी को मेरी बात से बड़ा दुख हुआ और वह मेरे घर आकर बोला, "तुम कहते हो, मैं बेईमान हूँ, आखिर कोई-न-कोई काम करना ही होता है। अपने बीवी-बच्चों का पेट तो भरना है; फिर अदालत की नौकरी क्यों बुरी है?" उसकी इस बात को सुनकर मैंने कहा, "धर्म के मामले में तो बीवी-बच्चों का खयाल नहीं किया जा सकता, उस समय तो सब-कुछ कुर्बान कर देना पड़ता है।" मेरा यह उत्तर सुनकर वह चला गया। उस समय मैं यह भूल गया कि मुझसे उम्र में बड़ा एक आदमी मेरे घर आया है और मुझे उसका सत्कार करना है। यहाँ तक कि मैंने उसे बैठने तक के लिए भी नहीं कहा।

उसी समय की बात है। उर्दू का एक अखबार था 'मार्तंड'। सम्पादक थे शिवरत्नलाल बर्मन। वह अखबार उस सेक्रेटरी के पास आता था। डाकखाने में उसके भीतर मैंने उसका नाम देखा तो मुझे भी लगा कि मेरा नाम छपना चाहिए। मैंने बड़ी मुश्किल से उसके लिए आठ आने जुटाकर भेजे। अखबार तो आया, पर उसमें नाम न था। यह तब जानता था कि ग्राहकों की लिस्ट जब तैयार होती है तभी नाम छपता है। बड़ा क्रोध आया और तब तक आता रहा जब तक मेरा नाम भी उसकी ग्राहक-सूची में न आ गया। जब अपना नाम छपा हुआ देखा तो मैं गर्व से फूल गया और मैं उसको दिखाने गया। उसने कहा, "अरे, यह क्या तारीफ की बात? इसमें तो कोई भी आठ आनेवाला अपना नाम छपा सकता है। कोई अपनी चीज लिखो तब तो कुछ बात भी हो।"

मैं चुपचाप चला आया। आकर 'केसरी की क्यारी' के नाम से कुछ चुटकले संग्रह करके 'मार्तंड' को भेज दिए। वे छप भी गए और उनके साथ मेरा नाम भी था। इसे जब मैंने उस सेक्रेटरी को दिखाया तो वह बोला, "इसमें तुम्हारा क्या है? दूसरों की चीज तुमने संग्रह कर दी है। अपनी अक्ल तो इसमें है ही नहीं।" इसके बाद मैंने 'कुछ दिलचस्प कहानियाँ और उनसे सबक' शीर्षक से एक लेख लिखा। इसको भी उसने पसंद न किया। तब आखिरी बार मैंने, 'कुछ कर लो' नामक लेख लिखा। इस लेख में जीवन में कुछ काम कर जाने की प्रेरणा दी। इस लेख को 'इन्तिख़ाब, लाजवाब' में छपाया था। तब मैं दस या साढ़े दस वर्ष का था। इसका मुझे डेढ़ रुपया पारिश्रमिक भी मिला। यह लेख इतना अच्छा था कि मेरे हेडमास्टर ने मैट्रिक के लड़कों के बीच मुझे बुलाकर इसे पढ़ा था और पढ़ते-पढ़ते बुरी तरह रोए थे। उस समय मुझे लगा कि मेरे भीतर वह शक्ति है कि मैं किसी को रुला दूँ और किसी को हँसा दूँ। मुझे अपनी कलम पर भरोसा हो गया। इस लेख को जब मैंने उसे दिखाया तो वह मान गया और उसने कहा, "अब मैं तुमको लेखक मान सकता हूँ।"

"स्टेशन से एक आदमी का ट्रंक उठाकर पहुँचाया तब, दो आने कमाए और

उनसे पेट भरा। यह तब की बात है जब मैं काफी नाम कमा चुका था और प्रतिष्ठा भी पा चुका था।"

सुदर्शनजी के ये अनुभव सुनकर और उनका स्वाभिमान देखकर मुझे बड़ा आश्चर्य हुआ। पर मैं चाहता न था कि वे अधिक दर्द की बातें कहें, इसलिए मैंने उनसे कहा, "कृपा करके यह बताइए कि किन-किन देशी-विदेशी लेखकों का आपके ऊपर विशेष प्रभाव पड़ा है?"

उन्होंने कहा, "मेरे ऊपर सबसे अधिक प्रभाव मोपाँसा का पड़ा है। इब्सन के ड्रामे भी मुझे प्रिय रहे हैं और मॅटरलिंक को भी मैंने पढ़ा है। एक और लेखक है, जिनका मैं भक्त हूँ, वह है सेनकाई विस। यह पोलिश हैं। इसको Quao vadis मास्टरपीस है। रूसी लेखक टालस्टॉय की कला भी मुझे अच्छी लगती है।

देशी लेखकों में प्रेमचंद का प्रभाव मुझपर सबसे अधिक पड़ा है। उनकी कहानियाँ पढ़कर मुझे कहानी लिखने का शौक हुआ। उनसे कोई सबक नहीं लिया; पर हमेशा गुरु माना। रामायण और महाभारत को भी मैंने पढ़ा है। भाषा की दृष्टि से मैं तुलसीदास का महत्त्व मानता हूँ, और उपनिषदों को इसलिए पढ़ता हूँ कि उसमें साहित्यिक खूबियाँ दिखाई देती हैं। यही हाल बाइबिल का भी है। उसका मैंने गहरा अध्ययन किया है उसमें भी साहित्यिक खूबियाँ बहुत हैं। मैंने 1914 में बाइबिल का एक इम्तहान भी पास किया था, जिसमें मैं भारतभर में सैकिंड रहा था। अपनी 'झरोखे' नामक पुस्तक मैंने बाइबिल की भाषा (Biblical Language) में ही लिखी है।"

मैंने आगे उनसे प्रश्न किया, "तब तो आपकी साहित्य-सृजन की प्रेरणा का मूल स्रोत इन्हीं सज्जन को कहा जा सकता है?" मैंने कहा।

"अवश्य," उन्होंने कहा, "उसके कारण ही मैं लेखक बना लेकिन आरंभ से ही मैंने इस बात का ध्यान रखा है कि मैं ऐसी कोई चीज न लिखूँ, जिससे कि लोगों की रुचि विकृत हो। उच्च विचार जाग्रत हों और लोगों को प्रेरणा मिले, यही मेरा लक्ष्य है। बुरी चीज का वर्णन कभी नहीं करना चाहिए, क्योंकि बुराई अपनी ओर खींचती है।"

जब वे यह कह रहे थे तब मैंने उनसे पूछा, "ऐसे विश्वास के साथ तो आपको आरंभ में बड़ी कठिनाई का सामना पड़ा होगा; क्योंकि एक गरीब स्वावलंबी लेखक के लिए ऐसा आदर्श बड़ा कष्टकर होता है?"

इस प्रश्न को सुनकर उनकी आँखें गर्व से चमक उठीं और वे बोले, "मैंने गरीबी को कभी लानत नहीं समझा। उसके ऊपर अपने आदर्श को महत्ता दी है। इसके लिए अपनी नौकरी छोड़ने में कभी आना-कानी नहीं की। जब मैं आर्यसमाज के उपदेशक

के पद पर काम करता था, तब एक वकील के यहाँ खाना खाने गया था। उसने मुझे लक्ष्य करके उपदेशकों की बुराई की। मैंने तुर्क-ब-तुर्क वकीलों की बुराई की। उसने नौकरी के संबंध में धमकी दी। मैंने फौरन इस्तीफा पेश कर दिया। महात्मा हंसराज ने जब सुना तो मुझे बुलाया। उन दिनों मेरे व्याख्यानों की बड़ी धाक रहती थी। उन्होंने सौ रुपये मासिक पर बुझे 'आर्य गजट' का संपादक बना दिया। तब मैं अठारह वर्ष का था। मैं सबसे छोटी उम्र में संपादक बन गया था। मुझे तो अपने आदर्शों के लिए भूखों भी मरना पड़ा है। एक बार मैंने तीन दिन का फाका किया।"

फिर मैंने पूछा, "आपको किस कृति को लिखकर सर्वाधिक संतोष हुआ है?" उनका उत्तर था, "किसी कृति से मुझे संतोष नहीं हुआ। मेरी सर्वश्रेष्ठ कृति अभी आने को है।"

"सृजन के पूर्व और सृजन के बाद आपकी मनःस्थिति कैसी रहती है?" मैंने पूछा।

"Urge आती है," उन्होंने बताया, "और परेशानी बढ़ती है। कुछ खटपट-सी मचती है। क्या चीज है, इसे जानने की बेचैनी होती है। कुछ अच्छा नहीं लगता। लिखते समय प्रसन्नता होती है। लिखने के 8-10 दिन बाद असंतोष होता है।

मेरा लिखने का समय दो-ढाई बजे दिन का होता है। अक्सर घर से बाहर चला जाता हूँ। Urge आते ही एकदम लिख डालता हूँ। एक बार मैं बनारस में ठहरा था। सुबह के आठ बजे थे। नहाने जा रहा था। सामने सड़क पर एक ताँगे और साइकिल में टक्कर हो गई। एकदम प्लॉट सूझा। मैं नहाने न गया। बीच से लौट आया। कमरा बंद कर लिया तब नौ-साढ़े नौ बजे थे। लिखना शुरू किया और शाम के पाँच बजे तक लिखता रहा। यह कहानी 'घोर पाप' थी। यह सन् 1985 की बात है।

कहानी का शुरू करना मुश्किल होता है, मुश्किल क्या, एक समस्या होती है, कैसे शुरू किया जाए? शुरू होने पर कहानी अपने आप चलती रहती है। खत्म होना उसका काम है। प्लॉट, जो सोचता हूँ, बीच में ही बदल जाता है। कई प्लॉट वर्षों से दिमाग में हैं पर, उनके लिए Urge नहीं आई। फिल्म स्टोरी छोड़कर मैंने कोई कहानी पूर्व संयोजित (Preplanned) नहीं लिखी। कहानी में थीम शुरू की रहती है, केवल उसका रूप बदल जाता है।"

उसके बाद मैंने एक ऐसा प्रश्न उनसे किया; जिसे एक प्रकार से नहीं करना चाहिए था, परन्तु मैंने कई व्यक्तियों से उस संबंध में सुना था और मैं चाहता था कि उसका औचित्य-अनौचित्य मुझे मालूम हो जाए। इसलिए साहस करके वह प्रश्न मैंने पूछ ही लिया। प्रश्न था—"कहते हैं कि आपको बनाने में आपकी पत्नी का बड़ा हाथ है। यह कहाँ तक ठीक है?"

"यह सही है," उन्होंने कहा, "मेरे बनाने में उसका ही पूरा-पूरा हाथ है। वह उस जमाने की पढ़ी-लिखी औरत है, पंजाब में तालीम कम थी। वह अत्यंत कष्ट-सहिष्णु है। अपनी जरूरतों के लिए उसने कभी मुझसे नहीं कहा। मैंने शादी होने से बारह साल तक उसको कोई साड़ी खरीदकर नहीं दी। तेरहवें वर्ष में उसे साड़ी दे पाया। परदे के सवाल पर जब मैं घर से निकल गया, तब मैंने एक पैसा घर से नहीं लिया। उस समय उसने मुझसे कभी कोई ऐसी माँग न की जो मुझे तकलीफ पहुँचाती। एक हजार के जेवर की अपेक्षा सदा उसकी माँग यही रहती थी कि मेरी कोई किताब छपकर आए। उसने मुझे सब प्रकार की सुविधा दी। घर के कामकाज से तो बिलकुल मुक्ति दे दी। हाट-बाजार का काम, दर्जी से कपड़े सिलाने का काम, घर के अन्य काम—गरज यह कि सभी कामों से उसने मुझे मुक्त कर दिया। मैं अक्सर सवेरे जगकर लिखता था, तो वह स्वयं भी जाग जाती थी और चर्खा लेकर बैठ जाती थी। सर्दी में अँगीठी जला देती थी। मेरी हर चीज की प्रथम श्रोता भी वही होती थी। 'ई' और 'ष' की गलती मुझसे बराबर होती थी। इसे उसने ही ठीक किया और सत्य तो यह है कि मैंने हिन्दी इसलिए सीखी कि मैं पत्नी को चिट्ठी लिख सकूँ। उसने बराबर मुझे प्रोत्साहन दिया। यदि मेरी चीजों की कटु आलोचना हुई, तो उसने मुझसे यही कहा—तुम अपनी पसंद की चीज लिखो, लोग यदि उसे नहीं समझते तो चिंता नहीं है।"

जब वे ये सब बातें कह रहे थे तब मैं उस तपस्विनी के लिए मन-ही-मन श्रद्धा-भाव से प्रणाम कर रहा था, जिसने हिन्दी के इस यशस्वी कहानीकार का निर्माण किया। मैं सबसे अधिक आश्चर्याभिभूत हुआ, उसकी उस उत्साह-प्रद वाणी से जिसमें उसने कलाकार को अपनी पसंद की चीज लिखने के लिए प्रोत्साहित किया।

"क्या साहित्य-साधना से आपका जी भी कभी ऊबा है, यदि हाँ, तो उसके कारण क्या रहे हैं?" मैंने अगला प्रश्न पूछा।

उन्होंने बताया, "मेरा जी दूसरे कामों से तो ऊबा है, पर साहित्य साधना से कभी नहीं ऊबा। यहाँ तक कि यदि कहानी लिखने की Urge हुई है तो मैंने ऐसी-ऐसी आवश्यक फिल्म की कहानियाँ छोड़कर उस कहानी को पूरा किया है, जिनसे मुझे दस-दस हजार रुपये मिलने की उम्मीद थी।"

"तो क्या आपकी दृष्टि से साहित्योपजीवी होकर जिया जा सकता है?"

"यदि लेखक जरूरियात ज्यादा न बढ़ाए तो जी सकता है, और वैसे भी अब तो वक्त आ गया है जब हिन्दी के लेखक की जीविका लेखन से चल सकती है!"

सुदर्शनजी भी प्रेमचंदजी की भाँति उर्दू से हिन्दी में आए हैं यह सोचकर मैंने जानना चाहा कि वे उर्दू से हिन्दी में क्यों आए और पूछा, "आप उर्दू के लेखक थे। वहाँ आपका नाम भी था; फिर क्या कारण है कि आप हिन्दी में आ गए?"

उन्होंने कहा, "बात यह है कि हिन्दी के मासिक अच्छे थे। यह सोचकर मन ललचाया कि इनमें लिखूँ। पहले अनुवाद कराया और शुद्ध करके उसे हिन्दी पत्रों में छपवाया। उसके बाद मैंने ही हिन्दी में लिखना शुरू कर दिया। विश्वास यह था कि आगे चलकर उर्दू लिपि न रहेगी, क्योंकि वह अवैज्ञानिक लिपि है। आर्यसमाज के प्रभाव ने भी हिन्दी की ओर मेरा ध्यान मोड़ा, क्योंकि स्वामी दयानंद ने हिन्दी को राष्ट्रभाषा स्वीकार किया था। इस प्रकार मैं उर्दू से हिन्दी में आ गया और फिर यहीं का हो रहा।"

सिनेमा में सुदर्शनजी ने गीत-संवाद-लेखक के रूप में अच्छी ख्याति पाई है। 'सिकन्दर,' 'पृथ्वीवल्लभ' आदि फिल्म जिन्होंने देखी हैं वे इस बात को अच्छी तरह जानते हैं। वे बहुत दिन से सिनेमा में हैं। एक बार प्रेमचंदजी भी सिनेमा में गए थे, परन्तु वहाँ अधिक दिन न ठहरकर लौट आए थे। मैंने सुदर्शनजी से पूछा, "क्या कारण है कि प्रेमचंदजी सिनेमा में न ठहर सके?"

उन्होंने बड़े संयत स्वर में कहा—"मेरा खयाल यह है कि प्रेमचंदजी ज्यादा उम्र के थे और इतने पक गए थे, कि अपने को adapt न कर सके (वातावरण के अनुरूप न ढाल सके) । दूसरी बात यह है कि उनकी जिंदगी में ड्रामा न था और न उनकी कला ही में ड्रामा था, जिससे वे ड्रामे के अनुकूल अपने को बना सकते। तीसरी बात यह है कि वे साधना के पक्के थे, इसलिए समझौता (Compromise) न कर सके। चौथी बात यह है कि प्रेमचंदजी कवि न थे। शब्दों के मास्टर जरूर थे, पर खयाल की ऊँचाई उनमें न थी। उनमें (Realistic) यथार्थवादी तत्त्व अधिक थे। इसलिए वे यहाँ न जम सके।

इसके विपरीत मेरे भीतर समझौता (Compromise) करने की आदत थी, मैंने Compromise कर लिया। प्रेमचंदजी ने शायद ड्रामे देखे भी कम थे, जब कि मुझे जन्म देते समय मेरी माँ रामलीला देख रही थी। बचपन में मैंने रामलीला बहुत देखी थी। ड्रामे बहुत देखे थे। मुझे पैसे की प्रेमचंद की अपेक्षा अधिक जरूरत थी, इसलिए मैंने Compromise कर लिया।"

यहीं उन्होंने प्रेमचंदजी के जीवन की उस घटना का भी जिक्र किया, जो उनके जीवन की सबसे महत्त्वपूर्ण घटना है और जिससे उनकी स्वाभिमानी आत्मा का दर्शन

होता है। वह घटना है, प्रेमचंदजी को विश्व-कवि टैगोर द्वारा बुलाया जाना और उनका न जाना। इसमें लोग अक्सर यह समझते हैं कि प्रेमचंदजी के पास जाने को किराया न था, इसलिए न गए; पर सुदर्शनजी ने उसका दूसरा की कारण बताया। उन्होंने कहा, "यह गलत है कि प्रेमचंदजी रुपये के कारण टैगोर से मिलने नहीं गए। बात दूसरी थी और काफी गंभीर थी। वे बंगालियों की श्रेष्ठता (Superiority) को नहीं मानते थे। सन् 1934 में जब सुभाष बोस कलकत्ता के मेयर थे, तब रामानंद चट्टोपाध्याय ने हिन्दी को कुलियों की भाषा कहा था। उन्हें यह भी अखरता था कि हिन्दी के साहित्यिकों को प्रान्तीय भाषा वाले कोई सम्मान नहीं देते। उनका कहना था कि हिन्दी के प्रतिनिधि की हैसियत से टैगोर से मिलने जाना अनुचित है। इसलिए वे मिलने नहीं गए।"

इसके साथ ही सुदर्शनजी ने यह भी बताया कि उनका 'भाग्यचक्र' फिल्म जब बंगला में 'धूप-छाँह' के नाम से निकला तो प्रोड्यूसर को बड़ी गालियाँ सुननी पड़ीं और उसके बाद कोई हिन्दी फिल्म बंगला में अनूदित न हुई।

यह सुनकर प्रेमचंदजी की महानता और उत्तरदायित्व का तो ज्ञान हुआ ही, साथ ही बंगला भाषा-भाषियों की संकीर्णता पर भी दुख हुआ। हिन्दी वालों ने अपने को वास्तव में नीचे गिराया है, हीन-भावना उनमें बेहद है। इसे दूर करने की सख्त जरूरत है।

मैं यह सोच रहा था और सुदर्शन जी कह रहे थे, "सिनेमा में कल्पना का धनी लेखक सफल हो सकता है। उसे कवि अवश्य होना चाहिए। इसके साथ ही अपनी चीजों को रद्द (Reject) करने का भी साहस होना चाहिए, क्योंकि सिनेमा की टेकनीक की दृष्टि से नए लेखक को ट्रेण्ड होने में काफी समय लगता है। परिश्रमी होना तो बेहद जरूरी है। इसके साथ ही अभिमान और प्रतिष्ठा का मोह छोड़ देना चाहिए। भारी खयालतवाले लोगों की अपेक्षा चार आनेवालों के लिए जो लिख सके वही सफल हो सकता है। भाषा गंगा-जमुनी होनी ही चाहिए। जो लेखक सफल हुए हैं, वे इसी प्रकार के रहे हैं। 'प्रदीप' और 'मधोक' के गीत काव्य की दृष्टि से चाहे कुछ नहीं, पर उनमें देहाती गीतों का जोश और ग्रामीण धुनें हैं। भगवतीचरण वर्मा और नरेन्द्र भी सफल रहे हैं। लेकिन सफलता का पथ वही है, जो मैंने बताया है।"

इसके साथ मैंने उनसे पूछा, "क्या इस प्रकार साहित्यकार को हानि नहीं होती? यह बात भी जाने दीजिए। मैं आपसे ही पूछता हूँ कि यदि आप सिनेमा में न आए

होते तो आप आज कितने ऊँचे होते! इस दृष्टि से सिनेमा ने आपकी कला को हानि जरूर पहुँचाई होगी?"

"अवश्य," उन्होंने स्वीकृत-सूचक स्वर में कहा, "हानि अवश्य होती है परन्तु ये जो मजबूरियाँ हैं, इनका कोई क्या करे? अब तो मेरा खयाल यह हो गया है कि 40 के बाद लिखना चाहिए। छोटी उम्र में चीज अच्छी नहीं बनती। सोचना, अनुभव करना, कष्ट सहना—यह सब उम्र से ताल्लुक रखता है। अब जो कुछ मैं लिखूँगा, वह 'मनी' के लिए नहीं, क्योंकि अब मुझे भूखों मरने की जरूरत न पड़ेगी।"

"अब आप क्या लिखेंगे?"

"कम-से-कम छह उपन्यास लिखने का विचार है। दूसरी चीज है—बच्चों की किताबें लिखना। हिन्दी में उम्र की दृष्टि से बच्चों के लिए किताबें नहीं हैं। इस अभाव को पूरा करने की बड़ी लालसा है। मैं साधन जुटा रहा हूँ। काश्मीर में बैठकर लिखूँगा।"

"क्या आप सिनेमा में यह अनुभव नहीं करते कि आप साहित्य-जगत से दूर हैं और क्या आपको कभी इसके संबंध में दुख नहीं होता है?"

"क्यों नहीं, मैं बराबर यह अनुभव करता हूँ कि सिनेमा में व्यक्तित्व का ह्रास ही नहीं होता, वह बिक भी जाता है। यहाँ Vanity suffer करती है। साहित्यिक महत्त्व की रक्षा का मुझे बराबर खयाल रहता है। मगरमच्छ, जो बराबर पानी के भीतर रहता है, दिन में एक बार रेती में लोटने आता है। साहित्यकारों को भी कभी-कभी सिनेमा से साहित्य में जाना चाहिए, यह मेरा स्पष्ट मत है; क्योंकि बुनियाद उनकी वही है, उसी के बल पर वे सिनेमा में हैं और उसे खोना बुद्धिमानी नहीं है।"

"क्या आप हिन्दी-साहित्य के भविष्य के विषय में कुछ कहेंगे?"

"भविष्य उज्ज्वल है। नए लेखकों में साधना और ईमानदारी भी काफी है। आवश्यकता इस बात की है कि पुराने नयों से सहयोग करें और नए पुरानों से सीखें। नया विचार हर एक अच्छा है, पर सिर के बल चलना अच्छा नहीं है। दूसरी बात यह है कि जो कुछ लिखा जाए वह जनता के समझने के लिए लिखा जाए, नहीं तो परिश्रम व्यर्थ जाता है, जैसे बीज बोने से पहले उनका लक्ष्य समझ लेना चाहिए। आधुनिक लेखकों को इसे भली-भाँति समझना है। कविता तो हिन्दी की आज उर्दू से भी नीची है। मेरी दृष्टि में लफ्जों की खूबसूरती ही कविता है और वही हिन्दी वालों के पास नहीं। तुलसी, सूर और गालिब की परम्परा को कायम रखने की जरूरत है।"

वे जब यह बता रहे थे तब दरवाजा खटक रहा था। तीन-चार घंटे हो गए थे।

सुदर्शनजी गत वर्ष से बीमार भी हैं। इतनी देर तक बैठा रहना भी बीमारी की दृष्टि से ठीक न था। चलते-चलते उनसे अंत में मैंने पूछा, "क्या आप अपनी आत्मकथा लिखेंगे?"

"हाँ," उन्होंने कहा, "मैं एक पुस्तक लिखना चाहता हूँ, जिसका नाम Life & death of an artist होगा। इसमें अपने जीवन पर अधिक प्रकाश डालूँगा।"

सुदर्शनजी ने इस बातचीत के दौरान में लगभग एक दर्जन चुटकुले और किस्से सुनाए होंगे। हर बात को वे उदाहरण देकर बताते थे और उदाहरण में कोई चुटकुला या किस्सा होता था। कहीं भी उनके विचारों में उलझाव न था। मँजे हुए और सुलझे ढंग से महादेवीजी के बाद सुदर्शनजी ही मुझे ऐसे व्यक्ति लगे जो Good Talker (अच्छे बातचीत करनेवाले) कहे जा सकते हैं। सुदर्शनजी में नाटकीय ढंग का आधिक्य है। उनकी बातचीत दूसरे कमरे में बैठकर सुनी जाए तो ऐसी लगेगी मानो कोई अभिनेता संवाद बोल रहा है। हो सकता है; यह उनको सिनेमा से मिलनेवाली विरासत हो, पर यह विशेषता है और ऐसी विशेषता है जिसपर हमें गर्व है।

हिन्दी का यह लोकप्रिय कलाकार फिर हिन्दी को अपनी कृतियों से भरे और सिनेमा के जाल से निकले, यही हमारी एकमात्र आकांक्षा है।

—'मैं इनसे मिला' से

❑❑❑